领导者的
意识进化

迈向复杂世界的心智成长

【美】珍妮弗·加维·贝格 Jennifer Garvey Berger ◎ 著

陈颖坚 ◎ 译

北京师范大学出版集团
BEIJING NORMAL UNIVERSITY PUBLISHING GROUP
北京师范大学出版社

本书献给

杰夫·戈雷尔(Jeff Gorell)——我在乔治·梅森大学(George Mason University)时期的院长——和罗宾·巴克(Robyn Baker)——我在新西兰教育研究委员会时期的主管。你们是我过去所遇到过的最优秀的领导者，你们对于这本书的贡献不仅是给予了坚定不移的支持和周到的建议，更创造了一个适合在工作中成长的空间，让我得以在工作中蜕变。

推荐序

慢慢扩建自我的心智容量

前渣打银行学习与人才发展部副总裁

王少玲

进入组织从事领导力、组织人才发展、接班人培训等也将近二十年，虽然不是直接从事与所学相关的工作，但我始终认为，自己的工作与兴趣从未离开人类行为的范畴。初闻成人心智发展理论到协助本书中文化的过程，我有一种联结到内心深处的踏实感，也或许掺杂着部分的使命感吧！协助领导人与个体在工作中有系统与方向性地成长，同时也为组织带来卓越的效益。

承袭过往正规教育的学习经验，我们自然投入相当多的时间与金钱在学习专业知识与技巧上，并认为多学知识与技巧就会变得更加厉害，成为一名专家。这种水平式的广度学习可以帮助我们懂更多，会更多，处理更多新的技术性议题。然而，学习还有另外一个构成层面，我们称为垂直式的纵向学习，这是有关提升心智结构发展的向度，它特别有助于我们在面临复杂的调适性议题时，有机会看到更多的观点与可能性，并包容与整合彼此的差异性。简单来说，这方面的培养与学习重点是扩增你的心智容量，目前在组织与社会中相对来说是比较罕见的，但也逐渐受到重视。

是的，不少研究发现，我们过去比较着重关注领导人做了什么事，产生了什么结果，也会去观察其执行的过程；但鲜少探究领导人的心智层次，也就是除了智力之外，他们面对复杂性的能力如何，甚至如何提升此种心智能力。如果说领导人是引领组织前进的引擎，那么这个关乎连接过去、现在与未来的内在关键元素，着实值得我们投入更多心思与热情来研究，进而找到可行的方法，让这些领导人通过日常业务(business as usual，BAU)来逐步养成，而不只安排三天时间，将一群高阶主管拉到高山或丛林进行特训，然后就期待遇见改变！

本书以哈佛大学心理学家罗伯特·凯根(Robert Kegan)的成人心智发展理论为基础。凯根主要拓展皮亚杰的建构式发展概念，从主体—客体(subject-object)访谈法及观点采择的多元性角度，提供了一个有阶段性的渐进式发展架构。这个渐进的心智发展架构，让自我有机会走出自己的框架看到其他人，学习以群体的标准为依归，进而取得认同，再慢慢走向独立的自我主张，接着迎向更深的包容与转化。这是一个螺旋式的成长过程，让每个人有机会为自己的现状定位，依需求逐步成长或是自在地定位在某个阶段。让我们在生命的各个阶段持续孕育，主动地渐进提升心智的成长，扩建自我的心智容量！过往，多数人总在经历人生的重大事件或创伤之后，才被动地有所转化或蜕变。可喜的是，心智结构的成长可以通过有意识的培养与练习而逐步提升，我们现在真的需要多一些这样的养成活动。

组织成长所忽略的重要向度

我们经常在组织或社会中惊讶于某些资深人员或领导人的思维模式与做事方法。其中，常听到的是"真不懂，他在想什么！"思维窄化与限制、本位主义或者难以沟通等字眼也常有所闻。此时，组织经常出现几种做法，要求人力资源部门为这些主管寻找个人教练，或学习相关的技能课程，甚至更直接地提醒他："换位思考一下嘛！看大局呀！"

然而这些改善活动的成效并不稳定或持续。探究不稳定的原因五花八门——从教练本身的技术、课程内容设计到客户的自我察觉等。然而可以确定的是，我们经常忽略对方目前的心智发展阶段，他的心智容量有多大，能够演算多复杂的议题——也或许应该说，我们根本不知道成人的心智还有不同的发展阶段！

随时都可以开展

书中系统性地阐述了每个心智发展阶段所展现的心智结构为自己建构了什么样的世界观，各自的特色在哪里，他们的视野如何渐进地拓展开来，周遭的人和个体之间会产生什么样的互动关系。理论陈述之后，都有翔实的案例佐以说明，这是难得的。另外，相当精彩的部分在于作者以领导人与组织发展的角度为核心开展每个章节的内容。同样的一个组织议题，在各个不同的心智发展阶段会分别如何展现，每个层次如果要有所成长，个体在这个阶段可承受的成长边际可能在哪里。

教练是近年很热门的技术之一，针对不同心智发展阶段的个体，教练活动应如何开展，才能给自己及客户带来双赢。会议始终是组织耗费最多心神的一个活动，从成人心智发展的观点出发，会议如何成为组织成长的孵育空间与时间。

往深处去

因缘际会，这本书出现在我眼前，也不知它牵动了我内在哪个部分，我就这样冲动地自告奋勇，给了一个协助本书中文化的承诺。当然，展现莫大勇气拿下书籍中文版权的陈颖坚是启动这一切的关键人物。

本书不仅有其时代意义，也几乎可以说是第一本以成人心智发展为架构的中译管理书籍。更重要的是，本书让我们有机会系统性地拓展垂直学习的视野与可能性。字里行间，你可以徐徐感受到作者所流露的包容与慈爱和她对人的温暖。作者在书中提及：这本书是写给那些对了解成人成长的样貌和特色感兴趣的人的，让他们可以支持自己或他人的成长和发展，或者最有可能是双方的成长和发展。是的，我经常一边翻阅，一边回忆自己过往在组织中的经验，许多精彩而实用的内容，令我迫不及待地想去尝试。

中文版序

珍妮弗·加维·贝格

很多年前，我想要与他人分享我感觉自己触及了一个秘密，于是开始着手写作现在被称为《领导者的意识进化》的这本书。书中的理念改变了我的人生，它也有可能会改变每一个了解它的人。然而能被这样影响的人屈指可数，因为这些理念当时只局限于研究生课程、难懂的书籍以及晦涩的研究报告当中。我用了六年的时间获得了博士学位，与哈佛大学的罗伯特·凯根及其同事共同研究，试图理解这些理念及其应用。当时我不确定自己是否能胜任这个挑战：使这些理念得以流传，将其带到研究项目和研究生课程之外，形成一个更简单或更易阅读的指南。我用了六年的时间写作这本书，陈颖坚先生又用了几乎等半的时间将它翻译出来。不过我们希望你们会认同这一切都是值得的。

本书其实远远不仅是成人发展理论而已，它更多的是一种方式，让我们了解自己，了解周围的人，以更加有助益、更加慈悲的方式存世。为此，请容我来说明一下。

学习这个理论使我能够以超乎我所能想象的方式来"穿透"自己。它带给我的帮助超过其他任何一种形式的心理学、灵性或领导力理论。成人发展理论使我看到了自己——看到了自己的精彩与局限。它帮助我看到了我如何将自己困于角落之中，并给予我线索以寻求出路。它帮助我理解了自己最为"大我"时如何可以成就大业，以及自己最为"小我"时是如此被动和无用。如此一来，我对自己更加慈悲，对于想要什么样的世界，及想在这个世界中如何呈现也拥有了更多选择。随着我的成长与变化，我所面临的压力也随之增加和变化：创建自己的事业、养育孩子、从事研究、直面癌症。成人发展理论帮助我连接到了最博大的自己，以面对这一连串的挑战，并且总是可以让我——相对于以往——变得更博大一点点。

这些不仅仅只是发生在我身上，也有读者告诉我他们从字里行间找到了新的可能性与新的慰藉。他们告诉我，他们能够向自己提出全新的问题，看到全新的机遇，以全新的方式聆听自己。一位高管告诉我，他运用书中的一些问题理解了这些年来得到的反馈，与自己的直接下属开始了全新的对话——对自身行为以及他人行为背后的意义开始有了更深的理解。

成人发展理论给我的第二个帮助是以全新的、更有帮助的方式去理解他人。我在哈佛学习该理论并从事研究期间，发现聆听某人、理解其意义构建的这些做法，改变了他对世界的认知。仅仅只是被看到和听到的动作就转变了他对可能性的认知。这一点也大大地改变了我。进入他人的视角使我更有同理心，不那么批判，也帮助我更加喜欢其他人，甚至是更加爱他们。

本书的读者也会告诉我类似的经历。一位读者说她读到本书的时候已经有数年没和自己的姐姐讲话了，而书中的理论让她开始思考自己是否有去真正地聆听姐姐的观点。她意识到自己一直充满了评判，却没有多少慈悲心和好奇心。这位读者告诉我她带着敞开的心态和好奇给姐姐写信，并且收到了一封长长的回信。姐妹俩又重拾友谊与理解。阅读一本讲述不同的人会以不同方式看待世界的书，就会促成这一举动。

第三个我如此热爱成人发展理论，爱到为其著书的原因是，它让我在自己的教练和领导力发展工作中，更好地支持其他人；也让我在自己的小公司中成为更好的领导者。通过了解人们成长和改变的方式，我可以帮助其创造发展的条件。通过了解是什么唤出了人们的"大我"与"小我",我可以尝试创造出相应的组织背景和结构,激发我同事的"大我",并且允许和原谅他们不那么博大的时刻。

读者们告诉我,他们已经运用本书中的理念来设计领导力项目,创建教练介入活动,打造组织行为(绩效回顾系统、会议规程等),这些丰富了其生活和组织。一个团队为其中每个成员都买了本书,他们在工作之外练习深度聆听技巧以深化其技能、对彼此的理解并培养共同解决问题的能力。

我非常开心地看到这些理念通过新的语言向不同的人敞开时所发生的一切。我深切地关心人们在个体和集体层面的差异,因为我知道这个理论不会以相同的方式适用于每个人。成人发展理论的种子生发于西方土壤,以西方形态成长。灌溉和滋养它的传统相较于东方传统而言更具个人主义。我尚不知道这些种子在地球的另一端,在不同的社会文化模式中会如何生根。不过我曾经合作过的东方朋友在这些理念中都感受到了强大的共鸣。这些读者,正如西方读者一般,也在关于我们随着时间如何改变的理论中找到了慰藉与希望。

这本中文版是一个邀请,开启了在中国能带来帮助的发展理论。取其精华,去其糟粕,并依照你们的历史和未来度身打造新的部分。我此前从未参与过如本书这样共建的项目,如今还有了我读不懂的汉字版本。你们现在看到的我的理念及文字,是由陈颖坚先生以其深刻的理解力及跨界的语言、文化、理论和实践的能力,转化并翻译出来的。你们作为读者对这些文字也会有自己的理解,会产生共鸣或觉得索然无味,会有方法将这些理念融入自己的背景当中。我很感激你们与我们共同踏上这条旅程,也非常期待我们即将共同书写的新篇章。

译者序

多么远，那么近

从罗伯特·凯根到珍妮弗·加维·贝格

陈颖坚

人类的意识是可以提升的，这是一个已经被证明的事实。也因如此，我看到我和其他人可以"有意识地"成长。这也成了我在过去十年默默探索的新工作方向。翻译这本书，完全是因为我的老师珍妮弗·加维·贝格(Jennifer Garvey Berger)，她是我心中一位伟大的人，但一切也得从她的老师罗伯特·凯根说起。

罗伯特·凯根——哈佛大学教育学院心理学教授——三十多年前的研究显示，人类意识的成长是有一定规律的。大部分成年人都曾经走过童年常见的"魔幻心智"(magical mind)阶段；在少年时期经过"以我为尊"(self-sovereign mind)的阶段，社会上总是有一部分人终其一生都不能突破这个意识阶段，但大部分成年人都会在社会化的环境下顺利进入"规范主导"(socialized mind)的阶段，而且很多成年人会忠于这个阶段，一直到老；当中又有一些为数不多的人，可以通往更高的"自主导向"(self-authored mind)阶段；但只有少数的人，可以真正接近罗伯特·凯根所描述的最高意识层次：内观自变(self-transforming mind)。虽然教授这套被统称为"成人发展理论"(adult development theory)的专家们都会指出，更高并不等于更好(或赚更多的钱、更漂亮、更健康等)，但不可否认的是，企业在联系日益紧密的市场中变得越来越复杂，要求领导者更多地在高阶的意识状态下指导企业往前跑。因此，几乎所有企业对于更高意识层次领导人的需求都甚为殷切。

　　鲍伯·凯根(Bob Kegan)①这个名字大概是从波士顿学院的商管教授威廉·托伯特(William Torbert)口中得知的。当时比尔·托伯特(Bill Torbert)的研究专注于领导者不同意识层次的特质与递升，他与另一位前哈佛研究员苏珊娜·库克-格罗伊特(Susanne Cook-Greuter)合作，提出一套基于"自我发展"(ego development)的领导发展模型。我选择留意比尔·托伯特的工作也是一种缘分。比尔·托伯特是组织学习之父克里斯·阿吉里斯(Chris Argyris)的大弟子。由于当时我在"学习型组织"的领域不断探求更深入的理解，就碰到克里斯·阿吉里斯的核心理论与实践：行动科学(action science)。

　　行动科学指出，管理者在企业的场景中都感染了一种被称为"单向控制"(unilateral control)的行事风格，这往往与很多主张"人性管理"的领导者所希望见到的"双向学习"(mutual learning)意愿有严重的落差。但行动科学吸引我，是因为它同时是一种可行动的实践，它提出该如何帮助主管们减少往往是由一种被称为"熟练的不知觉"造成的言行不一致。然而，过去十五年的努力学习与实践——以及所带来的顾问经历——都在跟我说，这并不是每一个人都能轻松习得的转变。阿吉里斯指出，从"单向控制"迈向"双向学习"的过程是极其困难的，它要求主管先要具备高度的自觉，才有机会看到自己的言行不一致(更不用说是否能改过来)。

　　由于改变的鸿沟如此巨大，我便开始思考这是否真的能一蹴而就，还是中间需要有序的阶段性转化。这就成了我当时追寻这套学问的转向。因此，我开始四处寻觅与阿吉里斯相关的学生，以及其他的延伸学说与

---

① 鲍伯·凯根是私下朋友们对罗伯特·凯根的称呼。——译者注

方法。然后，我便看到比尔·托伯特与苏珊娜·库克-格罗特的研究。

细看比尔·托伯特与苏珊娜·库克-格罗特的理论与实践框架后，我有三个重要发现。一是他们提出自我发展的这条脉络对我来说是非常合理的，也是一套极可取的理论；二是细看他们基于心理学家简·洛文杰（Jane Loevinger）提出的语句完成测验（sentence completion test，一种针对"层次"的区分及其测评的方法），我个人觉得不够严谨，对此有颇多保留之处，因而希望寻求一套更好的学说；三是我从比尔·托伯特的著作中，得知他的理论发展受到另一位发展心理学家的影响，即罗伯特·凯根。

令人惊喜的是，成人发展理论本身也是百家争鸣，可谓五花八门，任君选择。当然最有野心的，要数"整合论"（integral theory）创始人肯·威尔伯（Ken Wilber），他旨在整合百家学说于他的框架中；然后有唐·贝克（Don Beck）与克里斯·考恩（Chris Cowan）用颜色来表示意识层级的"螺旋动力学"（Spiral Dynamics）；组织架构学大师埃利奥特·雅克（Elliott Jaques）提出不同意识层次，也代表能承担任务的时序（time-span）有不同长度；再有道德大家劳伦斯·科尔伯格（Lawrence Kohlberg）的三个道德发展阶段；更不用多说的是亚伯拉罕·马斯洛（Abraham Maslow）提出的远近驰名的"马斯洛需求层级"。至于罗伯特·凯根的发展脉络，就是认知心理学家让·皮亚杰（Jean Piaget）提出孩童发展的四个认知阶段，以及在此基础上继续发展出来的"主体—客体转换"（subject-object transformation）理论。

遥远而不能碰触的漂亮理论

我有幸在十多年前，在香港的一个奋斗小室里，学到过以上所有提及的理论。以我粗浅而不具学术训练的判断，我认为凯根的理论是众多理论中，最扎实、最能落地、最严谨，甚至是最优雅漂亮的成人发展理论。只是，要认识它也不是一件容易的事，起码对于十多年前的我，是一个巨大不能攻克的任务。

那时候，罗伯特·凯根这个名字并不是我第一次碰到。在二十多年前，我已经开始看"整合论"的创始者肯·威尔伯的著作。他在很多著作中，都提及罗伯特·凯根，因此当我在自己的专业领域再碰到这个名字时，会特别地关注。那个时候罗伯特·凯根也没有太多著作，只一本《发展的自我》（*Evolving Self*）。有一次在哈佛的书店里看到，我就把它买下，但读起来却有一种庞大的无力感，我几乎不知罗伯特·凯根在说什么！

有幸，比尔·托伯特让我重新再读凯根的理论，我开始有了一些头绪，并在罗伯特·凯根另外一份学术论文中看到他使用"主体—客体访谈法"（subject-object interview，SOI）的分析。那是我首次看到 SOI 的威力，也是一次大开眼界的经历。SOI 是一套用来区分受访者意识层次的测评方法，但相较于比尔·托伯特及库克-格罗特提出的方法，有更强的条理与说服力，但同时很明显的是，SOI 对研究者有很高的要求，处理的方式也复杂很多。罗伯特·凯根任职于全球最高学府哈佛大学，我则是在香港自学的无名小顾问。那种地域与心理距离之庞大，真不能用笔墨来形容。或简单地说，它几乎是一套此生只可远观而不能碰触的漂亮理论。

但机会总是给有准备的人。罗伯特·凯根与他的一位拍档莉萨·莱希（Lisa Lahey），不知为何突然提出了另一种改变的工具"改变免疫力研究"（immunity to change，ITC），并为此出了算是他的第一本普及著作《谈话方式决定工作方式》（*How The Way We Talk Can Change The Way We Work*）。这本书我总算能看懂了，也很喜欢他们提出的工具。但就是没再提到他之前建构的"主体—客体转换理论"或 SOI。但无论如何，我总算能从罗伯特·凯根的著作中学到一点儿东西了。

2008 年，美国正值金融风暴，我只身跑到美国哈佛大学上凯根的 ITC 课。这并不是我最想要学的东西，我来的目的，除了是想学罗伯特·凯根与莉萨·莱希共创的工具之外，更重要的是想学习他早在二十年前开创的 SOI。关于这套漂亮的理论，我总是找不到入门的要领。由于这套理论着实很吸引我，因此我想到唯有先来拜访大师，探听他在什么地方开课，然后再想尽办法去学。结果我身处哈佛鲍伯·凯根的办公室内，得知一个坏消息：他不再教这门课了。

鲍伯·凯根很明显地看到我的失望，他便说他有一本自己编制的内部手册，我可以着手自学。45 美元，我毫不犹疑地买下来。但厚厚的一本由 20 世纪六七十年代的打字机打印出来的笔记，很干涩地、毫不漂亮地放在我眼前三年，不是我没有用功读它，而是它让我再一次感受到自己找不到门路深入了解这套伟大的理论。

幸运的是，鲍伯·凯根除了让我知道有这样一本我不能看懂的"天书"外，他还说现在这套理论主要是由他以前的一位学生来教，她就是珍妮弗·加维·贝格。珍妮弗以前在哈佛专门教授这门课，但只向哈佛内部的研究生讲授。后来她也离开了，所以哈佛内部已经没有人再教这套理论！

从鲍伯·凯根走向珍妮弗·加维·贝格

2011 年，我收到一封电邮是关于珍妮弗的最新动向的，她在澳大利亚悉尼将要讲授一门与成人发展理论相关的课程，此课不会详尽探讨 SOI，焦点会着重在应用上，尤其是在教练（coaching）上。虽然那仍然不是我最想要的东西，但她有这样的公开课已经算是千载难逢的机缘，已将那种遥远的距离拉近了一千倍！结果我是在澳大利亚悉尼碰到珍妮弗的。那一次全班只有七个学生。珍妮弗后来说，因为我是第一个报名的，而且知道我是远从香港过来上课的，所以她们承诺了不会因为人数太少而取消课程（珍妮弗说："因为陈颖坚已报了名来澳大利亚上课！”）

　　看到珍妮弗，我只能说她正好展示了一套好的理论，如何能帮助一个人变得成熟、高雅而漂亮。我一生未曾真正认识过任何伟大的人物，我喜欢奥巴马、甘地、林肯、曼德拉等，他们都是令人尊敬的伟人，但我从没有"认识"他们活生生地站在我面前是怎样的人。我也认识很多管理学界的大师，无论他们的名声如何大，也不能盖过我对珍妮弗的爱戴与尊重。我可以从珍妮弗身上感受到她在"自主导向"及"内观自变"两个层级来回跳动。她是如何的不拘谨、没有架子、言行一致，这也让我清楚地看到她真实的一面，以及在延续一项已经没有人再重视的技术：鲍伯·凯根的 SOI 成人发展理论。就是因为珍妮弗愿意拾回凯根的"弃子"，我才有机会学到这套理论（我曾问过珍妮弗为何凯根不再教他的 SOI，她说凯根好像对于他开创出来的东西，突然玩厌了，离开了"那个房间"，永远也不再回头）。

　　有了珍妮弗的指导，我开始能掌握在我心中可能一世都学不会的 SOI 理论，今天，这套理论经珍妮弗及她的一众伙伴在领导力培养（Cultivating Leadership）顾问公司的改良及优化后，成为一套名为成长边际辅导（growth edge coaching）的应用方法。"edge"，这里的意思就是成长的"边际"。这条边际的另一边，充满着不确定、复杂、困惑，同时也是生机勃勃、好奇、充满可能性以及更上一层楼的成长！刚好，珍妮弗说她的书就在此时要出来了，由于种种感恩与欣赏，加上《领导者的意识进化》的确是一本写得非常棒且富有诗意的书，所以我毫不犹豫地向珍妮弗提出要翻译这本书。

　　之前提过，我在一开始接触这套理论时，觉得它是在天边非常遥远的角落，到我翻译此书的过程中，有机会与这套理论亲密地作战，也感觉到它渐渐地成为我所能理解，甚至是影响了我的行为的一套理论时，内心对珍妮弗充满了无限的感激。

鸣 谢

最后，我也希望利用这个机会，谢谢一众曾经协力帮忙这书出版的专业工作者及朋友。当中，我特别要感激我的挚友王少玲（Leslie）那种兼前顾后式的帮忙，她从第一天就帮我邀约台湾的出版社翻译及出版这本书，没有她，我真不知这本书何时才能出现。我同时要特别谢谢北京师范大学出版社周益群小姐给予的各方支援与协调，大力支持这本书在内地出版。最后，多谢陈秋佳小姐在翻译后期，替此书做的一些重要的润稿工作，这弥补了我在文字修养上的不足。

同时这本书在翻译开展的初期，曾得到多位仗义之士的拔刀相助，令《领导者的意识进化》的翻译工作有了进展。我在这里要特别感谢巫爱金、褚彩霞对第一、第二、第三章的重大帮忙，并且要谢谢高映梅（高姐），施亦力，韩世宁，郭进隆老师，Charles Lam，Elton Lo，Winnie Yuen，Johnson，Brian Chang，Toby Chiu，如果我在此遗漏了任何曾给予这本书帮助的人，那不是因为你的贡献不值一提，那只代表我是一个粗心大意的人，我对每一位出力的朋友都心怀感激。

最后，我希望作为第一本出现在中国的成人发展理论普及译著，本书不单只将一套在欧美等地现正热烈讨论的话题带进中国，更让更多的领导者能通过此书，开始迈向自身的成长及帮助他人更上一层楼的道路。

互勉。

目　录

/引 言/

　　我们都集体迷失于混杂与纷乱当中，同时我们一直都不晓得自身迷失其中。过去五十年来，我们从未见识过如此大规模的转变，当中包括环境的、社会性的、科技的改变等，以至于这些改变对现今社会也带来严峻的挑战。领袖们与组织者们所选取的决策，不仅影响他们企业自身的底线业绩，也更大范畴地影响着人类在地球的命运。我们必须要将彼此的集体性力量更有意识地凑拼在一起，以形成一股前所未有的改变动力。当然这是一个绝不简单的要求，也可能不是我们能力所及的——起码现在还不是。我们希望通过足够的努力可以将之克服。但我们得先弄懂第一步到底要往哪个方向努力迈进。

　　在数千年以前，我们的祖先们可能有明确的传统习俗，让他们系统地从人生的某个阶段过渡到另一个阶段。这些方法有些部分是有某种程度的危险性的，而另一些则较为温和并具有支援作用。无论如何，假若你是活在祖先那个年代，在孩提时，你大概已经清楚知道人生之路要怎样走，同时你也会得到一位领路人，指引你通往这段路的理想路径。当你逐渐长大，并获得更多智慧之后，你便会得到身边人对你的尊重。这不一定是一幅漂亮的地图，或是指向一条康庄大道，但它会留下一些可以作为路标的印记，帮助你对人生的期待和将要面对的事情有一定的心理准备。

　　说到地图，今天我们拥有不同种类的地图。你可以在谷歌地图上搜寻我的住址及利用卫星图像看到我家的屋顶；你可以走进人力资源部门查看薪酬等级及晋升的条件；你也可以到国外一个城市，在 GPS 上键入你想要找的地址，便会听到悦耳的女声，告诉你下一个路口该往哪个方向转弯，并一路提示，直到你到达目的地。

拥有这些各式各样先进的地图，我们真的不用再害怕迷路。然而，我们也可能同时失去了几千年前祖先们所拥有的能力，也就是知道自己的人生要往何处去的本能。相对于理解人类思想和人际互动，我们仍然没有一个像谷歌地图一样全能的地图，让我们可以在六千尺（两千米）的高空俯瞰个中的微妙关系；我们亦没有一种 GPS 系统可以让我们有效地重新计算并成功挽回四十岁后走错的路；我也从来没有看过人力资源部门曾按照你的个人能力以及领导能力而量身定做一条你该要跨越什么山岳的发展路径，从而培养出不同和有更大影响力的领导才能。这意味着，虽然我们拥有所有先进的地图及科技，但我们仍然不太肯定，在面临现世那种错综复杂而又相互冲突的机遇，或在举步维艰时，该如何思考、谈吐、回应，以活出我们自己的理想人生。

本书就是希望能填补这个需要。

我从中得出的结论是，纵使在现代的生活中，成年人成长的模式往往也是有迹可寻的，而且有其一定的可测性。我们甚至可以说一幅关于现代成年人成长的地图，可以帮助我们了解人生成长的困难与险阻，从而引导我们展开成长上的蜕变或转化。这些支持力量不单是帮助你免受迷失所带来的痛苦与焦虑，它也可能帮助我们走在一起，互相支持，在各自成长的道路上不断试着向前迈进，从而我们可以集体想出更多创新的方法，解决那些我们现在凭己之力不能攻克的难题。

这本书是为那些对成年人成长理论的轮廓与特征感兴趣的人而写的，那些希望可以通过本书帮助他们自己或帮助他人成长（或很可能两者皆有）的人也可以从中获益。理解这本书会对"支持"有非常重要的重塑，因为有大量的证据指出，我们往往对成年人意识的成长所知甚少，以致对于人经常带着一种对方仍无法办到的期望——而我们往往都不清楚以致不知道该如何支持这些人成长，以及该如何帮助他们习得所需的能力。因此，你在阅读此书时，会很自然地想着自己的处境以及自己的成长发展，也会想着与你一起工作的人以及你可以帮助他们的种种方法。

　　我将这本书分成三个不同的部分，旨在方便不同类型的读者。第一部分是写给那些希望弄懂成人成长理论的朋友们，简单地介绍个人的意识发展是如何运作、如何评估，以及它是如何随着时间而改变的。第一章概括性及宏观性地描述了这套理论，以及它为何对我们会有所用处。第二章通过很多例子、个案，带领那些对此有兴趣的读者们进行更深层的理解，认识成年人成长理论背后的组成元素，以及不同成长阶段所拥有的世界观在企业环境中会如何展现及运作。第三章对评估成长阶段的方法进行简短的介绍：哪些问题可以问自己或问他人，以及如何开始细心聆听周遭他人的言谈，从而建构有关身边亲戚朋友的成长阶段的假说。这三章放在一起，就是试图提供一套深入的(同时我也希望是有趣的)、有威力的，以及有关我们如何为周遭的事情赋予意义(sense-making)的理论。

　　本书的第二部分，我们会转向我们实际可以做些什么以支援企业组织中的个人成长，或对于那些不选择成长的人我们仍可以做些什么来支持他们。这部分的章节将会为你带来很不同的用处，这要看你想怎样支援他人的成长——而你也将会留意到，每一章都会论及更大范围的人群及系统。第四章会检视成人成长理论与成长教练的互动，这部分对教练、企业顾问和任何需要与人建立一对一关系的工作者，都会有一定的用处。第五章主要针对有关大团队介入的工作，如专业的发展培训、工作坊等。第六章则是更上一层楼，为任何能够帮助成年人成长与学习的专业发展提供重要的路径，每一种路径都是特别为那些在组织服务的教练、从事组织发展(OD)及人力资源的专业工作者和顾问等而设立的，期望能帮助他们服务企业内的个人成长。如果你是一名领导者，当你读到此章节时，我希望你能谨记，最佳的领导者往往是愿意在组织内当一个成长的督导(或教练)、经常有意识地视工作中的同人为一个完整、需要发展的人，从而发展组织、关怀同人，就如他们关心自己企业的经营一样。

　　第三部分将在工作中持续成长的可能性直接带到我们每天工作的场景中，

同时想象工作空间其实是我们成长中一个很重要且有深刻意义的地方。第二部分是研究那些发生在我们的工作场域（教练、领导发展计划等）的介入（interventions）。第三部分则是直接走入我们每天的工作中。我是一个对介入工作的超级信奉派（确实，我是靠这个来糊口的），但倘若我们真的要改变这个世界，那我们得调整一下我们的关注点，多放一点儿改变的心思于每天工作的事情中（一点点也好），而不是只将特别的场合当作改变的时机。第七章是我与凯斯·约翰斯顿（Keith Johnston）合著的，我们将深入讨论近年来要求领导者去处理复杂与不确定性的那些处境。这一章将提出一些建议，帮助他们达到此目标。第八章则提供有实际效用的建议，关于如何展开这些点子并将它们和你的工作联结在一起。

在以上所有个案中，我都尝试帮助你同时了解这些有关成长与发展的轨迹及支援方法，同时我也将帮助你明白如何建构一些使用这些工具的新想法，以及了解他人成长与发展的方法。整个成人发展的领域尚处于学步阶段，它仍是非常年轻的学问，而你和我此时所做的就是共同创造与发掘这些知识使用的方法，让我们可以在未来使用。因此，这本书看似是一本独立完成的著作，但其实只是开启了一个对话，让我们可以一起参与其中，以及尽己之力去拯救这个已经生病的世界。假如我们每一个人都相信这些核心的思想，即我们的工作空间可以孕育拯救地球所需要的智慧，这些新的可能性可以帮忙我们创造出现在地球上最需要的资源——那不是石油、钢铁或黄金，而是人类那种能创造更多怜悯、深具反思、健康的空间，足以让我们和所有与我们一起的万物共同分享这个脆弱的地球。我欢迎你前来参与这个对话，并期望能够听到更多关于你们在这条路上的种种发现。

第一部分

渐趋复杂的成长之路

第一章　心智的层次

试看下文是不是有熟悉的感觉。

　　一位小型企业的资深副总向我求助[①]。她的部门刚经历重组，为了解决多年来一直困扰部门的问题，他们建立了一个新的单位。这一新单位，目前仍试图寻找工作的重点及其愿景。但随着新单位的运作，整个部门的冲突却越来越多。部门重组，不仅使某些同人脱离既有的工作，同时也让每个人都感到紧张和急躁。资深副总意识到冲突如雨后春笋般四处丛生，既有的沟通渠道也在逐渐瓦解，本想通过重组部门解决各自为政的问题，现在她反而担心，各自建立的新地盘让既有的问题更加恶化，除非人们开始真正了解彼此，学习如何处理彼此的分歧。因此，她认为这个团队需要几天时间，进行一些基本的学习与集体反思，内容包括聆听技巧，进行迈尔斯-布里格斯个性分析指标（Myers-Briggs Type Indicator，MBTI）测试等方法，以增进彼此的了解。我和这位客户都决定，一方面要让大家理解并领会现在这个新单位的意义，另一方面要提升他们聆听彼此、解决无可避免之冲突的技巧。我们确定日期，选定好场所，当然我也买了机票。

　　工作坊的第一天进行得非常好。这个团队没有我所担心的那么分化，他们渴望学习新的技巧和工具。直到第一天快结束时，我留意到两位同

---

　　① 所有个案研究都是我在以研究者、教练或顾问身份工作时所遇到的真实案主的不同组合。没有任何一个案例来自单纯一个案主，所用的名字及个性特征都是虚构的。

事在窃窃私语，似乎不太对劲——他们都是来自新单位的成员。第二天，早上的活动即将结束前，我开始真正关注到这两位伙伴，并且很清楚地看到他们对彼此的怨恨。例如，他们会用一些礼貌性的言语来讽刺对方，让人感到只要有一方受到刺激，另一方就会猛烈反击。我自问，怎么没有在第一天就察觉到呢？我原以为，他们的冲突来自这个部门的单位与单位之间，却从没想到是来自同一个单位。所以，我以建立团队共识的设计思路，第一天把各单位既有成员打散，再重新组合。直到学习者回到自己原有的单位，谈论策略该如何展开时，我才看到那位资深副总所经历的一切情境。此刻，房间内的气氛越来越紧张，昨天轻松说笑的氛围完全荡然无存，每位成员都谨慎而留意地观察处在冲突点的两个人。在休息时间，我把客户带离会议室，请她描述这两人。她说："他们彼此怨恨，这是公司另一个要面对的问题。"

这两个人本来是从属关系，而且主管雅各布（Jacob）认为部属佩里（Perry）的行为已经超过界限。雅各布认为佩里是一个离经叛道，破坏规则，不遵循行政指挥系统的人。佩里则认为雅各布很白痴，把公司的政策守则当作神圣不可冒犯的《圣经》，罔顾显而易见的常识。他们都明白，相互的行为皆不可能被对方接受。雅各布已经草拟了一份行为守则，要求佩里在培训结束前签署，否则佩里马上会被解雇。此刻，我才意识到，在加州温暖的阳光下，进行的两天部门培训工作坊，主要是在处理两个成员之间的嫌隙，他们因为公开厌恶对方，进而对整个部门的工作氛围及工作带来负面的涟漪效应。这类同事间的相互厌恶并非无关紧要，反而是造成部门负面士气的关键点。这不只是彼此对事情的看法不同，或是需要额外的技巧来提升工作效率而已；这可能源自双方有着截然不同的处世方式，所以根本无法相互沟通。我意识到如果没有留意到这个冲突脉络，这次的培训仅能顾及片面需求，同时收效甚微。这就好比是给禽流感患者服用减充血剂（decongestant，一种广泛被添加在感冒及抗过敏药物中的成分）一样的完全无效。获得这个新发现之后，我便进行一些迟来的转向，重新整理原有的安排，设计了部分新活动。结束时，虽然大家对于解决方案仍处于模糊的阶段，但起码对问题有了更清晰的认识。

其实佩里和雅各布都是聪明、有趣的人，拥有丰富和成功的工作经历。他们与组织里的其他人相处融洽，更有着相似的背景、教育以及个性。那么问题究竟出在哪里呢？不知道为什么，他们总觉得对方粗暴地践踏了自己的想法与核心价值。他们通过别人传话，避免当面对话，但又觉得被深刻误解。但是当我询问他们的主管，问题究竟出在哪里，她又难以说明，只能告诉我："他们就是如此不和。"

正是这些人际互动的细微之处令人难以言传，复杂万分。你和不同类型的人相处时间越长，越能体会这种复杂性的难度。对于某些技巧或任务而言，辨识什么样的人可以胜任以及如何理解这个世界并不困难。当任务明确、界限清晰，同时易于评估时，所需要的职能也会相对清楚，进而对额外训练及支持的需求，也相对容易说明。但是当任务的复杂性不断提升，权限无法清楚界定，同时难以评估或难以和表现直接联结时，所需要的职能就不再那么容易辨识。即使我们做出判断（如人际互动技巧不佳），往往也不知道接下来该怎么办。究竟该提供培训还是辅导？抑或该安排一个建立团队共识的活动比较好？由此可见，在现代的商业世界里，协助人们获得复杂的综合技巧，确实比过往困难许多。

除了学习而来的技巧和行为，我们还有与生俱来的反射行为。当触碰到一个热锅时，你会不假思索地把手拿开。这是非常有用的反射行为，它可以让我们免受伤害。如果你还要考量锅的热度并权衡你的选择——我要先放下这个热锅而让新台面有烫坏的风险吗？无论你权衡各项选择的速度有多快，没有一个能快得让你免受伤害。这是来自你潜意识的天赋，保护你不受伤害。但其他的反射机制，就没什么太大帮助。例如，如果经理每次问你问题时，你都觉得她在质疑你的能力，从而变得防卫，这个反射就可能让你受伤而不是保护你。然而，改变这个反射机制，就像让你一直拿着热锅一样困难，甚至就某种程度而言，你会觉得这是很愚蠢的。我们有许多本能的反射行为，如"战斗或逃跑"（fight or flight）的生理机制，在过去远古的草原时代保护我们，但现在却伤害我们。大脑内部的线路，也就是反射的本能，仍然是比较适合部落族群而非企业组织。

因此，在反射行为只会误导我们反应的世界里，我们需要的技巧也变得更加复杂和多面，我们如何才能把自己管理得更好？如果我们的组织和世界需要更有经验的领导者，如何才能协助组织确切地培育领导力与复杂性？

理解你所看到与无法看到的差异

任何在组织工作过的人都会告诉你，不同个体在决策、处理冲突，以及对人际关系的理解上都相当不同。他们有不同的强项与弱点，不同种类的技巧，以及不同的背景与个性。在本书中，我会探究另外一种不同："人们理解自己所处复杂世界的能力各自不同。"而这种能力会随着时间成长而变化。虽然我们不认为个人心智的成长与技巧的成长是等同的事，但是这两种成长，在个人成功和效能方面，都扮演着至关重要的角色。

虽然人们很早就认识到，随着孩童逐渐成长，他们对世界的理解会随之调整，是以更加缜密与复杂的方式在转变。但对成人而言，伴随年龄的心智成长与发展（这里不单指技巧的变化）的概念却是相对陌生的。在孩童身上，观察年龄差异所产生的世界观相对容易。例如，当一名 3 岁女童在浴缸里，看到自己身边的水不断从排水孔流走时，她会直接想到自己的身体和玩具即将一起被冲走，因而马上产生一种危险的感觉。即使成人和善地向她说明水与人在"性质上"的差异，时同安抚她，恐怕都是徒劳无功。因为在她的发展阶段，自我并不具备分辨物体特性的能力，也就是为何浴缸里的水会流走，玩具却因为体积过大而不会被冲走的道理。她会一直哭，央求离开浴缸并同时迅速挽救那些她认为快要被冲走的玩具。但同样的女孩，数个月后，因为自我已经具备不同层次的心智，她会平静且开心地一方面看着浴缸中流光最后一滴水，同时仍继续和她的玩具一起玩耍。水的性质从没改变过，但她的自我区分力已经不同——朝另一个更复杂的层次成长。现在她对周遭世界的理解形式改变了，对于此种更高层次的展现，我将它称为"自我复杂度"（self-complexity）。

自我复杂度是指以不同的方式来演绎周遭的复杂世界，而这些方式在本质上是截然不同的。在书中，我会用"心智结构"（forms of mind）来谈论自我复杂度之间的差异。其他的相关研究者则采用过"心智层次"（order of mind）[①]或"行动逻辑"（action logics）[②]。所有的这些相关术语，本质上都在描述人类不断变化的能力，特别是指如何面对高度复杂环境、展开多角度思考或高度抽象思维的因应能力。这里所要带出的关键信息——更广泛与高层次的复杂思维模式——持续在整个生命过程中，不断地向前进展，而不会在我们有能力分辨浴缸中的水和玩具的不同属性后，就停下来。

在成人的世界里，自我复杂度的标记，不像害怕被浴缸水冲走的例子那么明显。相反，成人随着时间递进产生成长与改变，他们在处理生活中的许多压力与重要改变时，会用一种微妙的方式处理。不同"心智结构"的领导者，接收他人观点的能力是不同的，有的是自我导向、创立和修正系统、管理冲突或处理似是而非的吊诡难题。其实我们不用到远处寻找自己身处复杂和模糊情境的反应；我们日复一日都已经在面对这些复杂、不明确的情境。下面是一个简短的例子，引出了一个意想不到的困境。

> 你正准备和经理莫妮克（Monique）约见面，当你在安排行程时，她的助理提醒你莫妮克次日已经有约，她会和你的部属乔纳森（Jonathan）见面。莫妮克刚来部门没多久，但她和你单位的每个人都进行过见面会。现在，当涉及和你单位有关的项目时，莫妮克大都会直接与你互动。但最近几个月，你感到意外并备受打击，因为你发现她会就自己喜欢的项

[①] E.g., Robert Kegan, *In over our heads: The mental demands of modern life* (Cambridge, MA: Harvard University Press, 1994).

[②] E.g., Dalmar Fisher, David Rooke, & Bill Torbert, *Personal and organisational transformations through action inquiry* (Edge/Work Press, 2000).

目，直接和你的部属沟通，对于他们的决策，你往往都是后知后觉。你对于自己的平易近人、员工容易和你沟通感到自豪。你将如何回应这个新信息？

思考一分钟时间，想想你会如何处理这个情境？你会直接和莫妮克或乔纳森对质吗？你会说些什么呢？在这里，什么才是真正的问题？你最担心什么？

以下说明三位不同经理人，如何处理这个情境。当你阅读时，请思考他们的观点——他们如何看待这个问题？他们各自担心什么？哪一位和你的想法及担心最能产生共鸣？

经理人 1

你快速地安排了自己的会议，然后离开，之后回头思考整个过程。你从未遇过类似的情况，同时你对于该如何做感到束手无措。有那么一段时间，你希望自己从来没有发现那个愚蠢的会议。因为现在，你对于乔纳森越过你，破坏了指挥系统应有的秩序而感到生气。同时，你也被莫妮克的行为所刺激，她不应该在员工面前鼓励这种不当行为。同时，你也开始思考他们的会议将谈些什么？你的愤怒很快地转为一些担忧，该不会是乔纳森想要跑到莫妮克面前告你一状？你开始拼命回想，你可能做过什么而让自己惹了一身麻烦，可能是上个月你忙着做外面的兼职项目。你虽然知道自己不该接受那些外面的顾问工作，但很明显，它挺容易，也可以带来不错的收入。你不明白，为何你不能利用自己的时间接这些兼职工作，这真是一条愚笨的规定。但问题是乔纳森怎么会知道这件事？或许，你接下来应该先和乔纳森随意闲聊，打探他要和莫妮克谈些什么。对，就是这件事，找乔纳森聊一聊，看看整件事情要说些什么，如果有需要，阻止他们进行这个会议。或许你也可以提醒他，上一季他经常提前下班，跑去看女儿的足球赛。这类的提醒，以往都蛮奏效的。当然你不能把它视为一种要挟；相反，如果你们不懂得齐心对抗管理阶层，你们的生活很快就会被那些笨得要命的规章制度所接管。现在你感到比较安心，因为你已经知道可以做些什么，以确保事情不会失控。

经理人 2

你快速地安排了自己的会议，然后离开，之后回头思考整个过程。你从未遇过类似的情况，因为你和前主管，对于该如何进行适当的互动，早有不错的共识。现在这位新主管，要不是愚昧无知，要不就是带着错误的观念，冒险打破这些既定的角色关系，有时这种状况反而令人感到头痛。如果所有的汇报系统都如此混乱，你如何知道身为主管的角色是什么？难道莫妮克期望你像她一样，和你部属的团队成员开展类似的会议吗？也许那是你应该"收到"的信息。虽然你尝试解读它，但毕竟你不会读心术，你还是希望莫妮克可以更清楚地表达信息。过去你跟前主管的相处从来不会如此狼狈，你们在很多层面的立场一致，角色定位上不曾有过混淆。有段时间，你对这种状况感到不安。如果你不清楚自己身为领导者的角色，那如何能把工作做好？如果你没有把自己的工作做好，又怎么能对你的家庭有贡献？你的朋友又会如何评价你？你觉得这个混乱的状态真是糟透了，而且也不知道该如何着手解决。你读过的领导书籍，都没有提供任何可以援用的指引，同时你的前主管已经离开，你也不知道该向谁寻求忠告。

经理人 3

你快速地安排了自己的会议，然后离开，之后回头思考整个过程。虽然你从未遇过类似的情况，但你对于人际互动所引起的困境并不陌生，其中也有一些是因为组织角色的混乱所造成，你从来不会享受这些状况。有那么一段时间，你希望自己从来没有发现那个愚蠢的会议。这样你就不用顾忌莫妮克跟乔纳森之间的讨论，可以从容地继续工作。但现在你已经知道了，你就必须面对这个议题，因为这关系到你的主管及部属之间重要而深层的价值差异。你仍有一点好奇莫妮克跟乔纳森在一起时会谈些什么。也许，他们所进行的会议有其必要性。可能是乔纳森要向她抱怨你的忽略，或者他们正为你筹办一个惊喜派对，你边想边露出讽刺性的笑意。如果这是前述提到的会议性质，你也乐于避重就轻。但你又觉得好像不是这样。事实上，莫妮克不遵循指挥系统的行为模式一直都有，而且开始带有破坏性。最近你也留意到，同事之间通过不太起眼的方式来竞逐莫妮克的时间及注意力，团队之间出现新的紧张气氛，这已经对士气及生产力带来伤害。你决定要跟莫妮克谈一谈，了解她进行这些会议的目的。显然，她对于上下指挥系统间的互动关系和你有很大的不同，如果你能更明确地了解对方的想法，你将能展现更适合团队的行事风格。

也许你没有发现自己跟上述个案的任何人有相似的地方，或者你也会做出跟他们有点类似的一两个反应。不管如何，这三位经理人所面对的问题完全相同，但是他们看待这个问题的方式，或是他们处理这个问题的方式却大相径庭。第一位经理人对这种处境感到陌生，因为这些情况，过去不曾发生过，她立即为可能发生在自己身上的种种负面情况感到焦虑。她的视野狭隘，焦点只放在这一次对自身的影响上。第二位经理人则对自己"应该"（should）如何自处感到彷徨，因此她开始解读整个事件的弦外之意，让自己可以更了解别人对她的期望，以及应该要如何扮演这个角色。至于第三位经理人，虽然自己不曾体验过这样的处境，但却能用一个更宽广的视野，寻找自己过往曾经历的类似且复杂的人际经验。同样，通过更大的视野，她也看到此行为所带来的问题，因为它已经变成重复发生的行为模式。虽然此问题确实对她有影响，但是其首要不是从自身利益出发考量，而是关心整个团队的士气与生产力。

上述领导人彼此之间可能存在着诸多差异，因而对同一情境产生不同的处理手法。他们可能接受过不同的领导力训练，有不同的经历，以及不同的领导风格。然而当我询问大家对这三位经理人在想法与做法上有什么不同时，他们指出许多可能存在的差异，但几乎所有的受访者都认为，第三位经理人感觉上比第一位经理人"成熟"（grow-up），也比第二位经理人让组织更有"安全感"（secure）。成人发展理论所探索的就是这类"成熟"的感觉，以及什么是

"安全感"的主题。在此，我不想为这些领导人的技巧或有效性做任何评论。我想提出的是，他们之间不只是领导风格不同，当下的自我复杂度也不同①。通过自我复杂性的滤镜来看领导人，我们或许会说第一位经理人并不是自私、自我中心或是短视近利的领导者；而第二位经理人也并非是一个缺乏安全感，或欠缺决心的领导者。因为那些形容，都是用一种不太能改变的人格特质或性格上的缺陷，为那两位主管贴上标签。从我的角度来看，或许只是因为第一位与第二位经理人的"自我复杂度"，尚未具备像第三位经理人那样的层次。没有任何的领导力训练或任何形式的介入可以教我们快速了解这些，就如3岁小孩无法立即理解，为什么自己不会跟着洗澡水一起被冲走一样。就像3岁小孩——也像我们所有人——第一位与第二位经理人需要很长一段时间才能培养出这种能力。同样，第三位经理人可能也没有办法告诉你，到底是哪个特定的训练或是特殊事件，让她的管理视野足以关照到整个组织。她可能也想不起来，在过去的经历中何时无法用全面性的观点来处理眼前的议题。因此，她可能假设别人和自己采取相同的角度来评估情势，所以当她和主管或部属对话时，可能会惊讶于别人的想法竟然和自己截然不同，尤其是当她意识到对方的世界观是如此的过分简化时。

那么，如果差异很难被理解和辨认，同时这些差异导致彼此看世界的方式有深刻差异时，我们该怎么办呢？其中一项有助益的选择就是学习一些成人发展模式，同时学习如何辨认和使用这些模式，进而创建更有利于个人成

---

① 针对能力（或能耐）（capacity）这个词，在成人学习与发展的领域里，存在着许多不同的意见。到底能力是不是一个不会改变的东西？例如，它就像一个杯子，有其固定的容量与限制，当你将水倒满后就无法再装入更多的水了——这里关心的是，到底一个人的能力（如IQ），是不是固定不变的。起码有很多聪明人，将IQ是每个人与生俱来且无法被改变的想法，视为一种深信不疑的事实。但是，我却一直还没发现任何一个论点引导我去推论并且相信能力是一个固定且有其极限的东西（当然也没有任何一个我所听过的说法让我相信"能力有其极限"的假设，相较于"能力可以无限扩大发展"的假设，对能力的发展会更有帮助）。我的想法是，能力就像是一个超大的气球可以越吹越大。就如现在的经验有多少，气球就有多大，当越来越多的人生经验被吹入气球中，气球就越来越大（就以这个比喻来说，我目前还没有发展出一套理论已经包含了气球大到破掉之后的事，不过我正在探究中）。所以这本书对能力的定义，是基于截至目前我对能力的理解，这将会随着时间与我后续的研究而不断地修正、进化，并日臻完善。

长的工作场所。成人发展理论可以协助我们更清晰地掌握我们所谓的"成长"，它描述了人们对世界的理解如何随着时间的推衍而逐渐产生质化的差异。它同时也描述了人们目前的能力——那些人们当下有能力或者没有能力去做和想的事。不过，这些理论绝不是简单的描述性工具。成人发展理论详细地描绘了一个人如何发展更多复杂心智结构的路径。除此之外，这些理论也帮助我们检视人们在某个特定时间的心智结构和某个特定任务所需要的心智结构之间是否相吻合。由于个人角色和组织环境之间存在着巨大差异，每个人或多或少都需要一些处理复杂性的能力。自我复杂度与环境复杂度之间的契合程度是个人走向成功的关键因素。事实上，虽然心智结构会随着时间发展，但只有当这种发展与环境对个人的要求可以联系在一起时，它才会变得重要。发展模式似乎建议层次越高越好，但我希望读者对这个假设提出质疑。自我拥有更多"看见复杂性"的能力是重要的，尤其是对于位居领导者位子的人更是如此。但是，在某些情况下，如任务清楚、复杂性低时，拥有较高层次的自我复杂性，不会带来什么好处。再次强调，环境对领导者的要求与领导者"看见复杂性"的能力之间的互动很重要。另外，拥有高层次的自我复杂性能力并不能保证一定会成功，就像身高高不保证进篮球场后，一定得高分。拥有处理复杂性能力的领导者并不意味着就是一位细心的观察者，或是很有技巧的沟通者，或是拥有很好的判断力。它意味着，领导者具备看到细微差异与处理矛盾和混沌信息的能力，以及灵巧和快速反应的能力。在此呼吁大家，放弃对"发展"过度简化的印象：更高＝更好，去创造一个我们可以辨识并协助发展工作的复杂性的场所。

成人发展的建构式发展理论

早期的成人发展理论经常将年龄与人生阶段联系在一起，这些理论用年龄或主要任务(如职业生涯的追寻)来描述人生的各个阶段。在人生的不同年龄或阶段，人会有不同的观点、希望与目标(如 30 岁出头是步入家庭生活的时候)①。相反，建构式发展理论关注的是人对事物的独特"意义建构"(mean-ing-making)过程，而非年龄或人生的阶段②。它们是建构式的(constructive)，因为它们关注个体如何在生活中创建自己的世界，而不像有些理论所言，相信这个世界存在于个体之外，本身拥有一些客观的真理等待被发现。它们是发展性的，因为它们关注个体如何随着时间的推进，建构得更加复杂和多面性。相较于年龄和人生阶段理论，建构式发展理论认为随着个体所走过的岁月和人生阶段，心智的发展不一定会发生。建构式发展理论是多样性的，它有广泛而相似的发展取向与轨迹。本书来许多成人发展的理论，不过主要根据哈佛心理学家罗伯特·凯根所提出的想法而著，书中所使用的心智结构名称，大部分也来自凯根。

建构式发展理论倾向于专注某种特定能力的发展，特别是权威(authori-ty)、责任感(responsibility)以及包容复杂与混淆不清的能力等方面。理解这些议题最简单的方法就是注意他们是如何进行观点采择(perspectives taking)及对自我责任做出解读的。当人在发展时，他们会变得逐渐能够理解和考虑

---

① Erik Erikson，*Adulthood*（New York：W. W. Norton & Co，1978）；Daniel Levinson，*The seasons of a man's life*（New York：Random House，1978）；Daniel Levinson，*The seasons of a woman's life*（New York：Alfred A Knopf，1996）.

② Michael Basseches，"Dialectical thinking and young adult cognitive development."In R. A. Mines & K. S. Kitchener（Eds.），*Adult cognitive development：Methods and models*（New York：Praeger，1986，pp. 33-56）；Marcia Baxter Magolda，*Knowing and reasoning in college：Gender-related patterns in students' intellectual development*（San Francisco：Jossey-Bass，1992）；Mary F. Belenky，Blythe M. Clinchy，Nancy R. Goldberger，& Jill M. Tarule，*Women's ways of knowing：The development of self，voice，and mind*（New York：Basic Books，1997）；Dalmar Fisher，David Rooke，Bill Torbert，*Personal and organisational transformations through action inquiry*（Edge/Work Press，2000）；Robert Kegan，*The evolving self：Problem and process in human development*（Cambridge，MA：Harvard University Press，1982）；Robert Kegan，*In over our heads：The mental demands of modern life*（Cambridge，MA：Harvard University Press，1994）；Karen S. Kitchener，"The reflective judgment model：Characteristics，evidence，and measurement."In R. A. Mines & K. S. Kitchener（Eds.），*Adult cognitive development：Methods and models*（New York：Praeger，1986，pp. 76-91）；William G. Perry，*Forms of intellectual and ethical development in the college years*（Cambridge，MA：Bureau of Study Counsel，Harvard University，1968）.

他人的观点；同时，也变得逐渐能够意识到自我对个人情绪和生活事件的责任。当个体发展时，他们想法的内容不一定会改变，如某些人可能仍然相信自己在 MBA 课程里所学到的信念：一位好的领导者，确保提供部属开放的沟通管道；但他们理解这些想法的方式可能会改变，如对"开放沟通"的含义可能会有所修改和扩展。

举个例子吧。试用一分钟思考，领导力的书籍希望你能做到什么？我最喜爱的其中一本领导力书籍，是由罗恩·海费茨（Ron Heifetz）写的《调适性领导力》（*Leadership without Easy Answers*），作者在书中要求领导者学习从舞池（dance floor）的活动中暂时抽身，尝试"站在阳台"（get on the balcony）①。这个建议对领导者非常有帮助，他提醒领导者跳出自己身边的细节才能看到全局。但海费茨没有告诉你，不同的心智结构者拥有不同的"阳台"。发展理论描述阳台之间的差异及其所提供的独特视野。你能够站在距离舞台多高的位置，取决于你目前的心智结构。你的观点会被自己所处的阳台高度所改变吗？当然！你一定会改变自己的决策吗？你一定会改变自己的忠诚度或信念吗？当然不是。个人视野开阔后，随即带来新的观点，进而最终改变你对事情的看法。但这个新的观点可能也会肯定（甚至强化）你对某人、理论或决定的信念。

当你的视野扩展后，你对于"故事是什么"的画面也相对扩展，这是心智发展的关键特色。这和走进俱乐部，站在楼上看楼下舞者跳舞的情境不同。当你进入俱乐部，无论你离舞台多远，主要的活动就在下面。场景不会改变，只是你越往上走，它就离你越远。但是当你的心智结构成长时，你会发现自己曾经认为的主要活动，现在只是舞台上所有活动的一小部分。也就是说，这个俱乐部，现在变得更大，蕴含更多有趣的特色。你可能看到乐团，看到在厨房站成一排的厨师们；也可能看到雇主们在对话，他们在讨论要不要再调高饮料的价格。当你往下看舞台时，你可能也会对自己的反应多了一种新的看见，也就是

---

① Ronald Heifetz, *Leadership without easy answers* (Cambridge, MA: Harvard University Press, 1998).

看见当某些特定的人碰触了你那引发行为的按钮后，你会做出怎样的反应。

发展理论描述人们获取新观点的能力，也就是如何从这一个"阳台"移转到下一个。这样我们便可以通过一个有用的镜片来观察世界，然而，每个理论都有其限制。建构式发展理论关注的是复杂性与多观点取向两方面，它并不关注其他同样让人感到有趣和独特的范畴，也不会关注团体或系统的互动。虽然在个人的意义建构过程，需要学习很多和团体及系统有关的知识。这些并不代表多观点采择对个人发展是最重要的理论，它们只是尝试理解(或有时是测量)人类经验的这个面向。

究竟这些事例和工作有何关系？答案是：几乎全部相关。培育职场里所需的专业，或多或少都会涉及成长(development)这个概念。当你在思考"在工作中支持他人"这个概念时，首先你要明白何谓"支持"(support)。你是不是认为别人都沿用和你相同的心智结构来进行思考？但这其实是极为普遍的"错误常识"。你会因此而感到愧疚吗？当你设计一套培训、支持及奖惩制度时，都是从自己的想法出发的吗？如何更广泛地思考你的组成要素，或可能更用心地思考某个你一直认为无法理解的人？认识成年人发展的异同，可以协助我们更深入地了解群组内的多元性（当我们设计课程及系统时），同时又能细致地照顾到每个人的独特性（当采用一种与以前不同的聆听方式让我们听到一些以往并未察觉的细微之处）。在下一个段落，我会简单叙述四种最常见的成人心智结构发展节奏(往后的章节，会再提供更详细的说明、意涵与策略)。

心智结构与转化

从出生开始，我们便踏上持续学习与成长的旅程。这两股力量往往联在一起，却又不尽相同。学习是攫取新技巧或知识。如果我对于运用PPT来为客户准备简报相当娴熟，也就表示我学会了这项技巧，我已经在我的脑袋里载入新信息。但是，这是否表示我真的有"成长"呢？从发展的观点来看，真正的成长需要产生一些质变。不只是知识性的，还包括观点或思考方式的改变。"成长"

是指我们的理解结构（form）改变了，我们通常称为"转化"（transformation）。学习可能是有关知识储存量的增加（in-form-ation），以既有的思维模式来运算资料，但成长却是指思维模式本身产生改变（trans-form-ation）①。我们在成长过程中，如果每个阶段都能得到适当的支持，改变就会更全面。逐渐成长，旧的模式会被新的模式取代，就如大树的年轮会留着旧有的印记一样。

成长的节奏随着看到世界"复杂性"能力的增加而进展。年幼时，我们理解世界的方式是非常简单的（最早期的心智只要能分辨"母亲"与"非母亲"）。其后，我们逐渐看到并了解到世界原来蕴含许多丰富而细微渐变的部分，当我们能辨识其间，便会开始质疑自己过去的假设（如或许被视为"非母亲"之前，其实有许多不同身份）。发展心理学家认为这是对主体与客体的区分。当你融入主体，你就不易察觉自己与主体之间的区别；当你和客体之间有些距离，你就比较容易察觉自己和客体之间的区别并做出决定。当我们可以把要了解的元素，从隐藏（hidden）的主体转移到可被看见（seen）的客体时，我们的世界观就会变得比较复杂，建构式发展（constructive-developmental）学家将此过程称为"成长"。当有一天，我们发现自己过去只用单一角度思考，而现在能用多重观点看世界时，即可得知"转化"已发生。从主体到客体的每个细微改变，都能扩展我们的心智范畴。当累积足够的渐进式改变之后，心智结构便会有一种质的提升，也就是所谓的蜕变，用一种新的视野来看世界，出现一种新的心智结构。

这些心智结构通常可以从识别度及性质两方面的差异来解读成人世界，同时两种心智结构中间，还有许多可以被辨识的逐渐变化的地带②。我以成人的

---

① 凯根的研究中都是在做这样的区分，请参阅：*In over our heads*，pp. 163-164.

② 凯根与贝伦基（Belenky）等人把成年解构并划分成四个不同的层次；费希尔等人（Fisher, 2000）列出七个，而佩里则提议九个。我采用凯根的分类，因为数量少，比较容易追踪——也比较优雅——但我亦拟定一个中位数将心智结构的数量扩展到了七。读者如果熟悉凯根便会察觉到他的分类是由五个人生阶段的第一阶段，也就是孩提时代开始的。由于这本书是写成人的事，因此我没有触及此阶段。我从凯根的第二阶段开始（我称为"以我为尊"），接着转至凯根的第三阶段（我称为"规范主导"），凯根跟其他学者一样，称第四阶段为"自主导向"，第五阶段我称为"内观自变"（凯根亦经常用这些别名）。

观点采择以及权威两个向度列出四种心智结构，并给出相应的描述(见表1-1)。

表 1-1　不同成人心智结构在观点采择取向与权威取向上的比较

心智结构	观点采择取向	权威取向
以我为尊	以我为尊的人只能接受自己的观点。别人的观点对他来说神秘而看不透，故仅能用自己看到的信息推断别人的意图。	外在规章制度才是权威的依靠。当两个外部权威彼此不一致时，会感到挫败，但不会造成内心的矛盾。
规范主导	规范主导的个人，专用外部(别人、理论……)的观点来看世界。她借助别人的观点，来看待这个世界，进行对错、好坏的价值判断也是借助其他人的观点。	权威主要来自对他人价值观/原则/角色的内化。当个人认可的权威者/角色彼此出现冲突时(如当她的宗教观与她合伙人的价值观有所抵触时)，她会经历一种内心的挣扎，犹如她自己内在的不同部分在相互角力。
自主导向	通过自主导向的心智结构看世界的人，表示他不仅能采取多样角度思考，同时还可以保持自己的观点。他能了解别人的观点与想法，同时经常运用他人的观点和意见来强化自己的论点或原则。	权威在自己身上展现。自主导向的人会自己决定自我的规则与制度。当别人不同意自己的观点时，虽然会给自己带来不便或不安，但却不会带来内心的角力(个人的内心挣扎，往往来自内在不同价值观之间的冲突与不协调)。
内观自变	那些带着内观自变的心智结构的人，除了可以看到和明白别人的观点，还能利用他人的观点来持续提升自己的思维系统，令个人的观点更宽广与包容。她不会像自主导向的人一样，利用他人观点来优化自己的观点或原则；相反，她甚至会改变每次与人互动的模式，不惜将整个系统暴露于风险中。	权威的概念对于内观自变的人来说是流动与共享的，而不是固定在某个人或某种位置。相反，权威是可以由个人与所在处境间的互动所构成：新的局势会要求转移既有的权威与领导。

"以我为尊"的心智结构

拥有此种心智结构的成人，结合了自我中心(self-centeredness)和"我想要"(就像是被宠坏的年轻君王)两种特质。此种心智结构多数出现在青少年及青年人身上，然而有时也会在四五十岁的中年人身上出现。拥有此种心智结构的人，他们的信念及感觉会持久不变(如我喜欢巧克力，讨厌土豆泥；或我擅长溜冰)。此见解会让他们以为别人也像他们一样，拥有长久不变的见解和信念。此种坚固的想法，会让他们认为昨日的法则在今日也可能适用；如果遇到障碍，他们会想尽办法绕过这些阻力。虽然他们也能察觉到别人的感受及需求，但无法真实地同理他人，因为个人与他人心智之间仍有很大的鸿沟。多数情况下，以我为尊的人仍会尊重他人的利益，但如果个人利益受到干扰则另当别论；当他们依旧遵守一些恼人的规则时，往往是因为害怕被抓到才去遵守；面对诱惑仍然没有向朋友说谎，是因为害怕被报复；没有批判，只求客观的文字表述等。具有这类心智结构的人，无论是孩童或成人，都具有自我中心的特质。由于无法从别人的角度思考，对他们而言，别人的想法及感觉都是神秘难明的。在达成目标的过程中，旁人不是助力就是阻力；权威以正式的职位与权力标记。正因如此，拥有此种心智结构的人，欣赏并遵守能直接带来效果的规则。他们无法被难以想象的抽象因素所激励(如忠诚或承诺关系)。

尽管组织里鲜少会出现这类心智结构的领导人，然而有研究结果显示，仍有约13%的成年人是以此种心智结构与世界互动的，或者已经逐渐向规范主导的心智结构过渡，但尚未完全转型。这意味着特别是年轻或未受过高等教育的员工，比较有可能具备这种心智结构。已经超越此等心智结构的同事或主管们，如果和"以我为尊"的同事相处，会特别容易感到挫败。因为他们会将这种可以持续发展的心智能力误认为是一种固定而无法改变的人格瑕疵[1]。

---

① 本章中所有数据皆引用自凯根的《头脑之上》(*In Over Our Heads*)，特别是第 185～195 页。相较于其他因素，这些研究结果及部分人士皆主张年龄和教育与意识的发展是局部相关的。

"规范主导"的心智结构

当个人的世界观日趋包容与多面，他便会逐渐远离自我中心的图像，开始能够接受他人的意见和观点；他会倾向通过他人的观点或外在的理论来探索世界。有时"以我为尊"转换至"规范主导"的时间会从青春期便开始，但也可能在成年以后的任何时间点发生。如果逐渐采纳他人观点的过程可以持续不断，那么他的心智结构最终可以转化到"规范主导"的层次。无论身处的环境如何，他都能完全融入，被同化为该世界的中流砥柱，同时世故地视遵循该环境的规章制度为唯一"恰当"（the right way）的处世之道。当拥有"规范主导"的心智结构时，先前神圣不可侵犯的"以我为尊"便可以扩展至可以接纳他人见解的状态，并以崭新的角度重新定义权威。在这个阶段，人们开始愿意奉献，并忠诚于比自身更伟大的事物（如一些更大的系统、理论或人际关系等）。然而，信奉更大的系统并不是判断个人是否具备"规范主导"心智的指标；相反，"规范主导"的人认为他人的权威比自己的权威重要，他不再相信自己的权威。当人已经成长到可以应用这个新观点时，他会通过新观点来看世界，并融入其中。属于"规范主导"心智结构的人，会将他人的感受和想法内化成自己的，并接受他认为重要的人物或机构的指引。同时，他们能进行抽象思考，可以对自己和他人的行为进行反思，对于超乎自己需求的事物也能尽情投入。

然而，此种心智结构最大的限制是当重要他人之间（或自己与重要他人，如配偶或自己的政党）发生冲突时，具备"规范主导"心智结构的人，面对这些情境会感到左右为难，无法做出决策。在此过程中，他只想满足他人或社会角色对自己的期望，没有"我想要什么"这回事。这对青少年来说，是令人赞许的；在成人的世界里，这可能会被视为是个性上的缺陷。但从成人成长的角度来看，这应该是成就而非缺陷。当个体想要达到这种发展，他必须离开"以我为尊"的孤僻心态，接受新成员对其观点或决策过程提出的意见。这就好比总裁会前往董事会寻求其他意见一样。人们也可以在自己的大脑内设立一个"内部董事会"，协助他检视世界并做出决定。"董事会"可以比喻为一些重要的理论、关系或念头。处于"规范主导"心智结构的人，由于心智尚未成熟，还不能正式担任内部董事会主席的位置，因而留下不少空间让"董事会成员"彼此反对或进行权力斗争。

第二位经理人目前采用"规范主导"的心智结构来看世界。虽然他对承担责任、领导力的抽象理论以及复杂组织的汇报系统感到自在，但他还是被部属与主管之间的互动所困扰。虽然他先前的心智结构所储备的理论和关系在工作中应用得颇畅顺，但此刻却变得毫无助益。在缺乏有效指引的困境下，他转向从事件中寻找隐藏的信息，同时假设主管的行为必定存在某些可以依循的方向。当他试图从细节里搜寻隐藏的信息时，会感到不自在与混乱。即使他可以从舞池中看到足够的信息，猜想更多的弦外之音，留意抽象的行为模式，但他还是无法从别人的意见里抽身，保持一定的距离感，进而听到自己内在的声音。

"规范主导"与"自主导向"心智结构的中间地带(midzone)，是最常见的成人心智结构，可能有高达46%的成年人存在"规范主导"的心智结构，或处于从"规范主导"心智结构通往"自主导向"心智结构的旅程中。正因为如此，可能你的众多同事，甚至是你自己，都是以这种心智结构来看世界。在现代的组织里通常假设了多数人拥有超越社会规范的观点，然而，这些组织结构及计划，对多数成年人而言，实在是超过了其大脑的负荷。以另一种方式来说，这些组织的复杂性已经超越了大部分人的心智结构。

"自主导向"的心智结构

在现代及全球化的世界里，以"规范主导"作为心智结构的人由始至终都无法理顺思想中各种观点的冲突。这时候，他们需要一些调解力量帮助他们从不同的合理的选择中做出决定。再以之前的比喻为例，他们的董事局成员开始互不赞同(或延误了会议的程序)，需要找出方法打破闷局或加入新的信息。简单而言，他们需要一位董事局主席来调解形成这个董事局的各种意念、关系、理论等。当这些之前仍是以"规范主导"的人最终能变成自己内部董事局的主席时，他们便发展出一种新的心智结构。

惯用"规范主导"的心智结构来进行思考的个人，会将他人的意见与喜恶内化成自己思想的主体，并以此对外界进行"赋予意义"的工作；但现在这些想法对他们来说已经成为"外在的"客体了。他们现在能够对不同的规章制度和意见做出独立的批判和合适的调和。那些具备"自主导向"心智结构的人，拥有自己的标准与规则和一套自我导航系统，协助自我做出选择或调和冲突。不同于"以我为尊"的人，"自主导向"的个人能以同理心对待他人，在做出决定时考虑他人的期望及意见。"自主导向"者也不同于那些"规范主导"的个人，他们拥有一套自我决策体系，不会被周遭的冲突卡住而出现内心挣扎。他们就像商业文献中经常读到的理想楷模，既能拥抱工作，又能自我主导、自我激励以及自我评估。

前面提到的第三位经理人，就是通过"自主导向"的心智结构来理解自己在领导力方面的挑战的。她既没有坠入个人危机感的迷茫中(她虽然好奇她的部属是否投诉对她有不满，但讽刺的是，她似乎都不在乎)，亦没有在尝试解读她主管的不寻常沟通方法时而感到困惑。相反，她以个人的价值观及经验衡量当前的情况，自主地创造自己的反应。她保持足够的距离，一方面辨识并听取他人的观点，另一方面听取自我在"自主导向"的观点。她并非以观众的身份站在舞池旁观看，她了解到自己的行动创造了这场舞蹈，她一边看，一边编排。

"自主导向"的心智结构在组织当中十分普遍，特别是在领导阶层的角色里(因为"规范主导"的心智结构也同样占多数，所以千万不要认定与你交往的领导者必然是"自主导向"的人)。大约41％的成年人以这种心智结构，或者较少数的人以介于"自主导向"及"内观自变"两者之间的心智结构看世界。

"内观自变"的心智结构

如上所述，当"规范主导"者的心里开始质疑他所依赖的外在指引时，就会开始发展出一套内在指引，开始建立一套内在指引是"自主导向"者的典型特征。同样，当"自主自变"的个体开始质疑自我内在导向系统的普遍适用性时，表示他开始走向"内观自变"的发展过程。然而这个进入的过程，很少在中年以前发生，在之后被发现的也很少。即使这样，由于现今世界仍需要一些比"自主导向"模式拥有更大包容空间的领导人，认识"内观自变"的心智结构就显得十分重要。

具备此种心智结构的人理解并关注周围所有的成员。他们不仅能看到每个议题的各个层面，还可以同时以不同的观点去理解它。他们不会把每个人视为分离而具备不同内在系统的个人，反而能够从一些看似不同的内在体系中，找出隐藏在内部的相似之处。他们很少以二分法或两极化的方式去认识世界，他们比较相信我们经常看到的黑与白之间其实是由不同深浅的灰阶所显现出来的。不同于那些"自主导向"的个人，"内观自变"者比较少理想主义，不太容易被某种意见或想法锁住。因为他们比较倾向关注领导的过程而不是任何单一的产出或结果。

那么拥有"内观自变"心智结构的人如何面对先前的领导挑战？首先，对"内观自变"的领导者而言，用"挑战"的字眼来描述他的状态可能不太正确；他完全没有"钻进死胡同"的感觉，反而更像是被好奇与开放的心态所牵引。看看贾斯廷(Justin)的这个例子。

　　他早已意识到自己有可能在下次与莫妮克的会议中提出这种重复出现的行为模式，但他不会因此而感到担忧或焦虑。贾斯廷还记得自己过去十分执着于垂直的汇报机制，对于那个过往的自我，他报以会心的微笑。贾斯廷也感谢莫妮克对他部属的关注，同时对这里汇报系统的开放政策感觉良好。事实上，他最近发现组织里的同事会为不同的事情来询问他的看法或厘清问题。但是贾斯廷仍然觉得需要和莫妮克谈谈这个事情，因为贾斯廷知道他自己的部属多数会对于这样模糊的互动方式感到不安。这种互动甚至正在改变团队的文化，当中有好也有坏。有些成员希望能对这些汇报关系有更清楚的说明，而这些观点应该与他的一样重要。事实上贾斯廷虽然有时能和自己的内在观点保持距离，但仍紧依着它。贾斯廷也随时欢迎莫妮克、乔纳森或其他人能在对话中开拓自己的思维。

到目前为止，最罕见的是"内观自变"的心智结构：低于1％的人会用此观点来看世界。但随着医疗创新——至少在发达的国家是这样——婴儿潮时代的人们，在逐渐成长的过程中，除了变得既健康又精明之外，很有可能会有越来越多的个人走进初期的"内观自变"的心智结构。届时，如果组织想要借助这种极为丰富且复杂等级最高，至今尚无法描述的心智结构时，它们就必须要重塑资深工作者角色中最重要的部分及责任。

背后的意涵

对于任何理论，最重要的提问都是：那又怎样？虽然心智结构各有不同，但对个人及工作有什么意义？我的观点是：几乎全部都相关。无论你是否思考过，你的心智结构塑造了你的世界观，影响你对每件事情的看法与想法。同样，当你和其他人说话、脑海里想着某个人或想要从某人身上得到某些东西时，不管你喜不喜欢，对方的心智结构对你来说就显得很重要。可能你会好奇，为什么这套理论不是常识呢？长久以来，它一直都相当复杂，只有在学术圈愿意付出时间和精力的研究者才会欣赏到它的用处。但此种情况也正在改变。在本书里，我通过将实践工作者的经验写成指导手册，尝试让成人发展理论在组织中对成人有帮助①。

---

① Marcia Baxter Magolda, *Authoring your life*: *Developing an internal voice to navigate life's challenges* (Stylus, 2009)；Susanne Cook-Greuter, "20th century background for Integral Psychology,"*AQAL*: *Journal of integral theory and practice* (Vol. 1, No. 2, pp. 144-184)；Fisher et al., *Personal and organizational transformations through action inquiry*；Bill Joiner & Stephen Josephs, *Leadership agility*: *Five levels of mastery for anticipating and initiating change* (San Francisco: Jossey-Bass, 2006).

伦 理

阅读至此，如果你仍然同意我的观点，表示你是颇有意愿来尝试这套成人发展的东西（相较于其他事情，这种意愿对你个人发展是个好兆头。稍后会再详加说明）。甚至你可能开始思考，这套发展理论或许可以为你的工作带来好处。关于这点，我倒是有些提示要说明。当你继续阅读本书时，我会再加入更多有关道德伦理的提醒。

综观对发展理论所提出的批评，最重要的两点是：①标签效应；②某层次的心智结构优于另一个层次。这些担心都是重要且真实的。发展理论"确实"有层级之别，这些理论也坚信在逐渐成长的过程中，你会比过去拥有更多东西。所谓拥有更多，是指和那些还没有发展到和你同一阶段的人相比。发展理论也的确认为某些素质比较优越。建构式发展（constructive-developmental)理论特别重视多重观点（multiple perspectives）的能力，同时还注重能看到黑与白之间仍存在许多各式各样灰阶信息的能力。

我相信这些批评都是事实，但也不是什么本质性的问题。在生活中，我们内心都会评价他人。但发展理论并不是在创建这些评价，而是赋予轮廓并提供一个可以进行更佳决策的框架。其间的差异就好像"对于彼得一直无法自己做决策，我感到很挫折"以及"当我发现彼得还没有发展到自己可以做决策的心智时，我对于自己还能拿他怎么办这件事感到挫折"，虽然这两句话指的是同一件事情，但两者的差异是非常大的。第二句话内含发展的概念，它暗示彼得未来有可能做出他现在还不能做的事，同时也暗示，在彼得到达前，或许现在有些实际的想法可以支持他。同样，我们每天或多或少都在评判谁高谁低，周围或许也会有"超级聪明""情绪智商卓越"或是"需要学习更多人际技巧"的同事。发展只是另一种将我们分类的评价方式，我们要验证这些分类的想法，然后决定是否要坚持这样的模式，是否值得协助我们的客户致力于此。

　　像其他理论一样，发展理论只是个工具。好的理论(就像本书所采用的)会是特别有用的工具。任何工具都有其适用与不适用之处。本书所描述的理论是特别有力的，同时也因为这些理论所关注的东西是多数人过去未曾思考过的，因此，谁能够真正明白这套理论，谁就可以拥有某种难得的优势。理解发展理论所带给你的优势是能够更仔细地为客户量身打造介入的方式，为客户打开更多的机会、为职务中的个体创造更多成长的机会，不是一开始就假设某人缺乏"领导力潜能"。但同样真实的是，明白他人创造意义的系统也容许了炮制一些更准确和对焦的造势宣传，以便进行更有效的操控。另外，基于许多人都有"心智发展级别越高越好"的取向，运用发展理论确实比其他人格特质与风格的工具来得有更多风险。

　　在你阅读完本书时，你可能会碰到一些有关道德伦理的议题，不如在此预先做个忠告。你除了理解这些发展差异，还渴望支持他人成长。事实上，两者都是在共同学习的旅程中我所乐见的，但这也会同时把我们带到一个更复杂的伦理领域。成长实属不易，而且得失互见(为了成就未来的我，我要放掉过去的自己)。你可能会突然发现，只要稍加使力，就能让许多人回到发展的高速公路。或者，你也有可能像我所建议的，尝试改变工作场域，使它更能支持人们的成长。

　　当你清楚地知道自己在做什么及其中的风险时，所做的尝试与成长是一回事；但是当你在支持他人成长，而对方却不清楚自己可能会变成怎样时，又是另一回事。与此同时，如果因为担心对方可能不喜欢最终的发展样貌，因而阻挡他人未来可能的发展与支持，此想法也不见得特别有帮助。你可以想象这些两难的处境，我过去处理的方法是，一方面提供发展性支持；另一方面则创造一些方式，让小组能够一起工作，每个人在团队中都有机会发挥出最高的能力。最终而言，我期望在了解自己的人生旅程及其中的可能性之后，每个人都能做出最好的选择，活出所有的潜力。要知道不是每个对音乐有灵敏听力，同时手指头又能跨弹两个八分音阶的孩子，都很想成为音乐会中的钢琴家。

通过清楚地知道哪些强而有力的东西是我们可以学习的，哪些东西很重要，但我们却无法学习，我们便要谨慎前行。让我们对这些想法持开放且怀疑的心态，共同塑造这套理论，使其变成一套新的、能超越自我潜力的观念与练习，进而支持所有在工作中想要有所改变与成长的人。

第二章　深入分析心智结构

你站在一条看似没有尽头的长龙里，等待着通过安检上飞机。你一点点往前挪，公文包从一只手换到另一只手，书、外套和午餐也在两只手之间换来换去。你终于到达安检台前，开始把身上的东西放入安检盘子里以通过 X 射线安检仪。你一边脱着大衣、鞋子和皮带，一边和前后的旅客闲聊。正当你要把最后一个包放进输送带时，排在你后面的第四个人突然走向前，在你前面把他的行李和托盘放到传送带上。你张大嘴惊讶地看着他把包都放好然后若无其事地走过金属检测器。你缓慢通过探测器，看着自己的第一个包从传送带上下来，然后是他的包，等他已经不见影踪，你终于等到你的最后一个包。你觉得又可笑又生气，你明白如果当时你正担心的是错过飞机，那么你一定会非常生气。

人每天都会做自私和轻率的事情，人每天也会做善良和慷慨的事情。有时，人们甚至不会注意到这两者的区别。对于上面那位无礼的旅客以及擦肩而过的其他人，问题并不是"你为什么这么做?"(虽然这也可能是一个很好的问题)，反而是"你是如何理解自己的行为的?"这位无礼的旅客并不会认为自己是一个"无礼的游客"。他觉得自己是一个"赶时间"的旅客，一个"因为前面的那个人有太多行李而感到沮丧"的旅客，一个"几乎要错过航班"的游客；或者他正陷入沉思，以至于没有注意到自己插队的行为；或者他是机场的服务员，习惯性地直接插到队伍的最前面，但是忘记自己今天没有穿制服。无论如何，若你只是着迷于自己该如何理解这个人，将永远无法创造更高层次的学习和改变的可能性。为了很好地帮助转变和成长中的某个人，你必须按照他看待世界的方式来理解他，而不是按照你的方式去看待他。

本章节我们会更深入地探究成人的四种心智结构，并且花更多的时间来分析这四种心智结构的人是如何演绎他们的世界的。因为这个理论处理的问题是大部分人很少考虑到的，所以下面这些比较长的叙述会用不同的方法来帮助你探究不同的心智结构。当你阅读下去时，想一想你所认识的人，也想一想你自己。

以我为尊

表 2-1 "以我为尊"者的主要优势、主要盲点及有助成长的"边际"

主要优势	主要盲点	有助成长的"边际"
当有一个明确而单一的重要任务时，"以我为尊"心智结构的人便可处于优势。当事情有清晰的对错、好坏，并借由外在的规则和奖赏令适切的行为得以强化时，她就能把事情处理得很好。她视外在奖赏和结果之间有直接的关联性。针对此类型人，薪水是产生激励作用、提升生产力的重要原因。	她无法站在他人的观点，不明所以也不为所动，更绝缘于抽象的概念。她对自己或其他人的内心世界并不了解，所以她无法意识到人类互动的微妙之处。她活在一个只有两种选择的世界——我们和你们、对和错、我想要的和其他人想要的。她很可能会按章工作，但只是因为遵守那些规则符合自己最佳利益，远多于来自"忠诚"或"责任"等较抽象的概念。	对她来说，若想从"以我为尊"走向"规范主导"的心智结构，她最需要学习了解和内化其他人的观点。当她开始思考自己与他人的关系并开始与身边的重要他人熟悉时，这个成长过程会慢慢地发生。

安娜（Anna）是一个服装制造公司的一名组长。她16岁辍学，开始在这家公司的制鞋车间做制鞋工人，现在她已经41岁，管理着20个制鞋工人。安娜已婚并且有3个小孩，她认为自己在工作环境中已经做得非常好，工作中她不断地爬升，她管理的工人很听她的话，都能按照她的指示完成工作，她和主管也鲜有矛盾，而且她有一份非常不错的薪水。安娜用的是"以我为尊"的心智结构来理解她所处的世界，她知道她的工

作就是遵守规则，管理好工人。只要她不添乱，主管便不会干涉她，她可以和部属做自己的事情。对于在她手下工作的人，她有自己的理解。她认为这就是一个"利益交换"（give and take）和"你帮了我，我就帮你"（you-scratch-my-back-and-I'll-scratch-yours）的社会。作为一个管理者，安娜知道她可以给部属一些便利和通融，同时她的部属也会回报她，但是她也知道她需要用权力来管理部属。有时，当经理以"为了集体利益"的名义，要求她做一些工作职责之外的事情，她会感到无比的沮丧。她对公司的感觉很好，而且在这里也工作了一辈子，但是她的工作职责是什么她非常清楚，如果公司想让她做一些工作职责范围以外的事情，公司就得支付她额外的工资。安娜管理着数量最多的生产线职工，她知道如果她被提升的话，她便要调离这个制鞋车间，然后进入某个办公室里的卡位。安娜发现，如果她的工作和那些制造产品的一线工人失去直接联系的话，她会不开心。她不清楚上层领导所做的事情，只要领导们不插手干涉她的事情就好了，她也懒得理会他们在干什么。安娜对自己现在所处的位置感到非常的满意，留在原位，保持现况便已心足。

"以我为尊"的描述

通过"以我为尊"的心智结构来看世界的人也许会对别人的观点感到很好奇，但是她无法理解别人的观点。她可能会试着去揣度别人的感受，但是只有当她发现自己能从揣度的结果中获益时，她才觉得有意义；他们不会自然而然或者毫不费力地去思考别人的内心活动。

她也同样不去思考自己的内心活动。当她被要求描述自己的时候，她通常会列出一系列自己喜欢和不喜欢的事情，以及擅长和不擅长的事情。她不会倾向去思考与自我相关的抽象理念。通过"以我为尊"的模式向外看时，这个世界看上去充满需要用非黑即白的结论来区分她的困惑。最令"以我为尊"的人疑惑的可能就是其他人看待这个世界的方式，以及他们宣称看到不同层次的"灰色地带"。这是"以我为尊"的人所看不到的。在"以我为尊"的心智结构下，她可以看到别人眼中的世界是复杂的，但是她自己却无法理解。她所关心的一切事情都有清晰的答案。当某个人提出了"复杂的社会问题"时，如堕胎和协助自杀等议题时，她会觉得困惑。安娜和其他带着"以我为尊"模式的人可能对于什么是这些问题的明确答案存在分歧，但是他们都会一致认为，这些问题实际上并没有那么复杂，是那些政治家和其他人故弄玄虚把事情弄得复杂而已。

她看待这个世界的方式会让能看到更复杂画面的同事们感到无比挫败。这些同事可能发觉她"肤浅"或者"自我中心"。有时候，这些"以我为尊"的人会被形容为"可憎的"，甚至有时候是"愚蠢的"（虽然在不同心智结构的人都可能会是可憎的、愚蠢的和自我中心的）。无论如何，所有这些形容都未必为真。"以我为尊"模式的成人在他人生的每个场景里几乎都会感觉到事情超越了她的能力和理解范围（over her head）。她不可能完全被社会接纳，因为她还没有完全"被社会化"，也没有把社会规范纳入自己的人生。这将导致她做出一些自私自利的行为（self-serving），其中一些行为是令人厌恶的。监狱里面的一大部分人就是这种心智结构。有些人正是为了让自己变得富有而偷富人的钱①。

有时候，我们惩罚一些人仅仅因为他们带有这种理解世界的方式。几年前，我曾与欧洲一位某国家地区司法系统的领导者合作。当她了解这个理论后，她开始对法庭的工作感到越发苦恼，法庭工作要求某个人同时改变行为及其思考的方式。她举了家庭法庭系统里面非常普遍的一个例子：一个年轻的单身妈妈把自己的小孩单独留在家中，然后自己去工作。邻居们就会抱怨，然后家庭服务机构介入，然后一场听证将决定是否要让孩子回到他母亲的家中。在这些案件中，法官要求母亲做两个方面的改变：法官要她改变她的行为（不要再把孩子单独留下）并且也要她改变她的想法（理解把孩子单独留下是

---

① 凯根在他哈佛的课堂里，讲述某位具备此心智模式的罪犯可以如何让人感到挫败。在法官问该罪犯为什么要抢劫银行的时候，他很肯定地回答说："因为钱都在那里。"

一件非常可怕的事情)。在某些案件中，这是行得通的。但是，在许多案件中，这些年轻的妈妈同意改变他们的行为，她们会说："你们可以随时来检查我的行为。"但是她们并不会改变自己的想法。

　　一个典型的案件里，法官会这么问母亲："你是否意识到你做错了?"

　　这个年轻的母亲会回答："我不知道这是犯法的。"

　　"但是，你是否理解，无论是否违法，你单独把孩子留下不管，这本身就是一件非常危险和可怕的事情呢?"

　　"我怎么想都无所谓，因为你要求我不要再这么做，否则你会带走我的孩子。"

当法官要求一些真心悔改和学习的承诺时，她们会变得更加烦躁不安。"以我为尊"的母亲背后的逻辑非常简单："我需要工作来养活孩子，我无法找到别人来帮忙看管孩子，所以我把她单独留下，这样我才可以去工作。"如此清楚的因果关系，丝毫不会因为孩子的感受或者孩子的风险而变得更简单一点点，这让法官非常苦恼。在大部分的案例中，法官会认定：即使这位母亲会停止这样的行为，但仍不适合当母亲。法官不一定担心她是否会再次打破这个规定，而是不信任这些母亲们会改变她们的想法。

当我把这个例子讲授给世界各地的一些人们时，关于这位年轻的妈妈，我得到了各式各样的回应。一些人认为这位法官非常不公平，其他一些就认为"但是这些法官是对的——你不能相信这些妇女可以照顾好自己的孩子，因为她们无法理解她们做的到底哪里不对!"这里的重点是，就像一些拥有"以我为尊"心智结构员工的组织，我们常常制定法律和规则来规范他们的行为，然后却对某些人所相信的东西以及理解世界的方式感到愤怒和沮丧。你可以制定法律规定各种行为(当然，这正是我们大多数法律系统正在做的事情)，但是你无法规范人们应该相信什么。然而，我们的信念——有些是由我们的心智结构所形成的——正是我们行为发生的根源。我并不会假装自己对这些问题都有答案，但是我想这对我们如何提出正确的问题是非常重要的。

在前面提到的事例中，假如身在高位的人想让安娜在她的工作中做一些不同的事情，他们只需要告诉她，并且保证所有新的事情都符合她现在的工作时间和工作规则。如果他们想让她以新的视角看待公司，变得更加忠诚，或者为了团队利益而运作，他们就需要帮助安娜成长，这样才能符合这些要求。事实上，安娜很可能需要采纳一套对于公司截然不同的信念，才能让她变得更加有效。同样，在单身母亲的例子中，在这个纷繁复杂的育儿世界里——尤其是当今天的育儿发生在一个曾经是蛮有支持、帮助了一代又一代人的大家庭文化以外的环境时——一个更加复杂的心智结构会对我们更有帮助。但是，在上面的两个事例中，当然她们(年轻母亲和安娜)也可能不需要任何额外的支援，而是通过自身周围环境和社会结构的支援，在执行眼前工作同时，又能发展出相应的调适能力。无论如何，用成人发展理论的眼光来看待这些案例可以帮助我们牢记：成长，真的没有想象中那么简单(这个见解可能又会令许多用"以我为尊"心智结构思考的人感到挫败)。

只有很少数带着"以我为尊"心智结构的人，可以在组织中爬升到管理级别。拥有这种观点的人员多数都会分布在组织中最基层的部门(基础的行政职位、维修团队或者生产车间)，这些人缺乏培训以及其他促进他们发展的机会。然而，这些并不表明或暗示这些职位与"以我为尊"心智结构有必然的关联性，或者我们就假设管家就一定是用这个模式来看待世界的。这种心智结构一般都会发生在青少年和早期的成年人身上，因此关联性地(虽然也是不能够保证)假定一位30岁的成年人仍然会带有一些"以我为尊"的方式去看待这个世界，但这个人的心智结构很可能处在一个中间阶段，正朝向他的"规范主导"心智结构前进。

以我为尊/规范主导结构的中间阶段

"以我为尊"心智结构转变为"规范主导"心智结构这一过程的特点是，对外在的理论和观点的认知增加，同时内化这些观点和理论并据此行动的能力也增加。久而久之，这个世界变得太复杂，开始无法运用"以我为尊"那种简单的对与错结构来掌握，人们渐渐地认同某个群体或者某种可以用来解释这种复杂性的理论。"以我为尊"心智结构的人开始走向组织（affiliation）和专业知识[即使组织是一个反建制（anti-establishment）或者反社会（anti-social）的团体，即使这个专业知识是某个理论或者主张"专业知识无用"的某个人]。因为"以我为尊"的人开始越来越愿意（并且有能力）采用别人的观点看问题时，能把自己的利益从属于群体的利益下，他开始发展出"规范主导"的心智结构——这并不意味着替代先前的心智结构，而是去包含它，然后看清它。当"规范主导"的心智结构几乎全面成熟发展的时候，对于任何可能威胁并把他拖回到"以我为尊"心智结构的事情，他都有了一种敏感度。他可能强烈地了解他所从属的观点、团体和理论，而且有可能对以非常不同的观点看待世界的人格沮丧或愤怒。

规范主导

表 2-2　"规范主导"者的主要优势、主要盲点及有助成长的"边际"

主要优势	主要盲点	有助成长的"边际"
拥有"规范主导"心智结构的人，他的强项是会为满足别人的期望而努力做出好的表现。他可以对于自己有份参与的议题进行反思，或能够命名和尊重别人的观点。他忠于某个他所认同的观念想法、群族或组织，其忠诚度往往会将群体的利益置于个人利益之前。	带有"规范主导"心智结构的人，欠缺调解不同观点或调解冲突的能力。他不能够就他所重视但相互冲突的人或事进行调解。同样，当内在自我所扮演的不同身份出现所谓的角色冲突时（如要当一个好儿子和要当一个好员工），他会深感困惑以致无法采取相应的行动。	当他在向"自主导向"的心智结构发展时，创造一些脱离外在理论或领导规章的机会对他是有利的；反思他所认同的大原则和价值观，能帮助他去排解观点上的冲突。在此过程中，他会留意到没有一套理论、一个团队或一个组织可以永远对或不被挑战。从而他会发展出一套更细致或更个人化的理念与效忠的方式。

查利(Charlie)是一名 50 岁左右的退休军官，现在受雇于一家金融服务公司，负责领导其技术部门。当他刚开始上班时，他的部属就开玩笑说，他们一走进查利的房间就感觉必须先敬礼才能提出自己的问题。虽然查利不是科技领域的专家，雇用他的副总却对查利的领导风格印象深刻并且认为查利能改善这个被许多人认为散漫且缺乏良好职业规范的部门。查利同意副总对他的判断，他解释说他觉得自己能带领任何部队走向成功，无论是去执行维和任务，还是让计算机启动和持续运行的任务，对他来讲都没什么分别。他进入这个部门时，脑中充满了需要做什么的想法，他进行了一系列严格的工作流程调整并推行了清晰的工作流程设计程序。一些员工抱怨这些变化太剧烈，但是查利仍然坚持自己的做法。他曾经告诉雇用他的高层们，对于一些员工来说，这将是一个非常艰难的转变过程，他会把没有效率的人都赶走。查利似乎是正确的，很快那些留下来的员工开始遵循新规则，之前混乱的状况看起来已不复存在，很快内部客户为技术部门运转得如此之好而感到惊叹。

然而，查利任职一年之后，一些挫折开始出现。曾一度感激查利有能力让技术支援修好打印机及安装正确电话线的那些人，开始忘记技术部门在查利来之前的各种不堪。现在他们开始怀念技术部门以前的美好时光，那些日子里，当你需要一个软件程序时没必要填六张不同的表格，当你想换掉过时的笔记本时也不用大费周折。当其他公司在不断进步，用科技创造了知识导向的工作场所时，查利就好像只把科技当成铅笔一样的简单工具，而不是把它当成做生意的一个新的思考方式。越来越多的人开始对缺乏远见的查利感到沮丧。他看起来只想执行主管的命令，而并不想创造新的方法来影响组织的科技需求。查利无视所有的批评，并解释说他的主管一直告诉他，他做得非常好，"如果你的领导说你做得对，你就做得对，你就不要乱做改动！"

罗克萨娜(Roxana)在一间著名的研究所被训练为管理顾问。她是班里的佼佼者，一毕业就被一家领先的顾问公司聘用，她开始高度投入通往成为顾问公司合伙人的旅途中。在担任顾问工作的两年中，她用自己丰富的商业系统知识和培训技巧，以及不知疲倦地想要了解她所经营的领域所有东西的动力，在公司正在运作的大并购中做出了贡献，使得几个新融合的部门在士气和效率方面取得了令人高度赞扬的变化。虽然她在公司做得非常好，但她的一位重要的导师告诉她，要想做到顶层，她可能需要到另一个职位历练，也就是成为公司内部的管理人员，而不只是跑在外面的顾问。当有一名客户的人力资源部门经理告诉罗克萨娜，另外一个部门正在招聘一个和她资历匹配的职位时，她抓住机会并且轻易地获得了这份工作。

她的新工作，就像她的咨询工作一样，是协助分散的部门整合到一个部门。她拿到这个职位，带着她作为顾问的技能和能力投入工作，她的部属对这位新经理兴奋不已。然而，几个月之后，这个部门的士气开始下降，因为部门的一些人开始对她感到厌倦，因为她始终带着她在咨询公司时的教条。他们虽然欣赏她对工作显而易见的投入及对管理理论知识的熟悉，但是他们开始发现她的死板，面对她理论范畴之外的情形，她很难调整。他们感觉如果某个议题没有在她所学到的案例里出现过，罗克萨娜就会认为这个议题是不存在的。罗克萨娜曾经非常有效地帮助其他经理人厘清自己的使命并且帮助他们的部门创造共同愿景，但是她自己却很难执行这些想法。她按照自己之前顾问工作的计划，与新整合部门里的所有人商议，但是发现如何在不同的观点和价值中排出轻重非常困难。甚至当她的管理团队彼此观点大相径庭时，罗克萨娜直接把手一摊，说这个事情无法解决。她的部属感受到她的困惑，而她的部门变得更加像散沙一盘，而不是更聚合一致。

"规范主导"心智结构的描述

从表面上，眼前的这些领导们，他们的共同点不多。他们的年龄、经历和领导风格大不相同。你可能会对那些情况产生的原因以及如何调整有一些核心假设。你可能对他们正在面临的那些状况何以出现问题有一些重要的假设，并且知道处理的方法。你可能看到的是他们彼此个性不合的问题，或是与过往工作经验的不符等。假如机会容许的话，你也可能已经想好了自己的建议。尽管你的这些想法以及其他很多的假设都可能是正确的，但我认为需要特别注意的是这些领导理解他们世界的方式。他们理解世界的方式是不容易被发现的，起码它不会在一群部属于清晨咖啡间对上司品头论足的时候被观察出来，因为部属鲜会意识到他们的领导们竟会以非常相似的方式经历着他们的管理世界。而现实是，一般的领导都是用"规范主导"的心智结构看待身边的世界。"规范主导"的心智结构在成人世界里面非常普遍，它存在于不同年龄层以及组织架构里面不同位置的人当中。

以"规范主导"的心智结构来看待世界的人已经比他处在"以我为尊"的时候更能够应对抽象的思考。他不再封闭在自己的观点里，而能够与自我保持一段距离以便看到一个更大的图景（因为他登上看台可以看到更全面的互动关系，这比他在地面用"以我为尊"的观点所看到的部分更多）。通过这样做，他学会了采纳别人的观点，用他们的观点来做事。但是他发展过程中的这个新的且重要的部分是要付出代价的。由于内在他人的观点，他开始与这些观点整合。为了让这一发展实现，他自己内在的观点曾在这个过程中短暂迷失。

当人们一开始听到成人发展理论时，他们认为很多内容在他们的生活和经历里面非常熟悉。但是对失去内在声音的问题却感到困扰。属于自己的内在声音去哪了？"自我"去哪了？当你以"规范主导"的心智结构理解这个世界时，内在的你怎么了？你如何才能把自己找回来？

有些属于"规范主导"心智结构的人并不觉得她失去了自我。她正在成为一个她认知中最大最复杂的自我，一个由外部文化、关系和意识形态碎片所组成的令人难以置信的复杂网络所创造的自我。人们会觉得，就是如此，她好像比以前更大，她现在包含了更多以前所没有的。在发展到这个阶段之前，你被封闭在自己"以我为尊"的心智结构里面，几乎看不到别人的观点和视角。她还没看到事物之间的联系性，然而这些事物对于其他人来说已经很好地关联在一起了(就像是我知道做好一件事对我很重要，但是我内心不明白整个团队的成功对我来说为什么是件好事)。当她一开始瞥见这些事物之间的内在联系时，她开始看到"不同层次的灰阶"，这会使她能够做出更好的选择，她既开心又不知所措。她以后该如何思考，如何做决策，如何理解问题？她想从这些理论、文化和身边的朋友中寻找方向，然后她发现了一些东西帮助她更好地做了决策。她开始相信这些"理论、文化或者朋友"，并且内化他们。他们是她对世界复杂性的感知能力不断增长，同时却还不知道如何处理这些复杂性而心生恐惧之间的缓冲区。在这个过程中，她还没有失去自我，她的自我反而变得更大更加复杂，因为她更能够接受别人的思想和观点。

　　然而，我们是否在褒奖成人的这一成长呢？我们是否在说："嘿，看，这个人的成长令人无比激动，他开始能够吸收一些新的观点和思想，有一天他会发展到自己有能力去理解世界的复杂性。"不，我们不会这么说。这些过度依赖他人、外在理论或文化的观点和想法的人会被称作"应声虫"(如果他依赖他的老板)、"贤妻良母"(如果她看起来过于专注于媒体和大众文化所塑造的完美画面)，或者是"圣斗士"(如果他信奉激进的宗教团体)。

　　我们来看看人们会如何评价本章开始时故事里面的两个领导者。要知道拥有"规范主导"心智结构的人能够看到这个世界很多的复杂性，但是无法对这些复杂性采取任何行动。因此，他们借用那些他们认为可信的他者的规则、教条或观点。他们现在还无法书写自己的规则、标准和观点。他们无法理解那些不是"专家"("规范主导"结构的人所认为的专家)的人如何可以做到这件事情。即使是我曾一起合作过的非常老练、有想法的高管也喜欢向外求诸"专家"。他们会告诉我："我们公司有一个能帮助我们做决定的政策。"如果这个政策无法帮忙决策，他们或者生搬硬套，或者去咨询那些他们认为有更高权威的人。

　　当工作任务清晰且明确，或者等级足够鲜明，不知道如何处理某个意外事件的主管能够简单地向拥有答案的更高层去寻求帮助，这样的领导风格是相当足够的。在前面的第一个例子中，查利发现他在军队的工作与现在的职务很匹配，所以他可以直接转换。他部门的高层管理人员非常清楚地知道他们想让他做什么，所以他可以用他熟悉的方式执行他们的命令，这也是他的能力所在。但是当他的客户们（这个案例里面是指内部的客户）开始向他要求更多时，他的问题就出现了。他们不再满足于他只是遵循游戏规则，他们希望他能够重新设计游戏，发明一个新的东西。查利没有技术专长来找到一个新的成熟的指导手册（关于利用技术来创造合作社群和智慧分享的新形式），因此他依赖他的经理，经理满足于技术工作井井有条而不去逼他创造一个新愿景。事实上，查利还没有能力去创造。

罗克萨娜也采用"规范主导"的心智结构来看世界，然而她却没有那么幸运。顾问公司的经历和大学研究所课程里所学到的，让她把领导力视为一门纯科学。然而，组织中日常的复杂性和真实世界中的工作形态却指出领导力是一门耐人寻味的学科。罗克萨娜未能就"新合并单位该有怎样的使命"这回事创立自己的愿景，她很想从她的理论堆中找到一些方向，但结果在一无所获之下变得更为迷惘。虽然她的理论和经验很扎实，但那些也只能帮助她处理日常只属一般难度的领导议题，再复杂一点儿她就承受不了。她"规范主导"的心智结构似乎无法让她独自走完剩余的旅程。

我们都曾经像罗克萨娜和查利一样，生命中会有某段时间置身在将自己的观点镶嵌在一些我们认为重要的关系、理论及文化里。但同时也因我们文化的大不同，我们看似很不一样。这也说明了包围个人的一些环境细节，可以造成彼此很大的差别。但无论我们的教养、独特的心理特质等促使我们倾向哪些文化多一些，从"以我为尊"发展到"规范主导"的心智结构，都是关于个人如何将自己接触到的外在观点或文化元素，内化成为自己的一部分。可以这样说，我们将无法内化任何我们从未接触过的文化承传。叛逆期的青少年，可能需要一个离经叛道（non-conformist）的文化，来为自己当下无法处理的复杂性寻找一个可供临时应对的出路。如果现实中欠缺此种离经叛道的文化，他们可能要通过电影、网络或者其他途径来帮助寻找他们的依归。进入大学者，则会将自己置身在运动文化、科学文化或兄弟会文化中。那些直接跳进社会工作的人(如货车司机、火车操作员、行政助理)，便会置身在组织的文化中。以上这些例子旨在说明，采用"规范主导"心智结构的人会把某个文化的主要准则、理论和规则内化，并认为他们的自我就是由这些规则构成的。

拥有"规范主导"心智结构的人遵循规则，不是因为他们担心违规的后果，而是相信并且愿意从属于这些规则。值得注意的是，守规矩并不能保证他们会成为你所认为的守法或道德高尚的人。发展至"规范主导"的个人会隶属某个群体，所以如果群体认为从事非法活动和展现破坏行为是可接受或可取的，他很可能就会参与这些违法的活动。然而拥有"规范主导"心智结构的人可不会让你听起来好像他们在盲从。事实上，他们可以将这些外在的理论或说法说成完全是自己的想法一样(此乃"内化"的过程)。不过当他一再被逼问时，他可能会解释某个值得信赖的顾问或理论告诉他最好能自己做决定，所以他便由自己来做决定了。

那些能通过"规范主导"的心智结构看他们世界的人，可以看到较高复杂性的观点，以及在心理理解的能力上，能通过一些方式描述自我内在的对话。而这种能力往往是一个"以我为尊"的人所无法展现的。他们不像"以我为尊"者那样爆发自己的愤怒或恐惧，"规范主导"的人能命名(to name)自己在体验的愤怒和恐惧，还能用这个来解释自己突然爆发情绪的理由。只是这些因果关系往往都被缚得死死的。当"规范主导"心智的人说"你让我非常愤怒"时，她真的认为你做了一些事令她从内心愤怒；她无法想象自己能对这些体验有任何的控制(那就是她意识到你做了某件事，而这件事引发她产生一种被称为"愤怒"的内在反应)。她感觉到别人触动到自己的神经，所以把这个责任推到触怒她的人身上。她能说出自己的情绪，这是"以我为尊"者无法经常做到的事；同时还能细微地觉察出不同的情绪，如知道挫折和愤怒之间的差异；但重点是她无法控制自己的情绪或者用自己的观点去调解这些情绪。她甚至会把自己描述成一个"愤怒或急躁的人"，并说"我就是这样的人！"当我们采用"规范主导"的心智结构来看世界时，我们看到自己的个性是命定的，是难以控制的。

的确，在过去千百年以来，"规范主导"的心智结构一直都适用于所有社会中的几乎所有人。当人们居住在一个同族同源的村庄大家庭时，每个人当下所扮演的角色，就像父祖辈们曾经扮演过的角色一样，很少有复杂性事务要处理，而且长辈会处理所有事宜。然而在当今复杂且全球化的社会里，可靠的"向导"却越来越少（虽然越来越多自我成长的作者、脱口秀主持人、宗教和政治领导人等宣称自己可以提供这样的指南）。世界不再有每个领导者都认同的准则，也没法清晰地说明谁的准则比较好。为此，社会发展到这一刻，凯根①认为如果我们继续沿用"规范主导"的观点来看待世界，只怕会深陷困境，被这些复杂所淹没。

或许在现代社会里，"深陷复杂"最强而有力之例证，不是来自工作环境而是个人生活。丽塔(Rita)是一位25岁左右未婚的大学研究生，她发现自己怀孕了。未出生孩子的父亲是她同居一年多的男友。男友很高兴听到这个消息并且催促丽塔和他结婚（这是他们之前已经谈论过的事），并开展他们的家庭生活。然而，丽塔的妈妈苏珊(Susan)却抱持截然不同的观点。苏珊当年很年轻就结婚了，为了组建家庭她放弃了自己的事业，对此她深感遗憾。苏珊建议女儿先堕胎，这样她才能掌控自己的命运，完成研究生课程，按照自己的时间表来组建家庭。丽塔同时深爱并信任这两个人，她不知道自己要选哪个方向。丽塔不断地和他们讨论，分别写下他们的观点，但也为他们的分歧感到苦恼。当被问到她对此事最后会如何决定时，她完全不知所措。当她被逼要做些什么离开这使她左右为难、食不知味、夜不能眠，也无法专注课业的浑水时，她说此时唯一能想到的方法就是"丢硬币"。对于带着"规范主导"

---

① Robert Kegan, *In over our heads*: *The mental demands of modern life* (Cambridge, MA: Harvard University Press, 1994).

心智结构的丽塔来说，这样的观点并没有错。她的人生，此刻已经复杂到超越自身所能控制的范围。催促她成长的巨大压力，还是无法让她迅速成长到足以对人生做出如此重大的决定。

规范主导/自主导向心智模式的中间地带

从"规范主导"走向"自主导向"的路径是怎样的呢？如同丽塔的处境，当"规范主导"的观点不足以让她理解周遭事物时，成长之路从此展开。她发现自己可能被自己同样重视的两个人的不同"意见或外在理论和文化张力"所折磨。有时，她走向"自主导向"心智结构的旅程始于某个她所信任的对象(这可以是某个人、理论、管理书籍、欧普拉或其他流行文化元素)所说，此刻她要开始自己多做一些决定，聆听自己内在的声音。无论哪种情况，这个旅程的开始仅是一项值得注意的自我内在的声音和其他人的声音的撞击。

由"规范主导"向"自主导向"心智结构转移的过程中，视野与观点的广阔可能会令身边的人越来越不安。因为她开始觉察到内在(至少是心理层面的声音)，留意到自己和先前深信的人、理论或文化之间出现了一条真实的裂缝。她感到自己和那些东西越来越不一致，而且会用更多时间去质疑。她开始担心自己变得"自私"，把自己的需要放于首位。位于规范主导/自主导向中间地带的心智结构，有时会让人感到惊讶，因为个体感到自己能脱离先前对自我身份认同极重要的观点、人和理论。

你可以想象，这可能也会对某些关系造成实质冲突。当你的老师、经理人、合伙人、父母看到你朝向"自主导向"的心智发展，并拥有更宽广的视野时会很高兴，其他人(尤其是被你的发展所超越的人)则会很惊慌。对于"自主导向"心智结构开始出现的人而言，冲突变得越来越可以接受，他开始更敢于怀疑别人的行动，或向某些他以前从不怀疑的观点与想法提出一些问题和担忧。他这么做是为了——在他的新视野下——更清楚地了解自己的决策会产生怎样的冲击。但这些怀疑在某些时候，对他生活中的其他人而言可能是个挑战，特别是那些他过去未曾怀疑过的文化或人。

最后，对于位于边际、几乎完全蜕变为"自主导向"心智结构的人来说，四周能够影响她的规范变得越来越少了，他们开始对"规范主导"的心智结构有更高的警觉性。一个几乎转型为"自主导向"的主管对于"规范主导"的部属会特别欠缺耐性；当觉察到搭档的心智结构仍滞留在"规范主导"时，他可能变得容易生气。从心智成长的角度来看，在"自主导向"边缘而尚未完全成型的人，他们知道自己(在某程度上)仍未能自然地、毫不费力地展示"自主导向"的一面，他总要花上一些力气才能表现出来。为了避免这种内在耗损，他们通常会避开那些尚在"规范主导"心智结构的人(但正如我所说，这是枉费力气的，因为在成年人口比例中，带着"规范主导"心智结构的人是占大多数的)。因此，当他们无可避免地遇到这些人时，那些近乎已经来到稳定状态的"自主导向"者便会非常容易感到烦躁或挫折。当他们感到有掉回"规范主导"的威胁时，便会将恐惧投射到公司那些"规范主导"的同事身上，对他们不理不睬或过分严苛。但不久她会发现自己能够相对轻松地承载"自主导向"的心智结构。

自主导向

表 2-3 自主导向者的主要优势、主要盲点及有助成长的"边际"

主要优势	主要盲点	有助成长的"边际"
具备"自主导向"心智结构的人，除了有清晰的个人使命外，也较有可能将之延伸至组织中。同样，他们有能力且愿意进行多方的聆听，仔细考量多个观点(哪怕是相互竞争的)，依据自己的使命及价值观做出周详的决策。	带着"自主导向"心智结构的人，会过于依附自己的使命而变得欠缺弹性。他过于讲求自己的原则，使自己不能站得更高，处理高度复杂的处境(如跨文化、跨部门的领导)，或当需要对自己所抱持的原则或价值观提出疑问时，他们便会显得难以应对。	当他在检视自己的理论与实践的同时，帮助他们发现自己的理论是有所不足的。他将受惠于广纳更多的想法，包括与他的理念一直相左的理论及实践。这种包容能帮助他成长。

"自主导向"的心智结构对我们来说应该是最熟悉的，这是成年人被认为该有的模样。"自主导向"的个人皆能做到责任在我、自家做主，就算是周旋在不同观点之间也显得相对从容。某些"规范主导"的人可能很适当地"嵌在"某种能展现个人效能的环境中，看起来也像是"操之在我"，此倾向来自不断有人告诉他"操之在我"这个信息。相较之下，"自主导向"心智的人一般都不需要(也不太欢迎)别人告诉他要如何理解自己所处的世界①。

萨曼莎(Samantha)任职一家小型财务服务公司，她是一个能够通过"自主导向"心智结构来看她的世界的中层主管。她认为招募她进公司的主管是个非常棒的人，他们经常一起合作。正如她所说，他们也会有意见不一致的时候，各自用自己的角度看事情，但是最终总是能在差异之间寻找最佳的出路。但在公司重组之后，萨曼莎发现她的新主管是一个过度拘泥于规则的人。他不像前主管那样鼓励她拥有不同的观点，一起探讨彼此的差异。简单来说，这个主管是一个拥有"规范主导"心智结构的人，希望别人一开始就和自己的思维模式一样。如果萨曼莎的观点和他的不同，他会感觉到挫败。他似乎认为，如果萨曼莎能够以正确的方式思考问题，就会得到和他相同的结论。

萨曼莎大部分的部属都非常尊重她，他们认为她为团队打造了一个清晰一致的愿景，而且在实现愿景时，她能关注到执行的细节是否到位。愿景之一就是让部属可以对自己的工作拥有非常大的掌控权(前提是只要它能对部门的共同愿景有贡献)。但是，当萨曼莎要求部属把她看成是一项资源而不是一位主管时，有些部属似乎陷入迷惑。部属和她说："但是，你的确是我们的主管呀！""如果你不告诉我们你希望我们做什么，我

———————————

① 注意："自主导向"者倾向透过自己的整理系统来形成观点，但这也在他们投入一段时间去了解这些特定的领域之后才会形成这些观点，通常这个逐步了解的过程(如听取一些专家的意见)，与"规范主导"心智结构的人理解事物的过程有相似性。这个过程的术语为"微发展"(micro development)，意指我们生活中的一小部分在微观层次的发展与更大意识发展的转移都遵循相同的模式进行。

们怎么知道自己是不是走在对的路上?"萨曼莎尝试通过各种解说让部属们更有信心，她相信他们可以找到自己独特的方式，朝向大家共同的目标。但是有些成员还是要求她提供一些方法。萨曼莎认为他们太依赖了。萨曼莎已经不记得自己过去也曾经有过需要这些协助的时候。她感到有些挫败，因为她把这种表现看成是欠缺某种人格特质，而不是某种阶段性的心智结构在起作用。

"自主导向"心智结构的描述

虽然"自主导向"的心智结构通常被认为是成年人"最应该"有的模样(当然，讽刺的是大部分成年人还未完全发展至这个阶段)。但我们仍然可以从成人发展理论中，学习到很多有关"自主导向"的优势与不足，以及如何可以帮助他们更上一层楼。已经发展到"自主导向"心智结构的人，往往都带着"规范主导"的模式，同时通过问自己"我是谁?"(who I am?)来开始筑建属于自己的愿景及哲学观——她的工作是什么、她的价值观是什么、她最重要的原则是什么。她不再往外寻求"对的方法"；相反，她开始往内观察，开始用自己的内在判断系统来思考所有事情。

当重视的人跟自己的意见不同时，"自主导向"的人可能还会感到失落，但此分歧却不会让他们产生不能承受的挣扎或变得令自己过度沮丧。然而，当两个同属内在而重要的价值想法相互冲突时，他便会感到自己卡在内心的拉扯中，难以做出抉择。这是因为对某些"自主导向"的人而言，内在价值和原则就等同于他的个人身份认同。她是由这些原则所构成的，所以任何时候当这些原则互相拉扯时，他都会感到是自己内在的不同部分在互相挣扎。类似的状况，如果不能实践自己的原则，那她就不算是一个完整的自己。无论我们认为这些原则对社会有益(如环保意识)还是对社会有害(如相信某个民族比另一个民族优秀)。

不同心智结构的人几乎都相信其他阶段的心智的人也会(或者应该会)以同样的方式来看待这个世界。对于"自主导向"心智模式的人来说，这些判断会让自己展现出不同的行为。他们会认为成人都应该按照此种心智模式来看世界，同时也可能认为其他心智结构不够成熟或是肤浅的。因此，他们对于其他心智结构的判断会倾向负面，同时他们会把缺少"自主导向"心智的人，归类为道德或智力不足(这也是为什么理解成人发展的节奏和轨迹对他们是如此有益)。值得注意的是，尽管他们对其他心智结构会有强烈的负面反应，但是对他人的特定想法却不一定有强烈的反应。有些"自主导向"的人会把自己的判断强加在他人身上，有些则会尝试保持开放。拥有"自主导向"心智结构的人不仅可以创造自己的价值和观点，他们还可以创造一个"不加判断"的观点作为他们想要坚持的理念。

拥有"自主导向"心智结构的人，本身通常都会有持续的自我改善计划。他们相信如果自己够努力，就能发展出可以掌控所有复杂性和处理每个情况的"自主导向"系统。他们会根据从其他人或其他情境中获得的新信息来调整自己的系统，他们也会改变执行自己理念的方法，甚至对于选择哪些理念来执行也可以改变。相较过去拥有较多"规范主导"心智结构的时刻，他们现在对自己的情绪也有不同的看法。这意味着他们能够看见并且反思自己的情绪，同时注意到自己对其他人的反应。他不再认为"她令我很生气"。取而代之，他更可能去思考"我很好奇于自己的哪个部分对她所做的事情，产生了生气的反应?"因为和自己的情绪有了新的距离，他们比较不容易被自己的情绪困住。无论如何，他们更乐于相信自己应该能够克服自身的情绪(同时，其他人也应该可以做到)①。

在上述案例里，你可以看到"自主导向"心智结构的人在组织中最大的挫败是，采用比较早期自己的主管的心智结构来看世界。这使"自主导向"的人

---

①　情绪是意识发展上一个有趣的议题。意识的向上提升，表示你对自身情绪赋予站在看台上"被观察"的能力，而不是被情绪牵着鼻子走。与此同时，由于情绪就像一锅复杂而满载各式各样化学反应的汤药(biochemical soup)，加上它们是由大脑未涉及逻辑思考的部分所产生的，它们不可能单单通过意识发展就能完全被克服。只不过，成人发展理论提供的新的思考方式让我们能与情绪共处。

陷入进退维谷的状况(除非他们的主管对"自主导向"的观点表示一些欣赏并给予其较多的空间)。萨曼莎发现以同样的心智结构，前任主管带给她如此多的成功与快乐，而现任主管却给自己带来诸多麻烦。因为萨曼莎无法按照主管要她做的方式执行(她不想用这种方式生活，潜意识里她甚至轻视这种生活方式)，她发现自己的工作状况越来越令她厌烦。然而，她却没有察觉到她与上司的不合其实也正是她与自己部属的映照(只是角色相反)。萨曼莎没有意识到自己把不切实际的压力放在部属身上，她也没有思考如何支援他们去达到她的目标。她只是相信如果部属们真的开始尝试，他们一定可以完成任务(set up to the plate)并且变得更加"自主导向"(毕竟，她就是这么走过来的)。尽管萨曼莎的"自主导向"心智结构与组织整体的环境非常契合，但种种工作的细节却让她感到挫败并受到限制。

内观自变[①]

表 2-4 "内观自变"者的主要优势、主要盲点和有助成长的"边际"

主要优势	主要盲点	有助成长的"边际"
能进行"内观自变"的人，可以看到事物之间万事本相连，而且互为因果。他是有能力可以从不同角度观察一件事以及看到不同观点间可会有任何重要的共识。	因为我们尚未观察到超越"内观自变"的心智结构会怎样，因此很难知道他独特的发展盲点为何(但是这并不代表他就没有任何盲点，只是我们尚未发现而已)。然而可以肯定的是，由于具有这种心智结构的人实属少见，他们很难找到像自己那样思考的同侪及朋友。要完全理解"内观自变"心智结构的观点也是件困难的事，因此他们的想法有时候会让其他仍没有发展到如此心智高度的人感到不知所措、困惑或者就是错误的。	在这个阶段的人，随时都在努力成长，时刻都在怀疑自己的假设，学习去了解和处理更具复杂性的事情。正因如此，这个世界本身就是他们恒常视为成长的源泉。

---

① 此层级的心智模式与其他层级不同，因为具备这种心智的人太稀少了。了解它的最简单方式(但不代表可以被轻易理解)就是退而求其次地以"自主导向"的心智去看"内观自变"的发展轨迹。

　　很多成年人都没有完整地发展出上述的"自主导向"心智结构，当然能够超越"自主导向"的人就更是少之又少。但是，对于那些能够超越"自主导向"的少数人，在他们朝向"内观自变"心智结构的过程里，发展的路径与较早期的路径有很多不同之处。这是因为其他较早期的心智结构，都有被某种社会需要推动而出现脱离现有心智的提升力量；但超越"自主导向"心智结构的社会需要相对来说却是罕见的。而大部分的学者皆认为"自主导向"的心智结构最适合当代社会的运作需要(或起码是介于"规范主导"与"自主导向"的中间地带)；在现实的生活中以及组织工作的场景中，确实很少有推动"自主导向"的人往"内观自变"心智追求的诱因。因此，此路径的开展往往是源于"自主导向"的人开始领悟到他们的内在价值系统，原来仍不足以处理生活的复杂性、个人目标、死亡和生命意义等宏大的哲学问题。几乎在每个案例里，此种领悟都会发生在中年或之后，当他们开始回顾过去并为展望未来的可能性做决策时，他们逐渐理解到当前的路径只是通往圆满生活的一小部分——"自主导向"系统永远无法发展到圆满生活——他们开始重新评估自己的生命方向，不再专注于让"自主导向"系统更加完美的自我提升计划。他们开始在跨系统间寻找把人们联系在一起或把这个脆弱地球的成员联系在一起的东西。

　　这种转变会伴随着一些损失，尤其是失去单纯的投入感以及潜在的确定性(或是对确定性的渴望)，这些是在拥有较多"自主导向"心智结构时所具备的。对于那些过往习惯于朝向坚信单一目标而奋勇向前的执行者来说，这感觉是相当令人恐惧的。当他们谈到失去了过往拥有的"心中之火"(fire in the belly)时，都是语带某种恐惧的，他们时常会希望回到旧日的工作或项目里，以求能重燃那股心中之火。在此阶段的人可能会成为失去重心的领导人，感到自己先前的强项不再是什么强项；或看到如继续沿用那些旧有的强项，就显得越来越别扭、不真诚。此转变期往往是由其他的生命变化所撬动的，如人的老化、家人及朋友的逝去；逐渐强烈的死亡感以及人生飞逝的感觉；想要抓住生命中伴随着的丑陋与美丽；我们互联的方式以及疏离的方式；某个强大的愿景与知识，可能存在着 10、20 或 200 个能让我们实现美妙事物的愿景(相反，他们珍惜的愿景也可能被利用而带来伤害)。

乔斯(José)是一家石油公司的执行副总裁，受到许多人尊敬，因为他聪明，拥有高效的管理能力，并且对自己想要的世界有清晰的愿景。经过这些年，他感到自己的愿景变得更加清晰，同时也找到志同道合能共同实践愿景的工作伙伴。但是几年前，乔斯开始注意到自己似乎无法再全心投入设定的目标。他发现自己不再热烈倡导某种立场，同时开始看到更多观点的可能性。不仅他的信念减弱，更重要的是他和别人目标之间的差异好像消失，甚至当彼此目标出现显著差异，他逐渐难以判断哪个才是他所坚信的。他发现自己对世界运作的假设开始提出怀疑，留意他人做了什么假设，开始理解那些假设如何形成他们对事情的是非观念。当他注意到这些关联时，他开始重塑其假设并且不再坚信自己原有的假设。

随着他的成长，人们开始在各方面被他吸引。不只部属前来询问要做什么，整个组织似乎都会来寻求他各方的指导和帮助，如请教他对某个议题的看法，请他帮忙分析其他人行为背后的逻辑。乔斯真心喜欢自己和同事互动的新模式，而且他发现和过去相比自己更少受制于组织的结构和意见。他也发现自己不再被过去经常烦扰他的日常事务所激怒。现在，当他感到被激怒他会反观自己，寻找问题所在，他发现自己开始对自身的各种反应(即使是负面的反应)越来越有兴趣。即使是负面的反应，也是自己的兴趣及活力的记号，他开始珍惜那些快速的愤怒反应(因为他还是有脾气的，在他的职业生涯里，这个脾气曾经一度困扰他)，因为这表示自我内在的一些重要假设或价值被挑战。

不过，除了他在自己职位上的这些好事以及和整个组织的同事互动增加之外，乔斯发现自己比以前更加孤独。虽然他能够为组织的各方同事提供协助，却发现自己可以完全信任的人很少，另外当他不断尝试揭露和怀疑自己及他人的假设时，却发现没有人可以帮助他。然而更大的问题是，乔斯注意到工作和家庭之间的自己在界线上有了重大变化。他感到过去曾经奋力创造和保持的界线在某种程度上已经变得对自己的工作不利。这让他觉得自己只带着部分的自我来工作，也意味着他不能用过去自己最喜欢的方式处理工作。他对工作的整个想法似乎都在转变，但不确定该用什么来取代旧的形象。现在，当乔斯走到自己事业的高峰期，他无法在任何地方为自己找到一个位置。乔斯有时感到很失落，有时又感到很兴奋。如果他能逃脱过去所知的世界，创建一条通往新地方的途径，这将会是令人惊奇的解放。

"内观自变"的心智结构可能是一个礼物，让人可以处理后半生无可避免的痛苦和悲伤，如父母和其他珍贵友人的生病或逝去，自己身体垮掉，对人生无法实现所有目标的事实妥协（又或是你已经实现所有的目标，却领悟到那些目标都太渺小，同时实现那些伟大的梦想又太晚）。"内观自变"的心智结构是一个礼物，是因为它能够让我们和每次的痛苦事件共处，与此同时，我们对人生的喜悦会有新的看法与体会。拥有成熟的"内观主导"的人看到无处不在的关联性。通过"自主导向"的心智结构似乎能非常清楚地看到人和想法之间的差异，但是现在这些差异却变得比较流动并且互相联结。差异不再代表划分或分离，而是放置在一个研究其相关性的尺度里，所以区分彼此变得没那么重要，理解和尊重彼此的位置才更重要①。

当人们处于欣然接受生命及死亡的完整实况，可以帮助自己调适眼前潜在的痛苦时，"内观自变"的心智结构可能是一份礼物。对任何组织而言，如果足够幸运的话，拥有一些"内观自变"心智的成员无疑也是一份礼物。成熟的"内观自变"者对组织有什么实际贡献呢？我无法回答。因为我常看到当人达到此心智时，他们会发现组织的诸多限制而选择离开②。但是，我强烈建议，当组织变得更强大，更具全球性，同时地球的威胁变得日趋庞大，任何

---

①　值得注意的是有些"内观自变"的心智与"规范主导"相似。相似点在于朝向"规范主导"心智时会为了他人的意见而放弃自己的声音；"内观自变"的心智则是开放自己的心胸，所以是加入自己的声音，自己的声音与他人的想法同样重要。

②　研究者苏姗·库克-格罗伊特在她的研究里找到相似的模式（来自与作者的私人沟通）。

团体和组织都难以掌控时，我们将需要那些具备"内观主导"心智结构的人居领导地位。这些领导人能够超越个人声誉及自我需求——即使他们想看到自己的愿景被实现——并坚持创建更多联系以及整体的世界观①。

"内观自变"的领导者，如前文的乔斯，他放弃追求一个高大上、最佳的方式方法以实现既定目标。相反，他开始关注更多该完成的目标和超越单个目标的更大愿景。这些领导人能同时看到股东利益与生活质量的议题，也能在利润极大化的悖论中同时保护工人与环境；他们也能扩大领导力的范畴，不仅超越原有的领导力还能创造一个强大的愿景。乔斯的例子并非少见。转换过去的"自主导向"心智结构是超越当前"领导力典范"的一种理解，此转变也超越当前大部分组织的理解力。为了能够留住这群领导人并发挥其强项，组织需要在思考领导力方面发展新方法，需要对这群不断老化（也可能是不断发展）的婴儿潮人口的贡献有新的想法。

当世界变得更趋复杂，复杂性的"内观自变"心智结构在组织里就显得更加关键。由于极少数的人会开始发展超越"自主导向"的心智结构，任何组织都不太可能有很多这类心智结构的成员，组织对这类领导人的需求更甚以往。如果我们要对当前棘手的贫困、仇恨、环境破坏的问题找到解决途径，这些"内观自变"的人可能需要在组织（或者政府）里握有实权。我们大部分人都听说过爱因斯坦的名句："我们不能用制造问题时的思维水平来解决问题。"虽然爱因斯坦不知道成人发展理论，但他所谈的却是朝向"内观自变"的心智结构成长。

后续呢？

因此，如果你对"每个人理解的世界是非常不同的"有更深入的体会，也

---

① 若想要更详尽地知道这些后期发展的心智结构对领导力及组织发展带来的好处（同时是易于理解的描述数据），可以参阅：Bill Joiner & Stephen Josephs, *Leadership agility：Five levels of mastery for anticipating and initiating change* (San Francisco：Jossey-Bass，2006)．

能开始感受其中的律动与节奏，甚至开始相信当前的组织文化和心智结构发展之间的契合度很重要，那么接下来你要做什么？你会开始依照自己所在的情境去转换心智——也许就是你自己——你会开始思考身边的人如何理解世界。接下来的章节会帮助你思考这个问题。

第三章　寻找成长的边际

　　到目前这个阶段，你可能要开始问自己一些极度私人的问题：我的主管是通过何种心智结构来看这个世界的？我的工作伙伴呢？我自己又是如何？在此章节，你会对于测量心智结构的研究员和学者们所使用的技术开始有一些了解，并且(如果你想)你将开始用放大镜来检视自己以及那些与你密切互动的人。如果你比较注重特定的介入方法而不是细微地去了解自己和他人的心智结构，那么你大可以跳过此章节，直接阅读较具实用性的部分。

　　此处有个提醒，这个理论不是一种"越高就越好"(bigger-is-better)的理论，而是一种"高一点只是大一点"(bigger-is-bigger)的理论，明白这两种观点的不同是异常重要的。比较复杂的心智结构可带来多样化的好处，但也会带来缺失。这里最重要的一点在于你生命中所需要的和你能力所能做到的两者之间是否可以相互契合。例如，接受训练的消防员不一定比其他人更优秀，但不可否认的是他们具备了大多数人所没有的才能。他们有一套知识和技巧以及看待这个世界和找出隐藏风险的方法，这是像我这样的非消防员所无法匹敌的。这种差异若是在超市或办公室里无关紧要，但如果你的工作是救火，那么在生死之间，这种差异就显得至关重要①。不同情境的需求在这里导致明显的差异。

　　心智发展也如同这个理论，假使你的生活环境并不需要复杂的发展，那么具备复杂的心智结构似乎没什么优势。在某些情况下，拥有更宽广的视野是比较有用的；但在某些情况下，具有更宽广的视野反而会让你无所适从，

_____

　　① 　感谢马克·利奇(Mark Leach)提供的隐喻。

使你的生活过于复杂，也可能破坏你的宝贵关系。反过来说，如果你的环境确实需要复杂的心智结构，支持那种需求的一种方法就是清楚认识你目前心智结构成长的路径地图，以及一些支持能协助你迈向更符合自己与生活复杂性的需求。以上所谈论的消防员与情境的关系，只是为了提醒你在开始测量周遭的人和你自己之前，你需要拥有正确的心态。这个理论是关于观点的宽度(bigness)的，如果你在意的是如何表现出自己的心智是多复杂的话，那么这个活动对你来说没有太大帮助。但如果你在意的是如何得到一个"我是谁"和"我真正的突破点是什么"的新观点，你可能会得到一些强而有力的领悟。

评估自我复杂性(self-complexity)的测量方式有许多种。到目前为止，我最喜欢的方法是"主体—客体访谈法"(SOI)，这是罗伯特·凯根成人发展理论的测量方式[①]。我喜欢SOI是因为它不仅仅是在提供一个发展"分数"；它也为人的"意义建构系统"(meaning-making system)提供一个窗口，让外面的人(如访问者)看到受访者内部的窗口，同时也可以让受访者自己获得一层新的自我认识(self-knowledge)。

过去十年间，我一直都在使用SOI，同时也教他人使用。在那段时间，我了解到每个人的故事都是美丽且连贯一致的，但是这两者和个人观点的宽广度却没有太大关联。SOI帮助我成为一个更好的聆听者、更体贴的发问者和更慈爱的人。我学会在聆听他人说话时融入体贴和关怀——而不是为了说服、教导或是改变这个人，只是单纯地去领会此人是如何理解这个世界——如此一来，我和他人之间的关系也随之改变。

在此章节中，我列出了一些你了解他人心智模式时所需要的基本技术和心态。从这些技术和心态开始发展到可以实际进行访谈，通常需要数个月的

---

① 对于这些测评方法和施测的方式，最佳的深化学习资源莫过于以下文献：Lisa Lahey, Emily Souvaine, Robert Kegan, Robert Goodman, & Sally Felix. *A Guide to The Subject-Object Interview：Its Administration and Interpretation* (Cambridge MA：The Subject-Object Research Group, Harvard University Graduate School of Education, Laboratory of Human Development, 1988).

学习、练习和对话。如果你希望运用完整的 SOI 来测量个人的发展阶段并进而帮助他人拟订介入的发展计划，你将需要接受更多的训练或是聘请一位专家来协助完成①。对大多数人来说，本书所提到的技术将足够协助你了解自己理解世界的方式，并且可帮助你的聆听及提问，以协助自己用新的眼光和新的可能性来看其他人。你若开始试着实践此章节的思考方法与技术，将会为你和他人每天的对话开启一个全新的可能性，也会对你了解其他人的意义建构有绝大的帮助。

你至少需要具备这里所列出的四种相关技巧，才能开始领会自己或其他人的心智结构。你必须：

①分辨出某人的"心智结构"（structure）与其"对话内容"（content）之间的差异；

②通过提问协助某人（你或其他任何人）碰碰自己理解事情的"边界"；

③主动并仔细聆听，以确定你不是将自己的想法附加在他人说的话上面，而是要听出他人话中所代表的真意（不是你自己在说那些话时的可能意思）；

④你对于眼前展现的全部信息所能想到的各种假设都保持开放的态度。

"结构"与"内容"

几乎所有的人际互动，我们都倾向从故事的层次来展开聆听。谁对谁做了什么？接下来发生了什么事？男管家真的做了这件事吗？等等。然而，这个成人发展理论是有关于意义（meaning）而不是故事（story）本身，这也是它之所以不易理解的一个原因。为了学会这个理论，你必须穿越故事才能获得构

---

① 纵使很多人在接受"主体—客体访谈法"的访谈后都会感觉到被支持，但它的设计原意是专注于研究之用，而非作为一种支持他人成长的工具。我与几位拍档一起开创了"成长边际的访谈法"（Growth Edge Interview），简称 GEI，它是从 SOI 的研究方法发展出来的，但同时也超越了 SOI 的边际，为客户提供对他们成长有帮助的反馈。

成故事意义的基础。故事本身就像是心智结构所穿的衣服一样，你可以通过这层故事看到意义的轮廓，但是仔细检验故事本身并不会帮助你了解底层的结构。就如同你因为担心自己的腿骨折而去看医生，结果却要求她用显微镜检查你裤子的纤维是一样的道理。因此，提出问题以获得故事底层的意义，除了可以帮助自己了解别人的心智结构，通常也有助于那个人更了解自己。接下来的技术将帮助你往这个方向走。

将你的问题往"边际"去提问

要开始了解某人眼中所看到的世界轮廓，你必须提出一些问题，让他可以借由那些问题抵达自我理解的边际。你在寻找一个他能力所及的最宽广视野，所以你必须帮助他去看到自己的最大可能性。为了达成这个目的，你必须提出一些和我们平日对话常问的句型有些许不同的问题。因为你并非真的对故事感兴趣，所以多数时候你要忽略最典型的"怎么了—发生什么事—然后呢（what-happened-next）"这类的典型对话。如此，你将发现彼此的对话会充满不同的风味与感觉。受访者可以用新的方式思考旧的问题，因此他们也将体验到对话本身对自己有惊人的帮助。即使你对于对话者的心智结构并没有特别感兴趣，这些提问技术本身也可以有其他的助益，这也代表此对话也很可能将受访者的理解带进一个新的境地（而他将认为你是个天才）。

保持真正的好奇心

大家都知道聆听的重要性，而且市面上也可以找到许多书籍和工作坊来帮助你成为一个更好的聆听者——我自己也教授过这方面的课程。如果你想试着领会某人是如何理解他们的世界的，不论你原本的聆听技巧有多好，都必须要多走一步。或许现阶段你要学习的就是去做一件简单的事：抛下"自己应该真的了解对方在说什么"的想法。以前简短的一句"嗯，你不用说完，我想我已经明了！"可以为彼此的对话创造更轻松和更容易的感觉，然而这恰恰是我们察觉别人对话中所有细微而重要的差异，以及明白他们话中真正隐含意义结构的大忌所在。因此，聆听在此其实包含了心智层面与对话层面两个不同层面的锻炼。这些锻炼会让你问："我没有听懂"或更好地是问："我从你的话里听到很多可能的诠释，但我想问哪一个才是你真正想表达的意思。"你可能以为这样会让受访者觉得有很突兀的抽离，但我的经验是这种担忧是多虑的。如果你可以认真聆听并分享你尚未搞明白的部分，可以让你的受访者领会这是一种强大的好奇心，从而不会让对方感到抽离(即使那个人就是你自己)。

放慢你的判断

在对话中能够提供好的评断是重要的，但是能够暂停判断直到你有足够的证据才提出就更重要了。从听到的几句话就去猜测说话者的意思本属平常事；事实上，我们几乎不可能不去评断别人。当你和他人对话时，你会有意无意地去接收对方的年龄、性别、种族等信息，并对肉眼比较看不到的事情，如社会阶级、教育程度等做出假设，甚至将他说话的声调和情绪状态来做联结。我们对其他人的大部分判断在自己还没察觉时就已经开始了。然而，意义建构是每个人内在一个复杂而隐秘的部分，要看出他人的意义建构，你必须有意识、经过缜密的思考而且放慢脚步地带出自己的评论。几个句子——甚至很多未经探查的句子——无法提供给你足够的信息做判断。所以要领会某人理解世界的其中一个技巧就是放慢评断的脚步并且密切关注他。

寻找结构

一个开放又好奇的心态已经就位后，现在开始寻找某人的心智结构，以及弄清楚什么样的问题能引导我们离开"内容、故事、情节"而朝向"结构"的时间到了。在我们一起讨论个案和模拟面试者的心态前，先了解受访者的心态对你可能会有帮助。

每个结构的暗示都源于一个故事。如果你想尝试探查自己的意义建构系统，现在可能是一个不错的时机，暂停一下，思考目前发生在自己身上的重要事情。想一想：最近有成功的经验吗？最近有愤怒的感觉吗？最近有没有因为有两个不同的观点而在做决策时遇到麻烦。利用几分钟时间写下这个故事的一小段(写下来绝对比只在脑海中思索要来得更好——现在就写吧)。探索带有强烈情绪或与做决定相关的故事背后的心智结构往往是最丰富的，因此也肯定会带来一些收获。当然，你可以从任何故事中找出某人(或者自己)的心智结构，但是针对将衬衫送到干洗店提出探究式问题，我想对你们两位来说都不会是个有趣的事！具有情绪成分的故事比较能对结构有清楚的体悟。

我要从一个我们可以共同研究的故事开始，让读者们更明白这个过程。这个故事的主人是亚伦(Aaron)：

> 我在科伦姆公司工作已经六年，我的成功远超过我以前所能想象的。我不知道是因为好运、幸运或其他原因，但是今年36岁的我是这间公司最年轻的副总裁，赚了很多的钱，而且大多时候都过得很快乐。最近令我感到困扰的是，我是否应该按照原本的步调继续朝更高的职位迈进。我知道凯茜(Kathie)(我的资深副总裁)认为我需要做些改变，才能继续待在目前的快速轨道，我也知道她可能是对的，但是我并不确定自己是否还在意继续留在这条快速轨道上。如果往后几年我可以转换到另一条缓慢的道路，享受自己拥有的工作而不用担心下一份任务，同时投入更多时间陪伴我的太太和两个孩子可能也会很有趣。凯茜认为我变得慢下来了，而且从她口中可以知道她对我的工作也越来越不满意，虽然我觉得自己并没有什么改变，只是不像从前那么进取而已。

这个故事本身并没有展现出亚伦的心智结构，不过，假如我们要和他在此进行对话，这里就提供了一个和亚伦深谈的切入点。

你现在可能想就"故事内容"的层次和亚伦谈论此事：凯茜希望你什么地方

表现得不一样？关于这件事，她对你说了些什么？或者你可能想给他的建议是：我觉得你应该继续往上爬，因为一旦你慢下来，人们就会开始嘲笑你；我的表哥约翰(John)就是这样，他已经待在同一个职位30年了……这里要留意的是前面几个句子是关于内容，提供的建议都是基于你快速的判断。我会要求你慢下来，也不要采取上述的选项，而是要想象一种提问方式，它能帮助你了解亚伦心智模式的重要成分。

下面这个段落，我们会进入提问步骤以帮助我们发掘对方的心智结构。我在此敦促你确实要停一下，并且思考当对话继续时你可能会问亚伦的问题。然后，我们会把焦点转回你自己的故事，你也可以试着问自己同样的问题。表3-1是下一个部分内容的总结。

表 3-1　揭开心智结构的步骤

你需要做什么？	这为什么会有帮助？
步骤一：寻找主要议题——责任、矛盾、关于外在世界的观点采择与假设	这些议题比较容易帮助访问者将精力与兴趣投入在"将对方推向对世界理解的边际"这个事情上。这些议题同时也是故事结构最凸显之处。
步骤二：缩小选择范围	每次当你开始提问以协助自我厘清对方的心智结构时，你必须保持一个开阔的心胸，同时要假设对方的心智可能是"以我为尊""内观主导"或任何介于中间的阶段。几个问题之后，你很可能拥有足够的资料可以排除某些结构，再继续测试其他结构。
步骤三：用"最"的问题将原来的心智结构推向边际	因为心智结构都是累积建构而成的，一个"自主导向"的人，必然会带有部分的"规范主导"，也会有一些部分仍是"以我为尊"。这就表示除非你能帮助她将其理解推到"边际"，否则你将无法知道你所看到的"规范主导"部分是否就是她理解复杂性的最大程度。
步骤四：用一个新的方式提问相同的问题以走得更深入	当被持续发问时，人们便倾向于认为自己被要求说更多的"故事"。因此，访问者通常需要到第二或第三个"推向边际"式的问题才可能真正远离故事"内容"，继而进入探讨"意义建构"的空间。

步骤一：寻找主要议题——责任、矛盾、关于外在世界的观点采择与假设

确定亚伦心智结构的目的并不在于故事里发生了什么事(这就像是检查衣服的纤维而不是受伤的腿)，我们主要关心的是亚伦如何理解这个故事以及这个故事对他的意义是什么。这里所指的是故事的结构而不是内容。为了找出结构，你必须知道，他为什么要如此选择；对他来说，在这个独特的情况里会看到什么风险；他如何理解当时身处的世界。我们需要对这些丰富途径有初步印象，找出隐藏于内容背后的结构才能理解亚伦的心智结构。这个过程的第一部分就是从故事中搜寻有关心智发展的关键标志：责任、矛盾和观点采择的议题。你可以寻找有什么核心假设在运作。再回头看一次亚伦的故事，然后问问你自己：

- 亚伦觉得自己需要为什么事情负责？他认为哪些不用？
- 在故事里，矛盾的核心是什么？
- 他可以接受谁的观点？他被谁的观点困住了？
- 塑造他世界观的假设是什么？

责任 亚伦的故事是一个关于改变的故事("我只是不再像从前那样积极")以及他对改变的感受。你可以从故事中的改变看出他对自己的责任(和他的控制范围)的看法，以及他对外在环境的看法。至少我们可以从表面清楚地观察到亚伦对于决定加速前进或放慢脚步承担责任——他把这件事命名为尝试自己做决定。比较不清楚的是他是否认为建立要不要放慢脚的相关知识是自己的责任。要了解某人的心智结构，你需要明白他相信自己可以承担什么责任和不能承担什么。即使有的人相信做对的事是自己可以控制的，但她可能不知道决定什么是对的事也是自己可以掌握的。这个区别可以让我们知道，她的心智结构可能是比较趋近"自主导向"(可以决定什么是对的事)或"规范主导"(只能决定是否要执行外界认为"对的事")。在第一个片段中，我们并没有足够的资料可以判断亚伦相信什么，但是现在对于接下来要提出哪种问题，我们已经有一个大概的想法。

矛盾的核心　大多数耐人寻味的故事里，你几乎都可以立即发现冲突之所在(这也是让它内容丰富的原因)。亚伦提及两种不同的潜在矛盾，一种是和自己，另一种是和他的主管凯茜。亚伦内在的矛盾在于是要像目前一样快速地朝更高职位迈进，还是试着判断自己真正想要从生活中获得什么。外在的矛盾则是他和凯茜之间的分歧("她的言语表现出更多的不满意")。人理解自己矛盾的方式可以让你知道他们的思考结构，尤其是内在矛盾。在心智发展的最早期阶段，人们可能会体验到内在矛盾，但是他们倾向以外在的方式去察觉和指称它。例如，一个孩子非常想要吃饼干但是又不被允许，当这种矛盾过于强烈时，孩子有时会出现对父母或朋友以暴力相向的行为。一个陷入两难选择的"以我为尊"青少年，可能会称此情况为外在世界之间的矛盾。又如，当一个朋友的生日派对和另一个朋友约他去露营的日期都在同一天时，他会以不公平或残酷来描述。随着心智的渐趋发展，我们对这种内在矛盾感会越来越熟悉，并且说它是自我所产生的，也会越来越自在。拥有"规范主导"心智模式的个体可能会认为这是一件无比困难的任务，因此，他们会去寻找自己能理解并相信的方法。拥有较多"自主导向"心智的人，他比较能理解内在矛盾是指自己内在有两种原则或价值观，因此，可以明了解决内在矛盾的方法最终仍是在自己。最后，那些拥有"内观主导"心智结构的人可能会将每个矛盾都视为一系列观点的结合——内在的和外在的，这是不易为其他人所接受的。我们尚且无法清楚看出亚伦是如何理解自己的内在矛盾的，因此，这也是另一个值得提出更多问题追问下去的地方。

观点采择　亚伦似乎可以理解凯茜的观点并且认为有其合理之处，他同时也清楚了自己的观点。现在一个关键的问题是当亚伦面对凯茜那个跟自己有很大出入的观点时，他会如何处理自己的观点？如果是心智结构比较靠近"规范主导"的人，在面对一个似乎更有力的领域专家或权威人士的观点时，他自己的观点很可能会消失不见；如果是一个比较"自主导向"的人，即使双方的观点互相抵触，但仍然可以共存。根据前面几句，我们并不清楚在面对凯茜的观点时，亚伦是否可以坚持自己的观点。

观点背后的假设　我们的世界是通过二分对立的方式来定义的。你可以借由亚伦把什么事情视为对立，来分析他世界观中的核心假设。亚伦认为"慢下来"和"成功"是对立的，即他无法想象两者可以相互兼容。他也认为花时间与家人相处同时继续朝更高职位迈进是件不可能的事。具有"内观主导"心智结构的人则会认为事情几乎没有所谓的二分法——所有事物都处在灰色地带（关于生活/工作的平衡，他们可能会说："我希望找出一个方法既可以花更多时间与家人相处，也可以在工作上获得成功。也就是说在关于如何运用时间以及我想要维持什么样职位这两方面做出不同组合的选择"）。当然，"自主导向"或"规范主导"心智结构的人可能各自具有非常不同的二分对立概念，而且"规范主导"者往往比"自主导向"者具备更多的对立二分想法。留意人们如何用对立面来表达他们的内容，有时可以帮助你弄清楚接下来要提出什么问题①。

你会发现，亚伦的一小段故事已经足够让我们思考良久。这也是我们在思考这类对话时需要放慢速度的其中一个原因。一个段落后，我们可以提出很多可能的问题，但却可以是完全没有特别针对故事本身而发问的。对于亚伦的意义建构我们已经可以做些初步判断，但是还必须用假设性的心态来"看待"这些判断。我们为什么要注意亚伦故事开头所能提供给我们的一些关于他心智结构的线索呢？唯一的理由是那些线索可以引导我们提出更多相关的问题。例如，由开头我们可以得知，如果亚伦是"以我为尊"，那么他的动机会完全来自个人利益，但是看起来似乎不是这样。一个"以我为尊"的人会更专注他自己以及对自己带来的好处。亚伦似乎还关心他太太以及凯茜的感觉，并且"渴望"某些抽象和心理层次的概念。关心他人及自我心理的考量显示他已经离开"以我为尊"的心智。

---

①　即使你对某人的心智结构一点儿兴趣也没有，这仍然是一种美妙又有用的聆听方法。当你重复那个被访者对世界所假设的二分法时，你其实是在提供给她站在客体"看见"的机会和重新考虑这些对立性的新选择。

关于他如何理解自己在决定"加速前进"还是"放慢脚步"的责任界限还是可以继续问下去的——他似乎知道自己可以控制哪些议题（因此可让他迈向更多的"自主导向"），但是还不清楚他主要是接收了自己的一番道理，还是他的意见主要取自他人（如凯茜）的暗示。如果他认为其他人应该表明自己的意见，而且他会在考量所有意见之后自行做出决定，那么他的心智结构就是比较偏向"自主导向"。如果他认为其他人需要表示自己的意见，而他在比较大家的意见之后，决定谁的意见最具威信（但没有将自己的观点和价值观等考虑进去），那么他就比较偏向"规范主导"的心智结构。任何介于两者之间的情况就是处于"规范主导"和"自主导向"的中间地带。为了厘清这个差异，你可以询问他对决定"加速前进"或是"放慢脚步"的理解。例如，对你来说，"放慢脚步"最大的困难点是什么？这里要注意的不是对他"放慢脚步"的步骤或是他认为这么做的结果是什么感兴趣，你有兴趣的是他如何理解"放慢脚步"这项决定。这个区别是巧妙的。

你也可以往其他路径追问，聚焦于其中一个矛盾上。例如，亚伦对慢下来感到矛盾，有可能是因为凯茜对他的意见塑造了他对自己的看法，所以假如凯茜说他表现不好，那一定就是真的。如此一来，似乎就比较偏向"规范主导"。亚伦对"放慢脚步"感到矛盾也可能是因为他有两种不同的价值观——一个是在工作上成功，另一个是有美满的家庭生活——他发现自己无法让这两种价值观共存，这是因为他的价值观是由内在产生的（虽然两个价值观仍然是属于相互冲突的形态），因此，更接近"自主导向"的观点。当你尝试去理解亚伦时，你可以提出一个可能可以测试出这种差异的问题：你要试着厘清他对自己的评价是来自于凯茜的意见，还是他认为自己和凯茜的观点是不一样的。

现在来想想你还可以提出什么问题：

好吧，这样问又如何呢？

凯茜什么时候告诉你她觉得你这样改变后会失去内在的动力或是无法朝向你想要的目标前进？

亚伦回答：

　　嗯，既然你提到，这个情况的确出现了。我本来不觉得我"放慢脚步"会有任何损失，但是当她这么说之后，我完全可以理解她的想法，而且我开始担心这么做对我的影响。另外，我也知道我对自己的很多看法来自我在工作上的卓越表现——事实上，我一直都是公司里的明星。我并不为此感到自豪，而且我知道自己或许不该如此在意名片上的头衔。但是我留意到，不论何时当我听到另一位副总裁的头衔前面冠上"资深"二字时，我自己真的很在意。我的太太告诉我不要如此担心这种事，她说我只要记得自己是公司里这个层级当中最年轻的一位，所以我一定表现得非常好。她这么说对我很有帮助，而我也告诉自己她是对的。与此同时，每当凯茜告诉我，她认为我不够积极时，就会让我感到自己好像已经走到顶峰，从此只会一直走下坡路。

步骤二：缩小选择范围

　　现在有更多信息了，你可以开始分析这些新的段落以获得更多有关亚伦心智结构的新线索。这里有个主题可以探讨，这会对我们的分析有所帮助：亚伦对于成功内在的看法(这会比较偏向"自主导向"的模式)是怎样的，以及外在的他对成功的看法(这会比较偏向"社会规范")又是什么？例如，亚伦说他对自我的理解来自他内在对自己的看法("我看待自己的方式很多时候是与我在工作上做得多好有关的")。这句话听起来像是来自"自主导向"的心智结构。如果他有提到如何让自己知道工作表现的内在形成方式，那么对于他是"自主导向"心智结构的假设就有了额外的证据。他可能有提及过自己的目标，不管是否达成，他都会为自己设定一些内在的标准，以及测量这些标准的方法。

　　可是他的表述中却没有说到这些。他举的例子都是来自外在(他是个"明星"、名片上的头衔等)的，这些可能更多地指向他仍是倾向在"规范主导"的阶段。

同时，他提到对那个由外在观感所形成的自己，感觉到有点不自在——"我知道自己或许不该在意名片上的头衔，我对此并不感到特别自豪。"这是一些亚伦还在"规范主导"心智结构的线索，但这也显示出亚伦有一些"自主导向"的倾向，除非你开始迈入下一个心智结构的成长阶段，否则你将不可能对自己目前的心智结构提出批判，或起码能看见自己的这个心智结构。

另一个线索是亚伦明确地告诉我们，他的自我主要是从工作中"建构"起来的。他说："我知道我看待自己的方式，很多时候跟我在工作上表现得如何有关。"这是值得验证的，因为我们与"我如何理解自己"的关系也是发展性地建构（developmentally constructed）过来的。在心智结构的发展路上，一个只从生活中的单一面向来取得自我认同感的人，可能会远远落后于一个可以从生活的多个不同面向来认识自己的人。如果你在试图探询一个辨识的方法，这是其中一个值得提问的方向。

你可能已经发现，只提出一两个问题是不足以揭示某人的意义建构模式的。你必须探询得更深入，并为探询所得的意义，提出多个值得继续考究的假设。你必须提出，问题引导他人走入一些他自己觉得难以理解的处境。如此，你才会知道你已经到达他心智结构的边际。

我们现在已经发现亚伦可能同时具有"社会规范"和"自主导向"的心智结构——也可能是位于两者的中间地带。也许是他提供了混淆的信息，但假如我们足够理解的话，就可以排除大部分属于其他层次的心智结构，留下让我们能相信他是"社会规范"或"自主导向"的心智结构。如果想知道亚伦的这两种心智结构到底各占多少，那你一定要问亚伦一个问题，这个问题可以明确测试出这种混合的心智结构。这些问题是关于他是否曾经和自己认定的权威人士有过意见相左的时候。接下来要测试那些不同的见解是由他自己所形成的（自主导向的方式），还是主要来自其他人的（规范主导的方式，他所嵌入的文化包含多种关系）。假如他能将自己与凯茜的观点并排（他同时持有自己的观点——一种可能是自主导向的声音——以及外在的声音），那相较于他只持有他太太与凯茜的观点（持有两种同属外在的声音），就是截然不同的情况。

你可以提出什么问题来厘清此差异？

为了简单一点，我们可以问：

> 你是否想过凯茜的想法其实是错的？你是如何形成那个想法的？

亚伦回答：

> 嗯，是的，我猜这就是为什么我如此苦恼的原因。我是说有时候我觉得她的生活好像缺了一大块，只剩下工作。她没有孩子，所以不知道父母在孩子身边的重要性。同时，我还没有爬到她目前的职位，而且她知道很多到达那个位置的事情，所以有时候我认为她一定是对的，因为她经历过这一切；但有些时候，我会觉得她是错的，因为她从没试过为人父母。然后，我感觉自己被卡住了。我觉得我应该可以自己做决定，不需要那么依赖她的意见。而事实上，这是其中一件她对我感到失望的事情——我太听她的话，不够信任自己的想法，没有自己立场。但毕竟，她是许多人（包括我）的主管，而且她比我知道更多如何长久保有成功工作的方法。

步骤三：用"最"的问题将原来的心智结构推向边际

如果你努力协助一个人去谈及一件矛盾事件，他将会无可避免地陷入一个他的论点和语言皆无法说得很清楚的处境（毕竟，这正是为何我们会将其称为"矛盾"的意思吧）。在这个案例中，亚伦被困在一个"循环论证"的世界里。对他来说，养育子女和工作都是重要的，而他真正能相信的意见是来自同时经历过这两件事情的人。由于他生活中遇见的人只做过其中一件事，他无法完全信任他们的决定是一个最能权衡双方、也是他最需要的决定。所以亚伦选择依附着他们的观点，同时也会考虑那些观点可能是片面的。这是一种相当常见的经验，你可以想象，任何人——不管他们的心智结构为何——可能都希望有相似经历的人可以协助他们做决定。如果，你去留意亚伦在"相似性"方面的需要，那会发现这是一件相当简单的事：亚伦不只是需要做过父亲和有工作的人，而是需要某位在组织中达到与亚伦有相同职位的人。这起事件显示了亚伦无法将某处的经验与知识，转移到另一种场景去。无法从单一情境转移到另一个情境的现象在"规范主导"的人身上比较常见。不过，在此若然我们要学习用多元假设产生（alternate-hypothesis）来思考的话，这也有可能是因为亚伦了解他和凯茜职位之间任务复杂性的基本差异，也知道这种差异的重要性，因此他不愿意去信任没有相同经验的人是由于他对凯茜工作复杂度的深入了解，而非自己缺乏转移知识的能力。

亚伦也说了自己第二个感觉被卡住的地方。他依赖凯茜的意见，同时他与凯茜都同时认为他应该要更相信自己。但亚伦无法完全相信自己，因为他非常信任凯茜在公司的经验及角色。这也是让人感觉到他比较偏向"规范主导"而非"自主导向"之处。不过同样，我们需要多加了解他的意思才能下判断。

当你发现自己在对话中被卡住时，就如多数人的自然反应，你的第一个冲动可能是想要退缩，不再探索下去。不过如果你真的想要了解某人的意义建构，追加一个稍微深入的问题会是一个很好的方式。你大可以提问一些测试他们建构意义的边界问题（boundary-testing questions），试着问出受访者对事情的优次想法。最好的结果是什么？最坏的事情是什么？你在这里最大的风险是什么？

这些推向理解边际的提问是测试一个人意义建构的关键。当我们看到一个人被卡在某处时，那里很可能就是她无法进行意义建构的地方，也就是她所能理解世界的边际。而她尚未能理解或未知的世界就是她目前的"成长边际"（growing edge）。当你询问亚伦这些问题时，你是试图找出他对于更深入问题的答案，是倾向"规范主导"（更着重外在）或是"自主导向"（更着重于内在）的方向。你知道凯茜的声音非常重要，是整个问题的重心，所以你可以试探另一端的声音——到底这是另一种外在声音，还是较多的是与凯茜有矛盾的亚伦的声音呢？

你可以问：

如果你选择忽略凯茜的观点，你最怕发生哪些事？

亚伦回答：

这是一个很好的问题。那，我会害怕什么呢？我猜是她的想法到最后原来是对的，而我只能被困在目前的职位里，如此一来，我将被视为那种整天看着时钟，等着退休的员工。同时，你知道，当我走进公司，每个人都会想我曾经是那个可以有大好前程，但是最后却没有成功的人。

步骤四：用一个新的方式提问相同的问题以走得更深入

这里我们看到亚伦面临困境的根本原因是恐惧——他可能会被标上"此人不过如此"的标签。这种恐惧别人会如何看自己，就是具有"规范主导"心智结构的一个很好证据；几乎所有的人都会在意别人对自己的想法，但如果你最大的恐惧是与个人名声有关，那很可能你心中已指出，他人的声音比自己的声音更重要。同样，唯一可以证实亚伦不具有任何"自主导向"的可能性，就是对于相同的问题用些许不同的方式再多问一次——纵然这可能会让人感到不自然。

在此案例中，你可以向对方重述一些自己所听到的内容，然后再问一次：

听起来你最害怕的部分是你会得到一个"坐等下班"或"曾经有大好前程但却一事无成"的名声。我可以想到各种理由去解释，为何那会是件困难而令人恐惧的事。不过关于名声这部分，你是否可以告诉我你最害怕的是什么？

亚伦回答：

我猜就是……嗯，你这么问我，它让我……好吧，我知道自己对那些整天在"坐等下班"的人有什么感受，也知道所有人对那群人的想法……我想我绝对不希望任何人用那种方式看我。但也不是只有这样，因为不只是其他人对我的看法，也包括与我怎么看待自己有关。我是说，如果我认为自己只是在等待时间过去，那么我会无法真实地面对自己。这样一来，我猜我会开始相信所有人说的刻薄或怜悯的话，毕竟，他们说对了，不是吗？

现在我们已经来到整个议题的核心，问题围绕着他人的意见如何创造出亚伦的自我身份认同。他的回答似乎暗示了一些"自主导向"的声音，但是如果有人可以让亚伦了解到别人的意见对他仍有很大的影响，对他来说会是一大帮助。亚伦非常清楚且确定地谈到别人对他的观点，会让他对自己接受，并抱持着这些别人对他的评价，而他很可能不知道该如何摆脱这些想法。若我们能理解到亚伦用了比较多"规范主导"的心智结构去理解他的世界，而且知道他正朝着"自主导向"的方向发展但还没到达，那可能对帮助亚伦有很大的价值。

如果我们没有对亚伦目前的心智结构有相关的认知，以及不清楚他只是处在长长的成长光谱中短暂停滞的情况下，管理者、教练，甚至是工作伙伴，可能会对亚伦无法自主地做决定这件事感到极度失望。虽然"规范主导"的心智结构是管理阶层最典型、最常见的思维模式，但这可能是企业内位于高层的人士所不容易记住的事实。如果你错误地假设他们应有更高的心智，那只会让你感到失望与挫败。

假如亚伦对世界的理解真的处于从"规范主导"迈向"自主导向"的初始阶段，那么身为同事、主管或教练，便可以有许多不同的方法给予他更到位的支持。

例如，如果他的主管凯茜知道她此时的期望对目前亚伦所能理解的世界来说是不切实际的，她可能会发现集中焦点在亚伦的工作上质量会比希望亚伦用新的方式看待自己的工作更加容易。同样，假如教练能看出亚伦对自己的理解方式感到失望，同时希望协助促进他朝向"自主导向"的心智发展，那么她可以在亚伦"自主导向"声音最大时指出来，并且和他讨论强化这个声音的优劣点。接下来的章节，将会有更多如何实际运用此知识的概念。

回头观照到自己身上

认识在你生命中认为重要的人如何为世界赋予意义固然是有益的，但若论最有益的莫过于先从认知自身的心智结构出发。感知他人的心智结构会费一定的心力，要感知自己的就更不容易。话虽如此，我们仍然可以从自己如何体会冲突、做艰难的决定，又或是参与一个开心的活动，从而对自己的心智层次身在何处多些理解与包容，以及对你下一站将可以往哪里走多一些可能性的想象。

问自己一个对的问题，同时聆听答案

接下来的章节会有更多关于如何支持他人的想法。但是现在，让我们回到你自己的故事，并且思考你是如何理解这个世界的。一头栽进亚伦的理解之前，我建议你写下一或两段你目前生活中所遭遇的事件，而且这些故事要带有情绪的张力，或是你尚未解决的事情。

既然你是自己的反思对象，相对于其他人，探索的过程就有比较容易的部分，也有比较困难的部分。简单的部分是你不需要小心翼翼地重塑一些问题或要求自己表现为一个很用心的聆听者，你可以直接探询自己所思所想(而不用担心自己是否多管闲事)。同时，由于是你在叙述自己的故事，所以你可能会发现很难一边说，一边保持距离地去分析自己的故事。这里值得注意的是，大量证据都显示我们会倾向于高估自己的能力，同时低估他人的能力(这也是为什么几乎每个人都会认为自己是高于平均值的)。严格且诚实地审视自己，是在这个世界最不容易的事。

当你怀着真正的好奇心，试着去聆听自己对世界的理解(sense-making)时，仍要维持不批判同时又具有区分能力。好消息是对这种自我检视练习越多，你就越容易做到有效的反思，而且也会更加了解自己的心智结构，这将会加速你的发展①。

这里有个最简单的方法可以试试。选一个故事，然后去思考它主要是正面的(如有关某项重大的成功事件)，还是主要是负面的(愤怒或失去)，或者

---

① 在此再次提醒，我不是建议你"应该要"(should)加速自己的发展。虽然我发现那些以开放及好奇的心态去追求自己意识发展的人，似乎都会注意自己的改变已然发生。

你主要的情绪是犹豫不决的(如你尝试做一个决定)。对比你情绪所处的"位置"，然后在表 3-2 中选一个问题问自己。

表 3-2　不同情绪位置的提问句型

情绪位置	向自己提问的句型
正面	对你来说，这件事最好的是什么？ 你最感到开心的事情是什么？
负面	对你来说，最困难的部分是什么？ 你最担心或害怕的事情又是什么？
犹豫不决	对你来说，这个决定最重要的部分是什么？ 如果在这里做错决定，最糟的情况会是什么？

对自己提出一个适当的问题，并且想象你可能会回答的内容。这个答案可能会令你惊讶，但更可能会让你感到平常，好像你之前就曾经有过这样的对话。

情境：我对我的工作感到受挫，但是还无法决定是否已经到了该离开的时候。

情绪位置：犹豫不决

第一个问题(从表 3-2 中挑选出来)：如果在这里做错决定，最糟的情况会是什么？

第一个答案：如果我做了错误的决定，我可能会偏离自己的职业生涯方向，导致我将来后悔。

你不太可能在第一个问题就得到新的观点或找出任何结构。先不要做任何假设(或放弃前进)。想想你在前面那个问题的答案，并且再问自己一次相同的问题。

第一个答案(依前述)：如果我做了错误的决定，我可能会偏离自己的职业生涯方向，导致我将来后悔。

第二个问题：偏离职业生涯方向后，最糟会带来什么状况？

第二个答案：最糟的情况就是我不知道自己为什么要偏离正确的方

向，不仅破坏了自己的前途，也没发挥自己的全部潜力。

可能你现在已经开始敦促自己更努力地去思考，并且发现自己进入了一个新的领域。当然你也有可能，仍然踩在你所熟悉的土地上。但不管如何，你不太可能已经发掘隐藏在自己心智下的结构。下一个问题会促使你稍微接近自己的发展边际(即使你只是不断重复提出同一个问题)。

第二个问题(依前述)：最糟的情况就是我不知道自己为什么要偏离正确的方向，不仅破坏了自己的前途，也没发挥自己的全部潜力。

第三个问题：当破坏了自己的前途，也没发挥自己的全部潜力时，最糟会带来什么结果？

第三个答案：我真的很认真在工作中展现我所相信的价值观，如果我误判情势，就表示我不太可能会依照我所想的方式去创造一个不一样的人生，也就是某方面这将代表我是个失败者，这会导致我无法将自己的能力完全贡献给社会，这是我认为最糟的结果。

好了，到了这里，上述这个虚构的人物，现在可能已经学到对于自己的新认知，如在做这个决定时自己要押上什么注码和为什么做这个决定会如此困难。她也可能对于自己如何理解世界这部分多了些"结构性"的了解。她回看自己在思考什么是最困难的事情时，留意到自己没有被任何来自外在的因素影响；她可以发现自己想要的愿望，并不是那种属于"以我为尊"的实际又自私的需要，也不是特别想从外在的人/理论/想法去得到答案。更确切地说，她的答案看起来至少是"自主导向"的层次。如果她真的想诚实地面对自己，她需要更深入地探询自己没有依赖外在指标，并查看这是否来自她已自成一套想法(或是对这套理论的认知)，从而在她的回答中找不到任何依赖外在声音的痕迹。

一旦你开始问自己三次前述表格中的问题，你就可以做选择：再问第四次同样的问题，或者你可以开始更深入地去探讨第三次问题的答案，然后问自己一些对各种心智结构更具指向性的问题。你可以询问自己的问题如表3-3所罗列出的。

表 3-3　测试各种心智结构的提问句型

你正在测试的心智结构	关于第三次提问后的答案，你可以询问自己的问题
以我为尊	我着重在自我的利益和影响，而没有去考虑其他人的比例有多少？我能否想象其他人对这个情况可能会有的想法或感觉，即使那些人和我的想法是截然不同的？
规范主导	我的答案有多少是关于我认为其他人会怎么看我？有多少是其他人的想法影响我对自己的看法？我是否依靠外在标准找出"正确答案"或判断自己，而不是自己产生答案和标准的部分？如果其他人对我感到失望，或者假如我没有遵循规则、理论或我心中认为重要的人士的指引，那么我可能会认为自己是谁？
自主导向	不管其他人怎么看我或对我有什么反应，我在多大程度上认为自己的想法是世界上最棒的答案？我和自己意识形态中的"我"有多接近？如果我没有实践自己的标准，我可能会认为自己是什么样的人？这对我的意义是什么？
内观自变	相对于我被锁在某个自己的观点中，我所看到的全景有多广阔？当我试图从多重角度去看我目前的情况时，对我来说容易吗？我是否可以从自己负向的故事中感受到那些正向的部分，以及从正向的故事里感受到不好的一面？我是否很难将生活视为就是要思想得简单直接、把事情看成不是特别的好就是特别的坏，还是我更多地认为生活就是"为我而来"的，因而它是有趣的且隐藏着愉悦的想法？

　　当你在自己故事的第三个答案之后提出这些问题时，你可能会明白和自己有关的一些事情。你最可能发现自己处于两个端点之间，假如你大概位于统计的平均数，你会发现"规范主导"心智和"自主导向"心智的问题对你最适用。如果你在两者间左右摇摆，你会对自己最显著的心智究竟在哪儿感到困惑，但这种困惑可能是衍生的而非不愉快的。即使只知道自己发展到哪个层

级这种最基本的概念，也可以给你提供无数的帮助。

了解自己心智结构的益处

一旦你对自己的心智结构有一定的概念，你就可以开始对自己提出一些新的问题，借以形成新的理解，同时决定自己可以如何发展下去。你可以辨识自己心智的结构，还可以辨识自己驶向某个方向的方式或处理另一个特殊事件的方式，以及你可以开始改变那些无法对你的成功和幸福有贡献的模式。

在下一个章节，你会看到了解成人发展理论可以如何协助你去帮助他人，但也提醒你，这同时也会对你有所帮助。了解自己心智的益处和了解你周围人心智结构的益处是非常近似的。你可以：

- 对自己的期望更加实际可行；
- 明白自己的限制；
- 明白是什么调动自己的反应以及为何会这样；
- 根据自己的选择，计划可能发展的方向；
- 当你在发展能力以获得更高层次的"自我复杂性"时，思考自己可能需要哪些支持。

无论如何，留意人们的思考结构将在支持和挑战你自己及周围的人时，为你开启新的可能性。在第二部分，我们会探讨不同的成人发展理论，这可以帮助你和其他人在工作上做出改变。

第二部分

协 助 他 人 成 长

第四章　扩展式的成长教练

史蒂夫(Steve)是一位颇具名声的领导力教练，在某个十一月的星期五，他准备和三位潜在客户会面。他知道像这种轮选面试对打造一段好的合作关系是绝对需要的，不过他对此过程怀有复杂的感觉。一方面，他享受认识新朋友并探索他人的故事感到乐趣无穷。他成为一名教练已经将近十年，他喜欢客户那些错综复杂的故事，以及为数不多的共通教练主题下存在的丰富多样性；另一方面，他仍然不喜欢这种轮选和等待自己是否被客户选上的感觉。有时候，他的直觉在初次会面就可以正中客户的心，但有时候，他发现客户下决定的过程相当随性。因此，他非常不喜欢这种会面，但又因为它们如此重要，于是在这几年的教练生涯中，他自己发展出一套清晰又一致的策略，让他可以确定无论自己是否被选上，都能向客户展现真实的自己和他自己的教练模式。

一般来说，他会先找出每位潜在客户之所以找他的主要原因。然后，他会开始用自己一贯的风格去提出问题，接着一边解释他的教练哲学，一边探测客户对于教练的印象。虽然他设定了会面的标准程序，但是因为每个客户的想法和观点不同，所以每次会面都有其独特性。史蒂夫的想法是这样的：

我相信每个人都有自己的故事，来理解他们在工作中所面临的情况。我们都是自己故事中的英雄，故事里都会有帮手(或阻力)去帮助(或妨碍)我们得到自己想要的东西。生活就是由这些故事组成的，所以我们会将自己视为一个"胜利的英雄"或是一个"落难的英雄"。这两种观点对我们所采取的行动和我们如何解释周围发生的事件具有强大的暗示效果。

铺陈基础后，史蒂夫会解释把故事由"落难的英雄"转化为"迎接胜利的英雄"如何可以减低客户的压力并显著提升成功的可能性。史蒂夫对此过程很有自信，因为他已经用这个方式训练了数百位领导者，而且也看到很高比例的客户在自己的故事里变得更成功而且有效率——许多人也变得更加快乐。

十一月初这个特别的一天结束时，史蒂夫对自己的表现感到很满意，但是仍然不清楚这次会面是否会替他赢得客户的合约。他再也不会反复斟酌自己在这一天所用的语句，也不会在脑中重复倒带并且寻找可以改善的空间。他知道自己已经相当清楚地演示了他自己的想法，他也知道自己对面试的看法可能与客户选择的结果没有太大关系。烦恼于这件事会使他感到局限，反之，去郊外会使他视野开阔。于是，他利用风和日丽的一天与女儿去郊外远足(史蒂夫在几年前成为一名父亲，而不需要任何的面试轮选，他的女儿就已经视他为胜利的英雄)。①

另一边，潜在的客户们则在思索他们的决定。

与史蒂夫的会面，给萝宾(Robyn)留下了极深刻的印象与好奇。她想在周末好好反思会面时的对话，不过已经十分确定史蒂夫就是她的教练。史蒂夫指出萝宾故事中的潜在模式，这对她产生即时的帮助——她深感共鸣，对她来说是一种全新且有用的重塑(framing)。她看到用这些方式去思考自己的故事时，可以引导出新的见解与行动的选择。另外，罗宾也注意到史蒂夫对她问题的觉察十分到位。因此当她回去看过自己和其他两位教练面试时所记下的笔记后，罗宾非常清楚，史蒂夫就是适合她的教练。

然而安妮(Anne)就没有那么确定了。她很欣赏史蒂夫，同时发现他的

---

① 我要对我的朋友兼 Kenning Leadership 的拍档尼尔致以感激与歉意。他在佐治亚大学领导力教练计划的教学，他那"胜利英雄"的故事帮助了我和百位以上的教练。尼尔这些想法的版本比这个虚构的门徒更为完整并带有一种心理的安全空间，但史蒂夫和尼尔则加入了共享崇拜父亲的角色。

提问有趣而具挑战性，和其他两位教练比起来截然不同。只是她一直期望可以找到能为她提供指引的人，但是史蒂夫明确指出他的角色不是顾问而是个提问者。他谈故事的方式也让她感觉偏离问题的核心很远，确认自己活在什么样的故事里似乎并无多大帮助。史蒂夫似乎相信有时确认故事会使改变比较容易，但是史蒂夫强烈怀疑这种想法。知道自己在故事中是"落难英雄"，除了能带来"挫败感"之外还能有什么呢？安妮发现自己更加希望史蒂夫可以告诉她自己是一个"胜利的英雄"，甚至最好完全不要理会这些故事。不过，他的问题确实引发了安妮的思考，这一点似乎很不错。她可能会问问周围的人，了解一下其他人选择自己教练的依据。

谢利（Shelly）在面对自己不喜欢的人时，总是会试着隐藏自己的感觉，这是她学到的一种对她非常有用的技巧。但坦白地说，她仍是很震惊，她认为这个人根本不配称自己为教练。他应该是来帮助她并且协助她处理部门中的那些难缠员工的，但是他却浪费一半的时间在谈论故事。谢利对"故事"（story）没什么兴趣，她感兴趣的是"现实"（reality）。她想要一个能真正帮得上忙而不是来谈论童话故事的教练。从人资部门坚持要她聘用教练的那天开始，史蒂夫已经是这两周来第五个被她否决的教练。如果人资部门再继续派给她那种糟糕的教练，那么就不要怪她不断拒绝这些教练！

我们的心智结构在我们每次的感觉和决定里都扮演了一个角色，所以考虑客户的心智结构可以提高教练的协助能力。从上述的故事中，你可以看到史蒂夫对每个客户都展现相同的风格，然而不同客户的接受程度却与之完全不匹配，她们对史蒂夫的方法是否感到有用，取决于她们自身的观点和经验。这种情况在面试时是很常见的，通过这种场合，客户才能找到符合自己的教练风格，教练才能找到他们想指导的人。但是史蒂夫如果可以不仅知道自己的风格如何，还知道不同心智结构的客户可能会如何解读他的风格，可能就会具备更多优势。

举例来说，大多数教练本身的风格和方式会对某些心智结构比较合适，或胜过其他。虽然史蒂夫没有办法用理论来解释这种现象，但是他能感觉到某些客户的需求和愿望与自己所能提供的背道而驰。从很多方面来看，这一点对他避免过度尝试去打动那些对自己方式感到不确定甚至是抗拒的客户起到了良好的作用。你可能注意到史蒂夫最能吸引的客户是清楚了解自己的人，就像萝宾，她能理解是我们创建并选择了自己的故事。要能具有这种观点，在与史蒂夫会面前，对方至少必须具有"自主导向"层级的心智结构。一个像安妮一样注重"规范"的人，可能会对这种方式感到陌生或困惑，但是你可以从安妮的反应中发现，她比较偏向"规范主导"的心智结构，可能会被教练所提供的新观点所吸引，而且在一个适当的情境下，这种新观点可能会成为通往"自主导向"观点的桥梁。对于谢利这样目前比较偏向"以我为尊"心智者，她可能会觉得这个方法完全不适合她，甚至是荒谬的。如果史蒂夫的观点与某人理解的范围差距太大，那个人可能会觉得受到这种奇怪又神秘观点的威胁，同时也会对他怀有敌意。

这就表示，如果教练只想指导某一种心智结构的人，那么像史蒂夫这种高度针对性的方式就足够了，他可以吸引那些已经准备好的人，同时排除那些还没准备好的人。事实上，史蒂夫甚至可以更进一步地去选择适合自己风格的客户。他可能最偏好介于"规范主导/自主导向"中间地带的客户群，而他所处的主要城市正好有各种潜在客户可以供他选择。为了确保他找到对的客户，也就是客户的发展空间正好在他技巧可以施展的范围，史蒂夫甚至开始提出一些关乎他们个人观点的问题，与其共同选择他认为可以提供最好服务的伙伴。但如果史蒂夫对于和各种发展层级的人共事感兴趣，或是因为环境因素(如在市场小的地方工作或在公司内部)而使他没有任何选择时，那他可能需要发展一套更适用于多种心智结构的教练方式。

不论教练采取哪种方式(有目标的或是发展性的)，如果能够理解客户对应的各种心智结构，客户可能体会到的教练益处，以及双方可能要共同面对的特殊教练挑战，这都会为教练的工作带来巨大的帮助。有了这聚焦，教练可以与客户一起发掘客户的成长边际①，即那个现时能力已经到达客户上限的边际空间。聚焦在这个边际上，教练与客户可以创造更有力量和更有助益的合作关系。

教练与"以我为尊"的被教练者

一位带着"以我为尊"心智结构的领导者和教练之间的合作，对两者来说都是不容易的，但却又可以是带有非常大的满足感。大部分通过"以我为尊"心智结构看世界的人，对于接下来需要发生什么事，常常是异常的清晰和确定的。因为他们对因果关系的想法已经根深蒂固，所以其他人会去考量的细微差别，这类领导者并不会顾及。虽然这种清晰的想法在某类情境下对某些人是有所帮助，但当领导者的观点倾向过度的非黑即白，并且过度要求立竿见影的效果时，可能会令人感到挫败和危险。

处于"以我为尊"心智的客户在领导阶层并不常见，因为拥有这种心智的人有许多基本的领导技巧和特质还没有发展出来，因此他们也就不太可能被拔擢至领导职位。然而，有些人因为他们的某些想法或特别的技巧(或人事关系)可以使自己坐上领导者的位子。

此外，我们还需记得一件重要的事：所有已经超越"以我为尊"心智的人，仍然残留一些"以我为尊"的特质，而这些特质在人们面临压力或精疲力竭时，

---

① "成长的边际"(Growth Edge)这个称谓是从与 Kenning Associates 的同事在很多年前的一次交谈中生成出来的(我相信这是来自 Mark Ledden 吧，但在社群式的合作里往往就是会忘了哪个才是真的命名者)。成长边际访谈小组(The Growth Edge Interview Group)——一群对成人发展理论着迷的人，走在一起，希望更有名目地在客户的教练场景试练与实践中，让成长边际教练流程(Growth Edge Process)得到磨炼。小组成员包括有 Paul Atkins, Carolyn Coughlin, Jane Gray, and Keith Johnston。Paul Atkins 与我一起研究有关小组成员以及参加者在这套流程开展前的想法，同时也记录我们自己的发现。这里可以参考：Jennifer G. Berger & Paul Atkins, 2009. "Mapping complexity of mind: Using the Subject-Object Interview in coaching," *Coaching: An international journal of theory, research and Practice* (Vol. 2, No. 1, pp. 23-36)。此文中提及，我们很多的教练实践与领悟都是源于那个小组的工作，以及我们更早前在客户身上尝试这个流程时所累积的学习。

或首次学习某些事物但对新知识感到不确定或缺乏安全感时，都可能会显露出来。我们都会在某些特别时刻退回"以我为尊"的心智结构，因此在组织里的教练及相关的助人者都需要记住"以我为尊"心智的这些特性，才能在这个心智结构浮现时有办法辨识它，并且帮助将它扩展至对领导者最有用的素质与特色中。

被教练者的主要特质

关于"以我为尊"的心智结构，我们要记住的重点是它关注的焦点是狭隘的：很直白地体验到什么就是什么、想到什么就是什么。他们具有控制自己冲动和欲望的能力，也就表示他有能力看到自己的冲动与欲望而不会马上做出来（相对于较早阶段，当他看见一件想要的东西就马上要得到它）。然而他无法和自己内在的心理反应保持距离，几乎感受不到自我或其他人的心理。许多教练会要求客户找出自己对其他人的反应模式，但是"以我为尊"心智者完全无法看到那些模式。很多教练也会要求客户在对其他人有强烈反应时，要对自己的行为负责，但是仍以"以我为尊"心智结构思考的人却无法控制自己的反应，更别说控制自己的情绪。同样，他们也无法看出在具有细微差别的不同事件中，可能会体现出同一个模式的那些联系。为了要看出模式，你必须要能够从事件中抽离出来考虑，站在旁观者的角度去观看一个正在谈论的事件，然后进行全面观察。如果你是一个当局者，那么你能做的就是待在里面，然后从你目前所在的位置去反思这个事件。"以我为尊"心智者不仅无法找出模式，他甚至可能不知道模式是可以被找出来的。

这表示具有此心智结构的人似乎是难以反思的；事实上，很多时候他们无法反思，是由于他们不能和自己的想法产生获得反思所必要的"距离"。你可以问某人："当你做这个决定或者是采取这个行动时，你在想什么？"拥有"以我为尊"心智结构的人很可能没有办法回答你，他们会说当时自己就是清楚该这么做，而没有依据任何合理的理由。如果进一步追问，你可能会从他们身上得到"耸肩"或发怒的回应。例如，为什么你要一直问这个可笑的问题！

我只是做了一件显而易见的事！这种情况会让人感到非常挫败，而且会让他们的教练觉得这些"以我为尊"心智者隐藏了某些事情，或者不愿意认真与教练合作。但是以一个"以我为尊"心智结构的人的观点来看，这两种推测都不公平，他们只是做出自己能力所及的最好决定，但却没有办法看到对其他拥有较广阔观点的人来说显而易见的部分。同样，当其他人谈论的世界特别复杂时，"以我为尊"心智者可能会认为那个人是靠不住或是虚假的，因为"以我为尊"心智者在看事情时都是相当直接的，因此无法去理解他人，他们会想："为什么你竟然要尝试去理解那件事？"具有复杂观点的人对这群人来说就像是骗子或过于复杂的人，由于这种情况经常发生，因此这个世界就像是充满了想要欺骗他们的人。

以此章节开头的谢利为例，她不明白史蒂夫希望她做什么，因为他提出的议题对她来说既抽象又毫无帮助。史蒂夫想要谢利去分析自己生活的各个面向，并且为生活的模式命名，史蒂夫想让谢利明白是她编写了自己的故事，并且她也可以改写它。但这些概念要求谢利去做她目前力所不能及的事，也就表示她无法完全理解这些做法背后的意义。就像许多人在面对自己无法理解的事情时一样，谢利带有怒气地排斥这件事，并且认为史蒂夫是错误的、能力有限的或是一个操控者。

教练的主要配对特质

"以我为尊"心智结构的被教练者可能是最难被教练的客户群。大部分的教练策略都是帮助"规范主导"或"自主导向"心智的发展，因此当教练尝试过各种策略后可能会发现全都无效。不过由于现代成人世界的要求明显超过"以我为尊"的心智模式，因此"发展型教练"对这些客户来说是相当重要且有价值的礼物。要找到适合这些客户的方法是困难的，但不是因为客户本身很难缠（虽然有时候他们是真的非常难缠），而是因为我们的教练技术倾向于为其他情况所设计。若是将深度信任关系以及合适而具目标性的技巧结合在一起，教练活动可以引领这些客户得到非常好的结果。最有帮助的技巧是那些支持客户获得新观点的方法。例如，帮助客户理解"给予"反馈和"接受"反馈的新方式，或者进行某些反思练习。对这类领导者来说，最适合他们的教练必须是一位有耐心、有弹性并且不会用批判或病态的方式去看他们的人。

蜕变的益处与代价

以"以我为尊"心智结构思考的人，在发展上的主要挑战是如何发展出进入自己心智和情感的窗口，然后开始利用那个窗口去想象其他人内心的运作。这时候他还不可能从他人的内在声音里区分出自己的部分。对于心智发展感兴趣的教练来说，这将会是关键点。许多教练专注于引导客户说出自己内在的声音，并且帮助客户从其他重要利害关系人的声音中分离出自己的声音，这是在指导"规范主导"心智的客户时最常见的任务，但如果将它用来指导"以我为尊"心智的被教练者却是个错误的方式。要记得，那些具有"以我为尊"心智的人尚未有能力将他人的声音内化，也就是他们还没办法走出自己，因为他们从来没有纠结在别人的声音里，感觉像是只有自己的声音。如此一来，客户可能将教练催促她要专注于自己的意见和想法当作一种指令，忽略去察觉她自己和团队之间的成长，这样对发展反而不利①。

对她来说，心智发展的主要挑战反而是发现自己的内在声音，同时能够融合周围人的声音，为了达到这个目标，她必须先接受他人的观点，同时去理解他人与自己观点之间的相似性。或者加入一个她渴望有密切关系的团体，而这个团体在她生活中占了重要的地位(就像她自己的组织)，然后坚信这个团体会相信她并且愿意对她忠诚，如同她信任和对团体忠诚一样。教练可以帮助她开始理解某些时候把别人的需求置于自己的需求前面会对她更好(为自己带来最佳利益)。对于已经脱离"以我为尊"心智的人来说，具有这种想法是

---

① 在这里，有兴趣的读者可能会问，一个人在到达她目的的途中是否需要经过每一个阶段？难道一个人不能跳过"规范主导"直接降落在"自主导向"吗？或许实际上是可能的，但此想法似乎充满了理论上的风险。然而，在这里我应该说以长期研究来看，人们在他们每个阶段的进展似乎都相当一致(虽然进展的速度没有一定的标准)。

理所当然的，因此教练和其他人可能会忘记这种想法当初如何让自己感到矛盾。由于这种想法与逻辑不符，所以教练可以借此点出那些将自己的需求置于广大群众之后的成功人士，来让他们理解这个道理。利用这种方式，减少自私行为或提高慷慨行为的想法就是建立于个人的自我利益之上的（注意，这也是我们通常教导孩子相关规则的方法）。"以我为尊"心智者可能从"别人优先，下次他们才会让自己优先"（一报还一报）这种美德中开始理解会比较顺利。教练可以小心支持这个观念的发展，接着帮助她看到自己变成了比较好的团队成员，而且在情感上也越来越能接受帮助他人的同时不去思考对自己有什么好处。对于具有这种心智的个体来说，学习的重点在于"他人的声音可以比我自己的声音还重要"。但是如果你认定自己的角色是一位帮助客户发掘自我内在声音的教练，你会很难从这个心智发展的任务中获得良好的感觉。

发展这个心智结构的代价虽然值得注意，但在教练的心里却不会被放在首位，因为领导者如果通过这种心智结构去看世界的话，其领导结果会带来很多更大的麻烦。这个处于发展阶段的个体其心理上的代价是迷惘，这个人开始了解到这个世界的复杂度远超过自己曾经想过的，他也会开始问一些人生最困难的问题：你怎么知道做这件事是对的？为了要往前迈进，我应该怎么做？当我感到困惑或迷失时，有谁/什么可以指引我？这些问题的出现说明世界开始变成一个非常不确定的地方，在那样复杂的世界里，因果关系不必然是紧密相连的，而我的观点过于狭隘，不足以解释这个世界的谜团，在此之前我曾经认为它是很直接的。

教练过程、策略和心态

在我的领导力教练生涯中遇过几个"以我为尊"心智的客户，给我的感觉是相当棘手。这些领导者都对教练的理念非常抗拒，而且会发现很难找到适合自己的教练。这些领导者通常都相当聪明，并且有非常专业的技术，而这个世界在他们四周所建立的"临时支架"足够维持他们在欠缺接受他人观点的技巧时仍能存活下去。通过以这些支架作为组织的配套，组织可以从"以我为尊"心智的人身上获得它的需要，但是，当组织希望这些数年来被阻碍了发展的人能够表现得更像一位领导者时，此前的支架就会开始瓦解。在几近绝望的时刻，组织聘请一位教练来弥补长期以来的"不恰当行为"（虽然组织并不想承认自己也需要为这个情况负责，毕竟这么多年来他们都一直在阻止这个人成长）。

拥有这种心智结构的客户可能会让教练认为他们具有人格障碍或其他病理上的特质。这里的提醒就是这种特质很可能是心智结构发展上的议题，而不是固有性格的问题。这就等于给教练提供了一个新的出路：用一组新的想法和隐喻来理解客户的行为。不过这还是和教练的经验有很大的关系，即使这位教练具有完整的心智发展观点，可能还是会企图促使客户从一种心智结构进入下一个阶段。尽管促使客户发展偶尔可以成功，但我认为提供一个起点会比尝试强迫客户度过那个发展阶段显得更有帮助与尊重。就像罗伯特·凯根告诉我们的，没有什么地方比桥梁两侧的固定点更重要[1]。即使要过桥，也不会有人想踏上只有峡谷遥远的另一端被牢牢固定的桥梁，这是多么愚蠢的行为。然而我们之中有许多人就只跟客户描述遥远那端的陆地，接着就要客户跳入断崖。

我经常被问到，如何区分一个人是典型的人格障碍（如自恋狂）还是对方的发展还没到达可以轻易表现出同理心和接受他人观点等的层级。我相信我们对于"障碍"（disorder）的知觉来自我们对于什么是"正常"（normal）的期望。同时，很多此类观点和我们自己对心智发展的期望有关。如果我们发现一个 3 岁的幼儿很害怕藏在她床底下的怪物，我们会认为这是正常的；但是如果我们发现一个 33 岁的成人也害怕相同的事情，我们会认为这是一种疾病。我倾向于不把心智发展视为一种障碍或将它分成缓慢的、快速的或停止的；我把人的心智发展视为他们目前存在的一个空间。我如何知道自己正在处理的是

---

① 参见：Robert Kegan, *In over our heads：The mental demands of modern life*（Cambridge, MA：Harvard University Press，1994）.

心智发展上的议题还是比较固化的人格议题呢？我猜有两种方法：第一，起初我会先抱持一种信念，相信这是一个心智发展的议题，因为心智发展相较于已经稳定的人格来说提供了更多的希望(和工具)。第二，我会相当仔细地观察"能耐"(capacities)与"实务"(practices)之间的差异。某人聆听能力不好是由于他对其他人的观点没有兴趣，还是因为他无法完全理解其他人也会拥有观点，这两者之间是不一样的。如果你相信自己指导的客户是通过比较多的"以我为尊"心智来理解世界的，以下的技巧可能对于为他提供支持有帮助。

不带批判的聆听　一位同事回顾了具有这种特质的客户后，告诉我，当他在遇到此种心智的人时，唯一能做的只有尽其所能地认真聆听。具有这类心智模式的领导者，通常都是在遭遇某些危机或状况时，才被迫进入指导活动。而先前他们往往因为专业技术获得组织的肯定与赞赏，因此他们会感觉到要接受教练指导是一种受创。这也表示要获得这些处于潜在抗拒的客户的信任就更加困难，所以只聆听而不批判或者不要表现出立刻想要改变客户的行为也显得更加重要。此外，既然聆听是这个发展层级的领导者所缺乏的核心技巧，那么让她深入体验这个过程，对她的观点转化也是有帮助的。

将焦点放在战术上　当一个客户比较愿意信任教练时，教练可以提供战术性的、技巧导向的指导。一个具有较多发展导向观点的教练会专注建立客户接受他人观点的技巧，并让他加强练习。有一点非常清楚，就是客户周遭的人(包含教练)可能会谈到希望客户做出特定的行为，但其实是要求客户用特定的方式去思考或相信事物。具备心智发展观点的教练可以理解展现特定行为的技巧有时候会引领思考或信念的改变。

改变他人前，先改变自己的想法　关于在指导对话过程中可能需要改变，也是最重要的心智就是教练的心智。教练可以利用评量准则检视自己是在向客户提出一个改变心智还是改变行动的问题，以及自己提出的问题是需要客户站在看台上检视自己的行为模式还是自己的心智模式。任何这些要求对于处在"以我为尊"这个阶段的客户来说都太困难了，所以教练应该调整她所运用的技术。

例如，假如一个客户被禁锢在自身的观点中裹足不前，教练可能会希望她去感受一个她所重视的人的观点。但如果一开始就同时持有两个矛盾的观点，对客户来说可能就太困难了。一个更适合心智发展的方式可能是让客户"写笔记"——在可能情况下，直接记录其他人说过的话——然后客户可以开始和教练一同拼凑另外一个人的观点。

无论你用哪一种方式指导具有较高"以我为尊"心智的客户，回报都有可能是显著的。将你的目光聚焦于这个人成长的真正可能性，而不是你期待在其他客户身上看到的"典型化"成长，可以帮助双方在投入指导活动的过程时，更有成就感。

教练与"规范主导"的被教练者

通过"规范主导"心智结构来看世界的领导者，能够以极大的忠诚度去对待人、组织和想法。一旦他们接纳了特定的使命或愿景，就很可能会非常认定那些想法，并且捍卫这些他们已经内化的理想、信念和理论。此强大支持的阴暗面则是让他们缺乏修订或改造其内在想法、信念或改变行动等的弹性，因此会导致一些问题。例如，他们会对成功的样貌有着非常强的外在定义，然而即使这种被定义的成功已经不符合当时的情况，他仍然不改变对成功的看法。这意味着在许多领导者的位置上，通过"规范主导"心智结构来看这个角色时会产生限制，而这些限制取决于他在这个组织的角色大小和职务范畴。作为一名领导力教练，我发现很多领导者的职位要求，往往是需要具有高度自我编写、自导自演(self-authorship)的能力；这对于尚未发展出"自主导向"心智结构的领导者来说是被置于一个不利的处境。我的经验是这些不利的处境会在工作上给这些领导者带来痛苦和忧虑。这就表示当一位客户或同事叙述某人可能使用一些极为"规范主导"的方式来理解世界时，我通常会思考如何从心智发展的观点去帮助那个人。因为绝大多数成人都拥有"规范主导"的心智模式，所以领导者之中身陷此种心智发展困境的不乏其人。

好消息是目前通过"规范主导"心智结构来看世界的人，如能接受教练的指导就可以在心智发展上得到绝佳的支持；坏消息则是此阶段的教练可能支持心智发展，亦有可能阻碍某些重要方面的发展。拥有此类及其他心智的人，其正向的行为改变并不意味着心智的发展。因此，教练可能会觉得非常成功地帮助客户做出了改变，但实质上却没有帮助客户获得心智的发展。拥有此种心智的人可能之所以会遭遇到困难，除了是需要获得一套新的技巧之外，还可能是由于其本身的发展能力。基于这个原因，意识到客户在心智发展需求与技巧学习需求之间的不同，以及两者相交重叠的部分对教练来说特别重要。

被教练者的主要特质

具有"规范主导"心智的人在组织里面有着多种典型的面貌。我们一般认为他们是"好好先生"或是严格遵守公司守则，或是希望你的思考范围局限在一个特定框架里的人。但是"规范主导"心智不仅在公司的忠诚者和遵守规则者身上发现，一些特立独行者也具有"规范主导"的心智结构：网络公司的员工都很制式化地喜欢打乒乓球或坐在懒人沙发上，但同时有许多惊人的科技灵感；营销部门的规则就是打破所有规则(在学术界里称为"必然要成为"的后现代一族)；还有"一致的不忠诚"或"一致的不同"的其他团体。他们其实都归属于"规范主导"的心智层级，因为他们没有编写自己的角色和选择，也没有创造自己的环境，而是由环境去塑造他们。

以此章节一开始的安妮为例，史蒂夫以"胜利的英雄"或"落难的英雄"来描述她的故事时，似乎使她感觉这是一种外来评判，一种已经存在于世界的情况，就如同她通过医生的检验得知自己的血型一样。她是否喜欢这个答案都无所谓，因为结果已经在那里了(就像即使你不喜欢自己的血型是罕见的AB型，也不代表你可以改变它)。安妮不认为她足以做自己故事的创造者，也不相信了解这个故事会给予她特别的力量。史蒂夫提供的指导让她有偷看书本最后一章的感觉：如果已经没有什么可以做的，为什么要知道结局呢？

"规范主导"心智者似乎会被自己的无力感所困住：他们会告诉你自己无法停止生气(所以需要别人停止激怒他们)；无法改变自己的心智(所以需要他人改变情况)；无法接受外界认为"我到底是什么样的人"的议题，即使他们希望自己可以。当教练试图点出这些都是关乎选择时(教练可能会说，"你开会可以不用迟到""我们可以一起解决这个问题")，那些拥有"规范主导"心智的人可能会适当地抵挡回去(他们可能会说，"我总是迟到，我就是这样的人")。所以这可能会让教练觉得这个人企图推卸责任，但是具有"规范主导"心智的被教练者，实际上还是无法想象自己可以去改变那些事情——可以想象自己能够创作自我人格是"自主导向"心智者的一个特质，而"规范主导"心智的人还没有成长到那个阶段。

类似的——但是又不尽相同的——这个阶段的人会被自己的权力感困住。正是由于这点，人们通常会觉得自己需要紧紧地掌控每一件事，因为他们相信如果自己是真的领导者，就必然要这样做。当具有这种心智结构时，他们有时会感觉极度的无能为力，有时又可能会承担太多责任，过度觉得自己有权力，所以当发现自己并不能掌控每件事时，他们会感到震惊(并且对自己和他人感到沮丧)。

教练的主要特质

在这些情况下的完美教练会面临一个关键的矛盾点。"规范主导"心智者通常会希望教练告诉他们要做什么并且解决他们的问题。这就表示他们倾向寻找善于提出策略和直接针对问题的教练。短期来看，这是非常有用的，因为擅长策略的教练(刚好也提供了正确的方向)，短期内可以带来显著的进步。问题是将其作为长期的策略可能并不合适，因为它只会增进客户的技巧，不会使客户的领悟能力成长。如果领导者的角色在此需要以更多的"自主导向"心智来看世界，那么单一性的技巧指导只会让教练成为客户成功故事中不可或缺的角色，就像一名重要的指挥官在随时待命。虽然我们都希望对客户的成功有所贡献，但是我们大部分人都想要从旁协助，让客户最终可以在没有我们的情况下，掌握自己的成功。在此阶段只指导客户的技巧面而没有协助其转化，带来的风险是教练成为客户意义建构的核心声音——而没有协助客户学会质疑其他所有的声音，最终以内在、自主导向的声音取代那些外在声音。

然而，有些教练相当享受成为客户决策核心中不可或缺的一分子。这些教练可能是由于权力或影响力的欲望未被满足，所以转由指导客户以满足那些需求。一名想要更有权力的教练对于"规范主导"心智者的发展是有危险的，因为教练可能会企图成为客户的外在声音，而不是帮助客户去建立自己的声音。

这个矛盾点的另一个极端表现就是那些不喜欢成为中心角色、更有可能是从不陈述自己意见的教练，对于完全"规范主导"心智结构的人来说，也不太可能有什么帮助。"规范主导"的被教练者，有一部分其实是在寻找可以帮助她成长的专家和权威人士。这种情况下，客户会寻求教练的指引，而保留指引的教练则期望客户可以聆听自己的内在声音，因此不一定会注意到客户目前的内在声音是寻求一种可以追随的外在声音。我认识的一位资深心智发展教练，她变成客户提升专业的专家代表。她把自己定位为协助客户发展内在专家的外部专家(当然，她的确是)。相较于其他客户，她提供了更多的建议和作业，她的目标是要确保自己给予的练习作业对于提升客户聆听自己声音的能力有所帮助。当她聆听客户的声音或使该声音得到强化时，客户除了感觉自己被支持外，也感到自己的成长得到了协助。

转化的益处与代价

有一点应该很明显，心智发展教练对于目前通过"规范主导"心智结构来看世界的人来说，是有极大帮助的。有相当多指导干预就是以这种方式来支持人们的。这是由于转化(或蜕变)的益处可以普遍被教练、领导者本人或他们身边的人(或以上三者)所理解：领导者更加可能会用其他人看起来比较"像个领导者"的方式去看世界和看他们自己。

可能比较少的人会明白这类心智结构的人在转化面前所要付出的代价。每种心智结构的发展都必须付出代价，但是因为此种心智结构转化后的益处最显著而且值得期待，所以相对要付出的代价最容易被忽略。然而，这些代价可能会很严酷。人们会发现他们失去了自己先前的根本信念——这是由一种心智结构发展到另一种心智结构时常见的经验。由"以我为尊"进入"规范主导"的心智结构时，周围心智发展比较完整的人通常会为你感到欣喜；然而，由"规范主导"进入"自主导向"心智结构时，他人的感受则可以是非常复杂的。即使其他人希望他们可以发展出更趋近"自主导向"的心智结构(通常是希望那个人可以更加自主，或者减少依赖他人的意见或期待)，但是当实际进入"自主导向"心智时，可能又会让别人感到被拒绝，或者对于这些人发展到"规范主导"和"自主导向"心智结构的中间地带时的古怪想法和观点感到困惑，当然这是指周围会关心"规范主导"心智发展的人所出现的情形。如同我在第二章所提到的，在"规范主导"心智的人的生活中可能会有人因为此人的成长和发展而感到被抛弃或背叛。这对于所有存在的宝贵关系，如父母与他们成年的孩子、工作的同事、老师和他们的成人学生，还有情侣之间，都是一个困难的时刻。在这段过渡期内，关爱、忠诚和权力的议题会发生转移和改变，并且由于心智转移只发生在正在发展的个体身上(但是无法神奇地将周围人的心智也一起转变)，所以对所有人来说，这都可能是一个煎熬的过渡期。

无论如何，我并非要劝阻各位在此时提供发展上的支持，而是试着提供一个有关这段时间的改变可能会有多么复杂的观点，以及客户的生活将会需要多少不同面向的支持。

教练过程、策略和心态

在很多方面，从"规范主导"向"自我导向"转换的心智结构是最令人感到熟悉的指导(或治疗或领导力发展等)方法。在这些互动过程中，教练最关心的是帮助客户发现并学习去相信自己的内在声音，可以是协助客户创建良好的边界，帮助他弄清楚自己到底相信什么和相信的理由，以及协助他在面对重要人士的不同声音时，仍能坚持自己的意见(或者在考量他人的意见后适度修改自己的意见，但在面对他人的强烈观点时，不会放弃自己的观点)。除了其他所有你可能已经知道可以用来协助此类客户的工具之外，我发现有三种方法，对我的工作很有帮助。

质疑权威 一个关键但却非常困难的发展空间，是帮助客户注意到一种声音——那些他视为绝对可靠的指引，用来制定世界最佳生活方式的声音。客户通常会被这类指引所俘虏，并且会简单地将这些意见和观点视为世界的真相(即使带来那些意见和观点的理论或良师在很久之前就已经离开被教练者的生活世界)。随着时间的推移，教练可以温和地帮助客户开始明白那些外在的指引方式并非始终都有用。同样，教练也可以帮助客户认清当被视为重要的人的声音彼此间相互拉扯时，那种像被撕裂般的痛苦感受。目前以这种心智结构看世界的客户，通过协助可以看到权威的各种不同来源，并不限于自己目前所推崇的来源(如工作头衔、教育背景、年资或是任何客户所相信权威应备的核心条件)。当客户对于权威源头的理解发生转移和改变时，他便更有空间将自己和正在成长的"自主导向"观点并列于被认可的权威清单上。

重写定义 另外一件会使"规范主导"心智结构的人感到惊讶的事情，就是他们会发现原来自己所认定的"成功""能力"或"诚信"等定义是可以被改写的，而且自己就可以修改。这个理念通常都会令此类型客户感到过于意外，以至于他们几乎无法想象，他们会问："为什么你认为我可以改变'成功'的定义呢？每个人都知道成功是什么模样，你是不能擅自修改它的！"由于他们脑中被植入了这些由外界所产生的定义，所以会发现自己无法控制生活中的重要力量。在事情进展顺利的时候，这种想法是没有问题的，但是当事情变得复杂或情况改变时，如当原本仕途顺利的小姐变成母亲后，发现自己需要大幅改变运用时间的方式。这时候，原本那些老旧的定义就变成了妨碍而不是有用的支持。如果她无法自己改写定义，就会被困在旧有的定义和新生活之间，以及这两者不兼容的本质之间。

专注于"自主" 与其着力于上述工作和生活平衡的议题，心智发展导向的教练不如去观察有哪些定义植入在被教练者的脑中。教练可以帮助此人发现自己正在编写哪些事情，哪些事情她感到无力编写，然后去思考其中某些边界是否有改变的可能。当客户能够开始越来越多地把握生活中的主要力量时，"自主"的想法——"谁能编写哪些事情"——就可成为此类教练活动的核心。

留意此章节开头的教练史蒂夫，他其实就尝试让安妮去思考这个问题，借以帮助安妮去思考自己的生活是被写成"胜利的英雄"还是"落难的英雄"。史蒂夫的想法是安妮可以通过审视自己的故事，进而留意到她将自己写成"落难的英雄"(假设真实情况是这样)，然后去重新编写这个故事。然而如果没有经过精心铺垫"自己可以编写故事"这个核心理念的话，安妮感受到的灰心可能就会多于鼓舞，就好像听到自己具有某种固定的缺陷会妨害她未来成功的机会似的。安妮可能认为如果她的信念是自我设限，那么她就无法改变什么，只能一直被限制住。而史蒂夫的观点则是安妮可以改变自己生命的力量，并能改写自己的故事，但是除非安妮能够明白这个道理(并且信服自己的能力可以做到这件事)，否则她不太可能对这个前景感到兴奋。

教练与"自主导向"心智者及更上层者

就心智发展而言，那些通过"自主导向"心智结构看世界的人，在很多方面都具备了一般人期待在领导者身上看到的特质和能力。他们能够看到一个情况的全面性、比较少情绪反应，在压力情况下，他们可以选择表达什么反应(而不像他们处于"规范主导"心智模式时一样，认为反应是被情况决定的)。当他们发现能够帮助自己做出困难决定的内在罗盘时，就可以区分自己和他人之间的观点，并且拥有自己的"正北方"(true north)。

然而，拥有这些心智能力的领导者并不代表他们一定具备做好自身工作所需的技巧或知识。一个较偏向"规范主导"心智结构的人可能在聆听他人观点时会有困难，因为她被嵌入自己的观点里(而且无法从中跳脱出来)；一个具有"自主导向"心智结构的人也可能对他人的观点不感兴趣或欠缺聆听技巧去引出他人的观点，如同我时常提醒教练们的：有能耐（capacity）做这件事和有技巧（skill）做这件事是不同的。而这两者与渴望（desire to）做这件事又不一样①。

　　以乔纳森为例，他在一个大型信息公司担任经理，做得非常成功。然而他因为没有听取直属同事对一个非常在意的议题——工作分担（job sharing）——的观点，而在他的执行长那里惹了大麻烦。乔纳森之所以驳回同事们的请求而且不再讨论，是因为觉得这个请求无益于他在其部门所做工作的持续进行。同事们非常生气，于是直接找执行长报告。执行长已经听到过乔纳森在其他情况里也有过类似的做法，所以建议乔纳森进行教练活动。他的教练看出乔纳森没有同理其他人观点的能力，所以不禁怀疑他是否具备同理不同观点的"领悟力"。这位心智发展教练明白当某人主要通过"规范主导"心智模式来看世界时，可能无法同时容纳同事的观点、被嵌入脑中的组织观点和他自己的观点——对他来说，要同时容纳这些不同的观点实在是太多了。然而在与乔纳森谈话后，教练能够感觉到他具备自主的能力。此外，教练发现其实乔纳森能够接受他人的观点，但是在业务状况下，面临难以置信的时间和资源压力时，为了要符合严格的截止日期，他没有看到行使（exercising）这种能力的需要。所以乔纳森需要的是技巧（慢下来并且真的去聆听他人的观点）与知识（当人们心烦意乱时，忽略他们并不会使问题消失），而不是更进一步去扩大心智的发展。重点在于领悟力和技巧是相当不同的两件事，在面对"自主导向"心智结构时，教练需要帮助领导者发展能够充分利用自己复杂的"自主导向"心智结构的技能，而不是帮助发展同时可以扩展其心智的技能（如同你在指导"以我为尊"或"规范主导"心智结构的被教练者时一样）。

----

　　①　对于教练来说，了解客户目前的能力（如此人是否符合做这件事的要求，也就是他是否拥有足够的智力、经验或目前发展上的领悟能力），目前的技巧（如他是否知道该怎么做）以及目前的渴望是重要的。这会被联结到普遍的技巧和意愿方面的问题，但是关于发展的领悟能力问题可能是第一个你想了解的问题，甚至是在你询问技巧或意愿的相关问题之前，你就想了解。

对于某些通过"自主导向"心智结构看世界的人，有两个潜在发展空间。一方面可以强化自己的"自主导向"心智结构，延伸至更多领域并让自己可以更一致性地运用它(因为可能在某些生活领域，个体在维持"自主导向"心智结构的运作会比较困难)。或者她可以扩展"自主导向"心智结构进入更加"内观自变"心智结构的空间。我通常会让我的客户清楚明白这些选择，也会说明对于大多数(不是全部)领导职位来说，"自主导向"心智结构相当符合领导力发展的需求。

被教练者的主要特质

与其他发展阶段的心智结构一样，目前通过"自主导向"心智结构看世界的被教练者也会展现出一系列不同的人格和观点。不过他们的共同之处是有能力相信自己可以主导自身的观点和环境。他们倾向于理解自己工作时的责任和职权，并且当事情出状况时，他们会承担适当的责任(与此相对的是那些比较多"规范主导"心智结构的人，可能会承担不是太多，就是太少的责任)。

然而，如同其他拥有任何心智结构的人一样，具有"自主导向"心智结构的人也会被自己的观点所束缚而忽视了其他不同的选项。通常这是因为他们"自主导向"的价值和原则过于强烈，以致被自我主观的信念所控制，进而无法想象其他的可能性。当这些人开始迈向"内观自变"的心智结构时，这种情形就会开始转变。在此阶段，他们强硬的观点会开始软化，并且他们会开始思考其他竞争想法的益处(即使表面上那些想法看起来与其深信不疑的价值观或原则不相符)。

教练的主要特质

对于一个"自主导向"心智结构或超越此层级的人来说，教练必须具有足够的内在自主性，才能取得他们的尊重，只有外在标记或认证资格，在这里是不够的。对每种心智结构的客户来说，能够获得教练的理解，以及感受到教练真正理解他们的真实内在，是非常重要的。越复杂的客户，对教练具备反映其复杂性的能力要求越高。对教练来说，理解心智发展理论最重要的一个益处就是它可以将你提问和聆听的内容，扩展到超越自我的心智结构。如此一来，当教练在协助他们最复杂的客户时，心智发展理论可以作为其自身行动的临时支架。

转化的益处与代价

很明显，我们可看到不同类型的领导位置，都非常适合"自主导向"领导者的能力和观点。对于这些领导者，转化心智结构很可能会付出代价，而且在某些方面，会超过他们目前工作所分派的任务。在其他的情境中，当领导者成长时，领导的角色(或影响力)会随之增强，产生对个人和组织都有益的扩展。

然而有些领导职位，最初就需要一位超越"自主导向"心智模式的领导者。玛利(Mary)是一家所谓协助客户"转化观点"的专业服务公司的创立者和首席执行长。玛利开始这个工作之前，已经在各种大型公司工作过。她希望这个公司呈现价值观的方式与她曾经待过的公司不同。她想要她的同事们利用公司和她们彼此的伙伴关系去制定出她们最重视的价值观和原则，并且挑战彼此的想法，如此一来，她们不断成长的能力会因为被此种工作吸引进入公司的流动人才而更加稳固。但是，玛利逐渐感到巨大的挫败，因为公司里似乎所有人都依赖着她，每个人似乎都希望从她那里获得赞同和鼓励。和教练一起探索后，玛利看到她所创造的组织动态模式恰好就是自己感到挫败的部分。最后，她也尴尬地看出她最想要同事们制定的价值观，其实就是她自己的价值观，而且她大多时候希望她们按照自己的方式去执行那些价值观。玛利发现她必须同时保有两个自相矛盾的观点：一个是促成她去创立这个公司的价值观；另一个则是如果她的价值观成功，这个公司可能会反映出与她非常不同的价值观。对玛利来说，朝"内观自变"的心智空间迈进是成为自己所希望的那种"转化型领导者"以及建立一个她心目中最理想公司的唯一方法[①]。

每个心智发展过程都会带来代价和益处，从"自主导向"发展到"内观自变"的代价是最需要小心平衡的，而且它的益处可以说是最不明显的。大多数情况下，组织和领导力的世界主要在寻求和奖励"自主导向"的行为。领导者会因为变得越来越"自主导向"而得到鼓励，并且组织和外在世界可能都同意拥有"自主导向"的心智结构与它能得到的益处是相等的。

离开并且进入更高一层的空间(一个只有少数的典范和些许的社会支持的心理空间)，会让人感觉好像从悬崖边往下跳。有一位善于表达的客户，当她考虑超越目前的"自主导向"心智结构时，她说："这就像如果世界现在是平的，当我凝视地平线时，却发现它是圆弧，我害怕假如我踏入圆弧的部分，当我回头看时，我所熟知的平坦部分也变成圆弧。另外，我也害怕如果我回头，我会发现自己所理解的世界不见了。它改变了每件事，一切都大不相同，而我将会重新站在自己所知的起点。"

重新组织"她是谁"和"过去她所知道的一切"是一种强大又带着恐惧的前景。身为一个极度成功的女强人，她会面对迈入新的心智发展空间可能会使她效率和成功机会降低的恐惧。她害怕自己会丧失某些人所谓的"她的雄心壮志"，也害怕可能会失去确定性。离开"自主导向"的空间意味着你长久以来努力创造的"自我管辖"(self-governing)系统已经不够好，现在只能放下这个心智结构，放弃从前确定的想法，然后不顾一切地往前迈进。因为采取那个步骤不被多数的社会或工作压力所支持，所以这会是个非常困难的决定。

指导过程、策略和心态

通过这种心智结构看世界的客户会倾向严密地控制他们的教练活动。他们可以明确说出自己的目标和成功感的样貌。因为如此，心智发展教练可以

---

① 乔伊纳(Joiner)和约瑟夫斯(Josephs)在他们的书中详细谈论这些"后自主导向"领导者的不同能力。请参阅：*Leadership agility：Five levels of mastery for anticipating and initiating change*（San Francisco：Jossey-Bass，2006）.

让客户在教练活动的体会中确实感受到附加价值，她可以对客户提出一系列不论她如何深思熟虑，也可能从来都没有思考过的问题或想法。

当心智发展教练的客户是处于"自主导向"心智结构时，教练应该对客户有清楚明确的发展对话。最好详尽地与客户谈论发展方面的议题。那些具有"自主导向"意义建构系统的人通常不会想到超越自己目前的阶段之后还有发展空间（反之，许多拥有较多"规范主导"心智结构的人听到他人描述某种内在声音时，他们可能意识到自己有所缺失）。超过"自主导向"心智结构还有一层完善的意义空间，这样的想法本身对此发展层级的人来说是一大挑战。

让客户了解完整的成人心智发展理论的另一大优点是帮助"自主导向"的领导者去看到自己周遭潜在的多样意义建构系统。领导者就像其他所有人一样，可能会坚信每个人都应该具有自己的意义建构方式和能力。如同其他个别差异的理论（如性别和文化理论、职业性格测试等）会令人大开眼界，成人心智发展理论可以颠覆领导者对待和栽培同事的方式（请参阅可供复印的附录，它可以指引客户快速认识这些想法）。

与其他各种心智结构的客户一样，教练可以提出一些有帮助的问题——关于此人设定的目标，听起来是需要在技巧、技术方面进行改变还是需要更多转化或心智发展方面的改变。如果转化对于达到客户目标最有帮助，主要的任务就是让客户的"自主导向"系统能反射到更多的客体，并且让客户接触那些意义建构系统与自己不同甚至是更宽广的人，然后从中看出其价值。有很多不同的方式可以达成这个目标。

探索非此即彼的二元化观点 追踪并揭示客户"自主导向"系统，认定世界上必然真理的二分法（如同上述的乔纳森，他认为一个人如果不再从事全职的工作，工作的持续性就会被破坏，工作价值也将会衰退）。向外延伸这些建立起来的二分法，并且询问和中间灰色地带相关的问题，这对每种心智结构都是有用的，尤其对带有"自主导向"心智结构的人特别有帮助，因为这可以鼓励他们写下并改写自己的故事——扩展它们，或者甚至让客户发现单一的"自主导向"故事是不够的，因而决定往更多"内观自变"的空间迈向。

揭开假设 即使处于"自主导向"的心智空间，他们觉得自己是以原则与价值观来活出他们的自主性的同时，他们也是被自己信奉理念背后的假设所支配的。这些假设——关于哪些事情必然是一起发生的、世界上的人是怎样、人际关系是如何建立的或者领导力看起来应该是什么样子的——创造出领导者生活世界的样貌。为了帮助扩展领导者的世界观，教练可以聆听这些被假定为事实的假设，它们是客户所述说的问题和行动背后的基础。我曾经指导过一名经理人，他相信自己组织的高阶领导者都已经够优秀了，没有空间能够再变得更好。他把希望锁定在公司内其他阶层的领导者身上，也是他想把组织资源投注的地方。因为他"坚信"组织最高阶层的人是不可能改变的，所以他不会花力气去改变他们(正好维持了他最初的信念)。一旦他质疑自己的信念，开始投资自己的高阶团队，那些高阶领导者就会开始出现一些细微的进步。这件事可以帮助这位经理人发现并质疑自己最初的信念，借以敞开心胸去执行其他可能的选择①。

寻找睿智的导师和思考的伙伴 对所有客户来说，找到可以支持和重视其工作的导师是有益的。但是对于在"自主导向"发展空间，同时也正在考虑超越此阶段的人来说，可以找到新榜样的一位睿智或已经发展至更高阶段的导师更显重要。因为从"自主导向"发展到"内观主导"会带来一系列惨痛的代价，也因为多数组织都欠缺高度发展的典范。我极力呼吁客户去寻找他们认为"睿智"的人，然后开始分析是什么让他们产生"智慧"的感觉？领导者可能会抗拒接受失去"自主导向"心智后的结果(失去清晰的思考、失去对于最佳方法的信念等)，所以看到导师展现出超越损失之后所抵达的空间时，会对他们带来极大的帮助。同样，在此空间的领导者需要思想上的伙伴——可以提出好问题，同时帮助领导者看到他们以前没有注意到的事情。虽然这本身看起来就像是优秀的教练活动，然而正在超越"自主导向"心智结构的领导者会发

---

① 想要帮助他人通过一个活动有效地揭示或浮现他人不单只是简单的假设，而是更深层的"大假设"，请参阅：Robert Kegan，& Lisa Lahey. *Immunity to Change*（Boston：Harvard Business School Press，2009）.

现，他们对他本质上很像一名好教练，但是迈向超越"自主导向"心智模式的
领导者会发现自己对思考伙伴的渴望在增加，而现有的人选却十分匮乏。

质疑必然性 最后，对于想要成长并超越"自主导向"心智结构的人来说，
一项最有用的心智习惯 (habits of mind) 就是去发展质疑能力。尤其是那些本
身确定感非常高，因此也对学习新事物最不感兴趣的客户。我会极力呼吁他
们去质疑自己认为了解的事情，去怀疑自己如何能在如此不确定的世界里发
现必然性。虽然领导者对于自己工作中的某些面向必然是确定的，但是我的
经验是领导者对事情感到确定的原因比较可能是因为他们对某范围的工作缺
乏好奇心，而不是因为他们已经掌握了完整的资料而排除"不确定"这个选项。
每当领导者开始注意到自己的确定性时，不妨停下来问自己："在此空间，是
什么阻挡我的质疑，以及我如何可以敞开心胸学习?"的问题，愿意把自己的
确定信念放置在风险下检视，是让"自主导向"心智能(往下一阶段)持续成长
的一个重要特征。表 4-1 总结了不同心智结构的主要特征以及有助于他们发展
的教练介入。

表 4-1 主要特征与教练介入的汇整

心智结构	主要特征	教练介入的主轴
以我为尊	对心理运作或抽象概念只有很少甚至是没有感觉。如果教练手法过于心理层面，可能会产生抗拒。	不带批判的聆听； 将焦点放在战术上； 改变他人前，先改变自己的想法。
规范主导	自我感来自他人或他们的角色。他们可能会觉得无力改变自己或认为他们可以解决任何事而可能承担太多责任。	质疑权威； 重写定义； 专注于"自主"。
自主导向及以上	自我感是内在创造出来的。取决于"自主导向"的轨迹，可能会严密防守自己的想法或放松边界以便将他人融入自己的思想。	探索非黑即白的二元化观点； 揭开假设； 寻找睿智的导师与思考的伙伴。

心智结构的知识对教练同等重要

本章着重于客户心智结构的发展，以及教练对不同的客户在其各自发展阶段可能最有发展性的特定介入活动。不过我们也应该像了解客户一样去探索教练本身的心智发展层级部分。当我们试着去帮助他人时，我们本身的心智结构是如何将我们个人的经验组织起来，让我们看到某些特定的可能性，而没有看到其他的可能性？答案是心智结构可能对这些有很多的影响。身为教练，我们需要知道自己发展到哪个层次，才能充分地利用我们的机会去支持和帮助我们的客户？

我对教练活动的感觉就像领导力一样，有其特定发展性的要求，而这种要求是指我们要能够了解到自己的意见、立场和感受与我们的客户有什么不同。我们必须非常清楚地了解组织内的人很有可能与我们的观点不一样；我们必须要能够理解被客户喜欢和把工作做好之间的差异；我们必须可以使用多种理论和工具，而不是被它们所利用——选择什么时候该使用哪个特定工具，而不是成为一个系统想法或另一种思想的信徒。所有这些要求都是"自主导向"（或以上层级）意义系统的一些能力和特质。但是考量到"自主导向"意义系统的数量在这个广大的世界里并不太多，难道我们要收回那些未发展到"自主导向"心智结构教练的证书或许可吗？即使我们可以这么做（实际上我们不能），此想法也与本书的几个主要观点非常不相符：本书不断强调我们可以成长至自我所要求的，也可以支持他人成长，使其符合要求。所以问题在于：我们如何将自己最高的希望、抱负与目前能力间的差距进行调适，以及我们如何支持自己的成长？

一点点的自我诊断大有作用 对很多教练来说，只是学习该理论就具有发展性，当我们开始问自己一些和理论相关的发展性问题时，就会开始用不同的方式去聆听自己的答案。当我们在不同抉择、强烈情绪或任何可能在自己意义构建的边际地带努力挣扎时，就可以看到自己的内在并开始明白我们最执着的想法是哪一个，以及我们如何衡量各种选择间的比重和谁正在编写我们的反应。询问第三章里的一系列边界问题会是一个好的开始，而这本书还提供了各种支持发展的方法。仅仅聚焦于发展的关键问题就可以从主体达到客体以及个人内部的发展空间。

将各理论糅在一起　跟其他能反思的成年人一样，教练倾向拥有特定的理论或信念来引导自己每天的工作。我们会有自己习惯处理事情的模式和方法。我们使用独特的工具或想法来理解一个情况，并且提供客户见解。当这么做时，有时候我们会有目的性地使用我们的工具和观点，有时甚至是在自己无意识的情况下，通过那些工具和观点的镜头来检视。我们希望本书成为一个有用的工具，特别是在理解世界这一部分，所以任何发展理论也只限于某些重要方面。接受新理论并把它们结合在一起（尤其是那些互相对立的理论、实务或想法）让我们实际体会到抱持着这些悖论对人类的意义为何。例如，同时抱持着个人发展理论（类似这一个）和系统及团体工作如何影响彼此的理论可能会产生冲突——有时候对于相同的事件，为了寻求特定方法或不一致解释的合理性，这两种理论会产生直接竞争的情形。虽然这些不一致会让人感到困扰，但在处理重要议题时，可以帮助我们在心智上维持一种弹性。

聆听可推翻自己的理据　我教导领导者如何聆听、学习并扩展解决方案的空间，以及扩展创建解决方案的人数。教练，一般来说都是很优秀的聆听者，但是我接触过的那些教练指出，他们是使用了独特的聆听方式来让自己成为很棒的聆听者。这表示他们通常会借由聆听去认识他们的客户，以及客户的观点、想法和行为。但是他们倾向于通过较容易探索的途径去聆听，并将客户的想法和需要填入熟悉的模式里。然而，这一类的意义建构理论却会要求采用另一种不同的方式来进行聆听，就是聆听一些不一样的声音，而不只是将听到的填入自己熟悉的模板里。当聆听客户的意义建构时，核心问题不仅仅是简单的"我认为客户对这件事情的理解是什么？"（虽然这是一个相当好的问题），而是"我对客户对此事的理解是否有可能是错的？"第一个问题引导我们去询问客户问题，而第二个则需要我们向自己提问。

将自己置于成长的风险之中 持续支持客户成长与发展是我们身为教练的主要工作内容之一。我们要求客户尝试新事物、质疑自己的信念和假设并想象一个各种可能组合的更大局面。身为发展导向的教练，有部分工作是记得为我们自己做这些事、质疑我们自己的假设和将重要的想法置于风险之中。这意味着要去找出那些意义建构的部分可会令我们感到恐惧。这也表示要朝着危险区域前进，并且质疑自己最重视的信念。通常在类似教练的领域内，我们会被很多不同的成长和学习方式所吸引。但是那些方式仍是会偏向某种模式，像是教练会寻求产生共鸣的特定领域，以及他们感觉自己做得最好的领域，也就是最不会令他们感到害怕(或者虽然会令他们害怕，但是却是最可控制的)的领域。真切地面对我们自己的发展问题，也让我们去注意令自己感到恐惧以及不想做的事情。

结　论

在此章节，我提供了发展性教练的工具与练习，也提醒各位读者、被教练者和我们自己可能要付出的发展性代价。至今我仍未将单纯地能够聆听客户的意义结构这回事说成是多么重要的天赋。因为我们往往没有任何方式和自己的思考结构保持距离，当你在指导客户时，只要心中怀着一套结构性的理论框架就可以打开新的方式，来帮助客户观照他们自己的内在世界。我提供客户这些想法并不是要将他们塞进某个盒子里，或者是找出大量复制他们成长的方式，而是提供他们接触到属于他们自我内在未被开垦的领域，以及一些将来想要成为什么样的人的新选择。发展性的观点基本上是一种充满希望的观点，因为它总是在寻找让我们可以扩大的方法。通过重视客户和我们自己，探讨他们目前的意义建构和旅程，我们很荣幸地实践了所谓人类的辉煌与不完美。

第五章　专业发展的蜕变

　　黛安娜(Diane)以转职者的身份报了一个专业发展课程，想要学习新的专业并将新的方式应用到工作中。她注册了一个实务的硕士学位课程，有课堂内容也有实习活动。虽然她喜欢这个课程，但是当她看到课程系列只从单一的哲理及技巧面开展，而并非让她挑选多样的组合时，她感到失望。她认为一个成人的专业课程应该提供多样化的选择内容，如此她才能从中找出最适合自己的方法。

　　菲尔(Phil)对于他的专业发展课程则有相当不同的看法。他也正在进行职业生涯转换，但是他觉得课程太过分散，哲理讲授的部分多到不成比例及广泛，技巧彼此之间没有很强的关联性，也无法与他实际工作面相联结。菲尔认为这是一个成人的转职课程，它应该提供新进专业者所需要的模式，一个简单而一致的，并且应该删除导致过度复杂性的多余观点和模式。

像我们这种对于提供成人专业学习经验感兴趣的人，这组故事可以让我们探讨许多事情。我们可以试着找出对于学习者来说介于太多和太少理论之间，以及理念种类太多与复杂度太高之间的最适点。这个案例让人感到难以理解的部分是黛安娜和菲尔都注册了相同的课程、选修相同的课程并且从事相同的专业实习活动，而且朝着相同的终极目标前进。如果你曾经在上课时坐在他们旁边，你会知道他们是一起修课的；但是如果你只听他们谈论自己的课程，你必定会以为他们进入了完全不同的课程①。

在本书的前四章里，我们主要探讨了个人的心智层级如何影响其理解和联系世界的方式。不过我们多数人的工作责任都是针对集体(collective)而不是个人的，而且我们通常从群体而不是个人的角度思考工作。因此，思考心智发展理论(归根结底这是有关个体意义建构的理论)如何可以在集体的情况下对我们有帮助？

我的一个主要身份是老师。当我在对领导者进行一对一指导或咨询活动时；当我在对一群中高阶主管教授长期领导力发展课程时；当我在对 250 人演说时；或者当我独自一人在撰写这本书，四周只有暖气运作的声音陪伴我时，我都把自己视为一位老师。在以上任何一种范畴，我都认为带有"心智发展"的框架来思考，可以帮助我更好地了解我的听众(不论他们人数多寡)，但是如果我脑中没有这个理论，我可能对我的听众有完全不同的理解。

在第一章中，我说明了帮助我们学会新事物 (stuff)的学习(如新的计算机程序或会计系统)和改变我们如何思考对(how we think)已知事物的学习(如一种新的组织架构或理论帮助我们理解已知的事情，以及从旧知识中看出新模式)之间的差异。这是信息性学习(informational learning)和转化性学习(transformational learning)之间的区别。信息性学习增加你所知内容——在你相关领域的事实、程序和内容——的储存量。转化性学习则实际改变了你所知的形式——它使你可以重新思考之前想过的事情，并且以崭新的方式去看它们。

明白"领导者应该要分配时间投入在看台与舞池"的这个概念是一种信息性学习，因为它让你对领导者应该做什么及其原因有了新的想法。但当领导者实际站到看台并往下看时，这可以是一种转化性行为，因为当你真正拉开距离去看自己的工作模式和关系时，你可能会改变自己一直以来所看到的事情。当你持续这样做时，你理解的范畴会扩展，更多事情会由主体移往客体，

① 更多关于此概念的说明，请参阅：Jennifer G. Berger, *Exploring the connection between teacher education practice and adult development theory* (Unpublished doctoral dissertation, Cambridge, MA：Harvard University Graduate School of Education, 2002).

而且当你看到和理解更多之后，你的视野将变得更广阔，然后就会接触到你自己不曾浮现过的选择和想法。不过此案例就和其他许多案例一样，是它们两者（信息性学习的"那是什么信息"以及转化性学习的"资料会怎样被用"）共同促成蜕变的。

在此章节里，我会探讨转化性学习，但并非因为信息性学习不重要（它是重要的），而是因为成人心智发展理论能帮助我们理解转化性学习①。成人心智发展理论帮助我们理解当我们在说"转化（或蜕变）"时，其内涵是指心智结构（the form of mind）的改变，以及如何运用技巧协助我们将想法由主体移往客体，来鼓励这种改变。这些理论赋予我们一个有组织的架构以协助对转化性学习有兴趣的个人去思考真正能促动转化的要素。对我来说，当我们在设计一个具转化性经验的专业发展课程时，有两个主要元素需要考虑：此课程必须要具有"心智上足够宽广的跨层级空间"（psychologically spacious），而且它们必须能引导思维结构的转变。无论你是正在设计领导力发展体验或试着给予团队支持使其更有效能，都可把这两个要素融入课程中，使其具备转化性。

心智上足够宽广的跨层级空间

有时候，我们会运用个别差异理论去试着强化我们的课堂设计，如此一来，学习就比较能锁定在我们所面对团体的特殊需求上。例如，有一位引导员②正在

---

① 如果想要参考有关转化性学习（而不必然是发展性取向）的资料，可尝试 Jack Mezirow（Ed.），*Learning as transformation：Critical perspectives on a theory in progress*（San Francisco：Jossey-Bass，2000）.

② 我也曾扮演过此角色的各种头衔。在某些环境下他被称为"培训师"（trainer）；在其他场景他被称作"老师"（teacher）。在某些案例中，他是一个顾问；在某些案例中则是内部员工［有些内部员工也被称为"顾问"（consultants）］。我将使用最普遍的"引导员"（facilitator）来代表所有这些头衔，但是我必须声明我认为"培训老师"在某方面代表的意涵太广，而"引导员"在其他方面所代表的意思可能也过广（因为我们通常要教授独特形式的内容，而不是只要引导一些事情）。我个人偏好使用"老师"来表示此人所从事的事情，但是早期的读者发现，这样太容易被局限于学校的环境。因此本书中我选用"引导员"。

和一群工程师共事，他被告知这群人特别喜欢细节和举例，所以相较于他上周引导诗人团体的方式，他可能会设计一个截然不同的学习体验。在帮助人们学习时，这种针对团体的学习需求而特别选用的技巧和课程，是一种把握时间又尊重他人的方式。

然而，在处理成人的心智发展时，我们不太可能有一个可靠的指引，让我们能够快速发现眼前那个人心智结构的发展位置在哪里。面对一群工程师，他们的心智结构可能散布在各个不同的层级。诗人、总裁、社工、商店员工，他们的心智结构也可能分散于各个发展层级。事实上，大多数环境里的成人，可能至少是"社会规范"和"自主导向"心智模式的混合，不过根据听众的年龄和其他特质，某个群体的心智层级可能横跨"以我为尊"到"内观自变"的心智。考量到这种潜在可能，如果你的课程只锁定在某种心智结构，通常不是一个有用的方式。

相反，心智发展理论可以扩展我们的设计和教学，使其具有跨越不同心智层级的心智发展空间，同时也可以尽量涵盖不同的意义建构系统。这也表示我们需要用新的方式去思考一些事情，如我们如何和一个团体开始（切入点）、如何协助他们与我们的知识联结（与权威和真相的关系），以及我们如何判断自己成功与否（成功的结果）。

切入点

当我尝试去创建一个跨层级心智空间的专业发展课程时，第一件事就是去想象内容中原本已有的切入点（entry points），以及我还可以加些什么才能为参与者扩大这个心智发展空间。这里，就如同许多我们惯常的人际互动一样，我们的计划经常是建立在他人进入内容的方式是和我们自己的方式很相似的假设上。即使不完全一样，起码是与我们很熟悉的某人或某团体进入内容的方式很相似的。这是很自然的事。但是如果我们想让每个人都进入学习，而不是只有那些与我们有相似特质或我们感觉最熟悉的人才可以进入学习的话，那么这种锁定特定群体的方式就不完全有帮助了。

举个例子，最近我参加了一个探讨组织文化的工作坊。顾问很清楚地说明了他们公司创办人所设计的理论版本，整理了许多此理论在多种文化和环境中被测试与发现为正确的方法，然后使用这个理论向管理团队展示他们所理解的组织文化和组织内部其他员工所看到的组织文化之间的差异。

以我的观点来看，这个带领良好又受欢迎的工作坊只能提供相当小范围的意义建构系统的切入点。表 5-1 列出了此工作坊的主要元素，以及他们与不同心智结构的潜在参与者之间的关系。

表 5-1　组织文化专题讲座的切入点

工作坊的元素	意义建构的假设	最适合的心智结构	差距最远的心智结构	过于复杂的心智结构
描述了一个文化理论，是稳定且持久的，但可能会因工作而转变。	人们理解文化是可以被定义与塑造的。	对于位于"规范主导"与"自主导向"之间以及完全"自主导向"心智结构的人来说，这个关于文化的理论可能感觉熟悉且可以掌握和理解。	对于"以我为尊"心智结构的人来说，如果没有大量清晰的范例，文化本身是过于抽象的东西；文化依赖太多内在和他人的意义建构。同样，主要是"规范主导"心智的人，通常会太深入内部组织文化，而无法看到那个文化，或者甚至没有察觉到有组织文化的存在。	"内观自变"者或抱持着某种信念系统的"自主导向"心智结构的人，可能会相信文化是存在于当下且无法用通用的方法去描述或无法包含在个人或团体的互相联结之间。这些人会希望全面性地去理解它，而且在不同时间针对不同的部分去进行理解。

续表

工作坊的元素	意义建构的假设	最适合的心智结构	差距最远的心智结构	过于复杂的心智结构
文化意指他人想法的集合，不管是想要或不想要，就像自信进取或温暖等元素。	人们可以理解文化是由抽象概念所集合而创建出来的。	"规范主导"者和"自主导向"者可能会被这些想法所吸引。	带着"以我为尊"心智的人，可能会感到困惑，内容对他们而言有些许帮助。一方面，有太多抽象概念；另一方面，明确的好与坏以及相关的规则可能会相当有用。	那些对于文化具有相当统一观点的"规范主导"心智结构的人，可能会简单地认为这种想法就是错误的或是误传。有些"自主导向"心智者所具有的理论可能会与此互相冲突。"内观自变"心智结构者可能会抗拒这种正反两面元素的二分法特性，他们会看到更多灰色地带和相互间的联结。
专家提供带有数据支持的理论(那些数据揭示了组织的真实面貌)。	足够的文化调研阅历为此独特的文化调查提供了权威性。	这里有很大空间的假设。"以我为尊"者"规范主导"者和一些"自主导向"心智模式者对这些想法可能感到很自在。	这些假设由被认可的权威所支持，并且提供了一种数据导向的真实性，即使是相当"以我为尊"的领导者都可能会被吸引。	有些"自主导向"者对于文化抱持着不同的理论；或者那些更偏向使用"内观自变"心智看世界者比较不相信个体有能力用稳定的方式去测量文化，他们相信文化是在当下产生的。

从表 5-1 的一系列观点，你可以发现这个工作坊的门槛是开放给那些接近"自主导向"心智的人（刚过渡到或才刚超越此心智层级不久的人）。由于许多领导者的心智都位于此阶层，因此这可能是一个很不错的目标听众。然而就像前一章的史蒂夫一样，一名在此层级的引导员可能会发现，通过考虑存在各种心智层级差异性的可能，将会扩大她切入点途径的选择。若能将"以我为尊"和"内观自变"心智可能会存在的想法考虑进去则是特别有帮助的，因为在设计组织学习课程时，这两种心智是经常被忽略的一群。创建这些开放的空间不只对其他心智结构的领导者有帮助，同时也腾出空间接纳所有不同的观点，以及我们有时候会对（比自己惯常系统狭隘或宽广的）意义建构系统展开临时的探索①。如果要吸引不同心智结构的人，那么在一开始就需要回答他们提出的不同问题。

"以我为尊"的心智结构 对我有什么好处？我学习这个的具体理由是什么？结束时，我在哪些方面会变得更好，可以清楚又策略性地呈现出来？这件事如何展示出我需要什么（而不只是告诉我从一组想法转换到另一组，或是从一个游戏或模拟情境转换到真实的生活）？

"规范主导"的心智结构 信息背后的依据是什么？是否有我信任的专业可支持和证明此说法为真实？提供此信息的人背后的专业是什么？（记住，有些主要通过"规范主导"心智结构来看世界的人，他们并不信任传统形式的权威，因此引导员背后可能需要有一系列的专业人士，才能使客户信服。有时候，专业的权威来自实务经验而不是理论，有时则来自于精通当地民情者等。可以利用个人所具备的各种权威的引导员，比较可能在规范主导的世界中接触到更广泛的个体。）

"自主导向"的心智结构 理论是否与我内在的信念和想法相符？为了能够扩展我现有的信念，以及得到（和留下）我想要的东西，这个理论可以让我

---

① 就像我们会因为强烈的压力或焦虑（如公司马上要进行裁员）而感到非比寻常地受限，或者当我们因为一些新的生活事件或新发展的经验（如或许是一个十天的冥想工作坊）而感到非比寻常的豁达。

编辑或调适的空间在哪里？引导员对于揭开这些想法或概念的面纱，并将内部运作展示给我看，让我可以自己做决定的态度又有多开放？引导员认为这是最佳方式的想法有多执着(只要我也相信这是最佳方式就不会有问题，否则就会有问题)？

"内观自变"的心智结构 课程中呈现的对世界的看法和我的观点有多一致？或有多少是可以让我扩展个人的观点的？这里是否有空间容纳细微的不同意见，或者我会感觉引导员有定夺权，直接向我灌输这些想法？这里我可以学到什么？是否有可能在我了解这些想法的同时，在某种程度上帮助我看到它们既是真实也是不真实的一面？作为一个团体，我们如何产生观看这些想法的额外方式？引导员是和我在那个空间共同探索，还是他会开始变得自我防卫？

如同许多优秀的引导员可以做到的一样，在上面的范例中，引导员所设计的切入点很适合"规范主导"和"自主导向"心智的人。不过她如何能联结到那些偏向通过"以我为尊"心智看世界的人呢？她可以清楚地解释文化和其他可量化因素(产能、离职率、病假等)之间的关联性。她可以让团体针对各种抽象类别想出一些具体的范例，借助那些现有的心智结构，使他们从一个情境转换到另一个情境，以产生跨情境范例的人。所有这些微小的改变都可以让这些通过"以我为尊"心智看世界的人扩大他们的心智发展空间，同时也能和其他心智的人有良好的对话与联系。

从团体经验开始，对"内观自变"心智结构的人来说也是一个不错的创造切入点的方法。从一个广阔的多样观点来看(从以学习者为中心的理论到以大脑为基础的学习实务)，创建一个空间让人可以命名并以自身经验为根基是一个重要的技巧，另外从发展的角度来看也是有帮助的。让人们为自己与核心概念(无论是像文化这种抽象概念或是像绩效管理系统这种比较具体的程序)之间的联结命名，可以使每个人有空间以自己的方式进入内容。如果引导员知道团体中的成员分别来自何处也会有帮助。然而，这些都并非易事，因为如果她发现团体中存在多种发展类型，那么她在探讨"权威和真相"议题以及她在了解和描述可能的结果时，都必须格外注意方式方法。

与权威和真相的关系

其他研究个体差异的理论也有些方法可以建议创建足够空间，让许多人得以进入。这些方法通常都是扩大自身对可能性的认知，以及看清楚自己的方法并非等同于最好的方法。文化理论、性别理论、人格类型理论，对于如何创造空间给那些和自己不相同的人，都提供了一些建议。使用这些差异理论作为你的视框，就会随时有不同的技巧提醒你使用多样化的方法：运用头脑一样地去运用身体；利用逻辑的关联模式与更多客观形式的逻辑模式并行；留意空间内所存在的各种信念、习惯或宇宙观。

有许多原因可以说明这些都是优秀的方法，它使你的教学适合教导对象的需求，并且能够将这样或那样的想法零星地散布出去，以获取最多听众的共鸣。但当你考量到意识发展的理念时，这些"欣赏多样性"技巧的问题在于你是在处理人们对世界所潜藏的基本假设，以及自己抱持那些假设的方式。这些并非只是不同信息的处理方式或不同种类语言或不同学习历程，而是我们理解所有事情的方式。说到这方面，没有一个概念比"权威的空间"和"在这世界里什么是真实"的想法更为真实。在意识发展层次的较早阶段，我们不是只会对超过自己掌控范围的复杂想法感到不舒服，更看不到那些想法存在的可能性，因此会对自己或他人的能力做出评判。当我们的意识结构持续发展，不仅可以容纳更多可能性，也可能不再把持曾经非常执着的真相与权威的关系。

要使位居成人意识发展早期阶段的人（那些处于"以我为尊"和"规范主导"的人）感到自在一点，权威的概念在某种程度上需要与他们的信念相一致。这并不是指所有这些心智结构的人对于权威都具有某一种特定的想法，但是我们或许可以说不同的理解世界的方式会导致对权威或真相的想法的不同关系。下面我将逐一说明。

"以我为尊"的心智结构　此观点所看到的权威都来自一些容易识别的来

源，并且一般都与权力(power)有紧密的关联。通过"以我为尊"心智看世界的人相信真相和权威是捆绑在一起的。如果教授说某事为真，同时打分数的也是教授，那么这件事一定是真的；如果老板说某件事一定得这么做，而且老板拥有权力，那么这件事就必须这么做①。如果此人仍然重视专家的想法，将事情放置在专家导向(expert-based)的范畴是有帮助的(有些人会重视实务经验；有些人则重视理论，或来自管理阶层或非管理阶层的意见，重要的是这个人会认为这就是权威的代表)。真相常会以大写的"T"来代表它是毋庸置疑的真理。当我们通过"以我为尊"的透镜来看世界时，事情可以被清楚地分为两类：可知的与不可知的。大部分可知的事情都是被专家理解和被他人学会的事情；那些不可知的事情是不太值得去探索的，因为研究不可知的事只是浪费时间。所以当我们以这种方式看世界而世界被描述成充满灰色时，我们会感到困惑和挫败，或者可能直接忽略自己无法看到的复杂性，不与该世界有任何的联系。

"规范主导"的心智结构　此观点所看到的权威，仍然来自一些容易识别的来源，不过会附属于不同的"角色"或社群单位。因为"规范主导"心智结构比"以我为尊"更能处理抽象的议题，所以对权威概念的联结可能会不那么具体(如"我的老板""我的老师")，同时也可以比较抽象(如特定的理论、位于领导职位者、有年资的经验者等)。当我们通过此种心智结构看世界时，权力会倾向于来自某一角色(如管理者)或社群所认同的某人(如社会团体的非正式领导人、一般公认的意见领袖)。我们对真理的想法与团体中其他人是一致的。对我们许多人而言，当通过"规范主导"心智结构去看世界时，真理看起来是由专家所创建的，并且可以让"普通人"来学习。此时的观点可能比先前我们在"以我为尊"心智层级时更为复杂，典型的"规范主导"心智结构对于真理的想法是某些可以归类为已知的(而且被专家或那些具有许多经验或有声望的人

---

①　这并非表示此人就会遵从老板或教授的想法，它可能只代表此人不在意遵从任何一种方式，或是老板或教授不支持他使用自己习惯的最佳方式去做事情。你无法根据某人的心智结构就辨识出她会相信什么或会遵从谁的想法，只有意义建构才会创造出那种追随或信念。

所证明过的)事情。其他类别的真理则仍然是未知的(但是正在求证)。另外，还有一类真理是目前各方权威利用多元方式去想办法理解，但是似乎还没有一个最好的答案。第三类是高度的相对主义(hyper-relativism)观点，它代表我们相信所有人的意见都是值得重视的，而且没有对错之分。这一点对于提供复杂想法训练是重要的，不要因为想弄明白而太靠近边界，因为强烈相对主义的边界会让人觉得在此空间没有理由去学习太多，因为没有什么是比较好的。如同我在其他地方所提到的，"规范主导"下的后现代主义者相信"真理"就是没有所谓的真理！

"自主导向"的心智结构 比较偏向"自主导向"心智结构的人，会自己判断什么是真理，还有权力来自哪里，并且他们倾向于采取较多的折中主义——针对某个方面选择相信某位专家的想法，另一个方面则依赖自身的经验；再有一个方面则选择很多想法汇集出来的意见。此种心智结构的强项是我们有能力检视自己的决定，并且选择我们希望如何做事的方法。例如，可以自己选择想要相信的权威以及与真相之间的关系。这代表当我们通过此种心智结构看世界，在面对自己的发展机会时，我们希望被允许有选择的空间。在学习情境下，我们希望能打造自己的道路，而不是跟随已经被决定好的道路。另外我们希望教练或引导员能像我们的镜像一样，它所反映世界的复杂度足以让我们感到熟悉，或者可以解释为什么他们会反映一幅较简化的图像。

"内观自变"的心智结构 当我们通过此种心智结构看世界时，真理和权力取决于当下的情境。此观点和我们在"规范主导"心智结构时所经历的高度相对主义非常相似，仅有些微差异。处于"规范主导"心智的阶段，对于要理解权力与真相这种议题，我们很快会投降，并且认为我们无法得到真相，因为没有真相是已知的——每件事都一样好。当拥有比较多"内观主导"的心智时，我们会相信每个真理都是可贵的，每一项都对世界的某个部分有帮助；另外，按照一些有用的准则，仍然有一些方法可以让我们的决定、结果和过程变得更好和更差。与其沮丧地束手无策，我们会尽可能愉悦地拥抱更多机会。我们所抗拒的是有人试图将我们逼到某个特定角落或强迫我们相信某个信念。当我们通过此种心智结构看世界时，我们知道每个人都有自己坚信的事情和真相，而我们也尊重他们的想法。但是如果有人在培训过程中，尝试要求我们接受他所坚信的事情和真相，我们可能会变得很执拗。

在同一空间中要承载各种观点是极度困难的。为了将专业学习的范围扩展至拥有些许超越"自主导向"心智能力(或拥有非常开放的自主导向系统)的人，引导员必须容许其他学员对她所施展的专业性是属于哪一种套路等不要太在意。但是，如果她要支持那些对真相和权威比较有固定想法的人的学习，她必须要很有实力地展现出个人的专业性，这样那些需要权威的人才会相信她。拿捏当中的平衡是非常微妙的。

这是因为引导员若想要吸引具有较多"内观自变"者的注意力，她需要提供灰色地带。但是在谈论这些灰色地带时，如果她没有小心处理，可能会让那些比较无法看到细微差异的人感到迷惘，甚至可能会破坏她原想要表达的信息。所以引导员必须要让周围的学生与她的想法之间有着不同类型的关系——让某些人视她的想法为一种"真相"；某些人将她的想法当作一种隐喻，或者让她的想法变成其中一种有用的透镜。这个任务最困难的部分可能是引导员本身，她需要尽可能地在各个空间掌握适合的想法。如果她希望获得偏向"内观自变"心智模式者的尊敬，她就不能依附自己内容中的概念(不论是否与最佳绩效管理系统或最佳人格描述或最佳软件设计有关)并将其视为"真相"。如果她希望获得偏向"规范主导"或"以我为尊"的人的尊敬，她就不能认为自己的内容和其他想法一样好。就这点而言，她自己与想法之间所能创造出的跨心智层级的空间，为来自各种不同发展空间的人的切入点做了准备。虽然这对许多"内观自变"心智模式者来说是很自然的，但对于其他还未达到此心智层级的引导员而言，这是一个过于丰富的观点。了解这个特别的路径以及一整套做决策的依据，让我们有更多空间为惯常自动使用的套路提供另一种更具超越性的做法。

成功的结果

当我尝试创造一个跨心智层级的专业人员发展课程时，最后会考虑的问题是我们如何理解这个人在经过这段经验后可能得到的结果。在很多方面，这个问题的答案看似显而易见，但是当我在不同情境中指导不同团体时，这都是必须学习与再学习的事。即使我研究和教导各种个体差异理论，但我仍觉得在自己的实践中难以时刻记住很多人要求我描绘或规划学习后的成果（learning outcomes），不大可能是"所有人"实际的学习成果。学习成果，就像在"成人学习空间"内其他的事情一样，如果要变成有意义的东西，就需要包容发展的和其他的差异性存在。

例如，有一个我讲授过很多次的主题：深度聆听（deep listening）。主要对象通常是高阶团队，但也会在其他组织、学校或大学团体中讲授。因为已经有很多书籍都会谈到聆听与领导力、创造力、团队工作、教学等之间的联系，也因为聆听并非每个人都天生擅长的，因此我会试着让团体中的每位参与者提升他们仔细聆听对方说话的内容和意图的技巧。早期进行这份工作时，我都尝试让所有课程参与者达到相同的目标：学员能够听完一个叙述之后提供所听到的回应。就是借由实际回应他们认为对方的感受来让对方知道自己有在聆听。我试着将这个做法与一般最常见的回应进行区分——谈论自己并提供改善建议。

为了帮助他们掌握此概念，我会扮演一个虚构的角色，并且说一些话，像是"我真不敢相信，我们今天的会议竟然要处理这些无关紧要的事！难道他们不知道这样会浪费我们许多时间，同时耗损生产力和士气吗？"说完后，我会要求参与者对此故事角色的理解给我一些回应。他们必须忍住给建议或评断的挣扎，只能做我所说的"聆听"。在教授此技巧的头几年，我一再发现有些人就是无法理解该怎么聆听。他们不仅无法自己形成听到的陈述，也无法区分其他同学或我所提供的不同形态范例的陈述。即使在他们面前同时呈现各种句子，他们仍然无法分辨出"聆听"的陈述（所以你发现这个会议令人感到很挫折？)、"告知"的陈述(我也讨厌这个会议！)与"解决方案"的陈述(你有没有跟他们说这个议程有多愚蠢呢？)之间的差异。

虽然遇上这类学员的数量不算太多，但却可以在世界各地所举办的工作坊中观察到，足够让我明白这种聆听技巧是需要一些心智水平的能力，而这并不是每个人都具备的①。要能展现聆听的特质其实对人的心智发展有独特的要求，因为聆听需要将你认为别人所表达的意思是什么与他认为自己所表达的意思是什么区分开来。这种区分对于拥有较多"规范主导"心智的人来说是困难的；对于拥有较多"以我为尊"心智的人来说几乎是不可能的。因此，在我的聆听工作坊中，如果有些参与者还无法达到我平常所认为的深度聆听，那我还能说自己提供了什么成果呢？

我已经学到(而且仍然持续在学习)要把结果想成从一个心智结构走到另一个心智结构，而不是走到一个特定的、已经决定好的地点。假如你走进一个工作坊，不知道该如何主动而具目的性地聆听，那么你应该要学会一些有关聆听的事，同时要比之前做更好的准备。有些人可能学会如何区分聆听和告知之间的差别。其他人则可能学会如何更细微地进行区分。例如，告知的"内容"和内容背后的"情绪"。另外，有些人可能仍然无法做到上述的任何一项，但至少他们可以明白有些人听到的某种口气是他们自己尚未能听出来的，也就是说，此房间中有些人所看到的一些灰色地带，对某人来说目前是不存在的，但未来有机会可以看见。

这种对"成果"所抱持的广泛开放性，使我对于自己真的取得了什么成果也会感到迷惘。因此，当我在教学时，如果能在脑中记住每一种心智结构的主要发展目标是什么，那我就可以开始想象我的特定内容在教室中的参与者

---

① 在你以为这里发生了一个责备学生的不良个案之前，我会说我看过许多使用不同方式来教导聆听技巧的案例，而不管是采用个别的临时架构(scaffolding)或团体支持，仍然有许多人似乎就是无法学会聆听。聆听可以被认为是发展性的，是因为聆听并不只是对某些人就某种方式，对不同族群的人就用不同方式而已；我们总是会遇上一些有关聆听的处境，似乎可以被大部分人听到的信息，却对某部分人来说完全没有感觉，完全听不到的。

那里可能会呈现出什么样貌。

"以我为尊"的心智结构　任何提供给那些"以我为尊"心智结构者的课程，其主要的发展成果就是要让他们开始看到其所处的世界比原先认知的要更加广阔。其中一个要素就是让他了解和接受别人的观点。此时要学会把自己的需求放在他人需求的后面仍然可以受益，同时任何能接受与自己想法迥然不同观点的教导都会有极大的帮助。同样，任何能"动摇"那些他所坚信的简单因果关系的图景也可以帮助此人成长，让他看到不同的结果也可以来自相同的原因，或是因果之间的界线不一定是一成不变的。例如，某人可能对于花费在工作上的时间和完成工作的奖赏（不论是在财务或其他方面）之间持有很稳定的因果关系，但是没有考虑到从具体的元素出发（如投入的时间），并不能保证质量这种对他们来说既遥远又抽象的概念。或者某人会认为与自己意见不同者就是愚笨的、不好的，但却没有想到别人可能有他不同意的原因或合理的理由。拓展一个空间让"以我为尊"心智者有这方面的发现就是在协助他们发展。

"规范主导"的心智结构　对那些通过"规范主导"心智结构看世界的人，主要的发展成果是开始学习将他人的想法与观点分离出来，同时开始学习自己编写这些指引性的概念与原则。为了达到这个目的，她需要仔细聆听自己对事情的想法，平衡对自己和对他人的聆听，并且开始从他人的观点中提取出属于自我的主体性。任何让她可以将自己的和一个先前所信任的权威想法进行思考与比较或者允许她开始为自己编写事情的成果，都是具有发展性的。同样，任何可以将她的内在假设放置在一个"客体"位置上、一些与她相关的主体性抽象概念（如忠诚、成功或开心），若能围绕那些抽象概念，创造出更多细微的价值或一种感受体验的任何可能性，对她而言都具有发展性的意义。例如，如果她认可的领导者形象总是展现出全知而确定的样子，她可能就需要慢慢理解自己经常不确定的部分，然后可能需要留意自己和那些深思而没有确定性领导者相处的经验。之后，她才能开始和自己的不确定建立较细致的关系。

"自主导向"的心智结构　对那些通过"自主导向"心智结构看世界的人，

主要的发展成果或是成长(迈向"内观自变")，或是强化目前的心智①(将更多意义建构带入到"自主导向"的空间，以扩大和打磨该空间)。通过此心智结构看世界时，通常可以自己决定是否希望接受真实的挑战(和采用不同的方式看世界)，或只是希望强化他们已经知道的事。为了达到强化的目标，主要的成果是让"自主导向"系统更广阔、更具怜恤心和更完整(以课程目标或领导者个人目标可能建议的任何方式皆可)。这里的挑战通常是帮助此系统变得更加契合，抚平内部的不一致，加入比先前更有帮助的新行为模式。为了达到成长的目标，此种心智者的主要成果在于开始接受不论原有的"自主导向"系统有多广阔和良好，它总是部分的、是来自单一的视野和观点。它永远没有办法完全一致，因为人类从根本上就是不一致的。只有当人(至少在某些情境下)开始意识到"自主导向"系统是不够的，他才会开始朝向"内观自变"的系统迈进。

"内观自变"的心智结构　(值得留意的是，由于尚未有研究令人信服地发现和描绘超越"内观主导"的心智结构，又因为只有极少数人可以真正进入该空间，所以在此只会探讨加深和强化"内观自变"空间有关的部分)对于那些拥有较多"内观自变"心智空间的人，成长是每天生活的一部分，因此具有转化性的学习经验会以不同的风格呈现出来。这里的有力成果比较少与帮助个人扩展其心智空间有关，更多的是帮个体取得一个自己未曾看到过的观点。在此层级的人很渴望用新的视角去看世界，同时复杂性、模糊性及可能性都可以让他们成长。他们也会很欣然地在每个议题采取多个观点来看事情，然后接受挑战，再从不同的角度来看这些观点。另一个可能性就是单纯地镜像反映此人思考的复杂性，并且支持她感受到自己的心智结构，同时获得充分的认知。因为拥有此种意义建构系统的人很少经历这种体验，所以自己被完全

---

①　我也同时在其他任何心智结构谈到强化(consolidation)的概念。但如我先前所述，就领导力的范畴而言，朝向"自主导向"心智结构方向发展几乎是必然的要求。只有当我们达到"自主导向"心智结构时，组织生活的压力才会停止敦促我们往上发展，并且让我们自行决定强化和成长哪个对我们最好。从"自主导向"迈向"内观自变"通常是有目的性并且预先想过的，这也是事实。其他心智结构模式的发展则较少是有意识进行的。

看到的感受是强大且持久的。

在表5-2中，我提供给各位引导员一个简短的摘要，里面包含你可以追求什么样的发展成果、你如何达成那些结果，以及你可以问自己有关指导各种心智结构的成功经验。

表5-2　支持不同心智结构的人的主要成果、设计要素和提问

心智结构	主要成果	设计时需要考虑的部分	引导员询问自己有关成功结果的问题
以我为尊	拓宽她的观点，同时让她学习到自己身处的系统比她之前所理解的更大、更复杂。	通过提供具体的情境和范例，让他们有机会理解多种情境的复杂性。通过他人的想法，给予领导者通过为他人着想而使心智变宽广和得到协助的真实体验。	我是否有为学习者提供展现接受他人观点的机会？我是否有给予空间，证明他们在某些方面将团体好处置于自己利益之上的能力？
规范主导	将他的视角专注在其自身的思考、想法和原则上；使他明白可以创造自己的经验、情境和反应，而不只是被动地拥有这些观念。	提供机会使他们有时间或被允许去编写自己的核心想法。安排时间和空间让他们去寻找自己的道路，将内容和自己的体验做联结，感受到自由，并鼓励调适，而不只是采用。	我是否给予学习者时间和空间，让他们表达专家和自己想法之间的差异呢？我是否不止一次提供"人可以编写自己的道路和撰写自己的情境"这样的想法，同时提供范例呢？
自主导向	强化：提升和扩大自主导向系统。成长：开始认知到自主导向系统的限制以及与他人共创系统的需要。	强化：反思自主导向系统，使它成为客体，决定它可以如何被延伸或提升。成长：检视复杂或结构不佳的问题，充分理解自主导向系统不具足够的复杂性，所以无法真正地附着于（make real traction）一个充满模棱两可和不确定的世界里。	我有没有提供给学习者时间和空间去思考他们自己的意义建构？我是否帮助学习者发现她们想要改变或改写自己所编写的生活方式中所存在的一些内在假设？我有没有提供机会让学习者与具有各种复杂和迥然不同观点的个体互动，同时接受自己和其他人的观点？

续表

心智结构	主要成果	设计时需要考虑的部分	引导员询问自己有关成功结果的问题
内观自变	主要成果在持续学习与成长——随着时间的推移，接受越来越宽广的视野。	针对议题，提供领导者探讨全方位边际的机会，和截然不同的人作比较，然后再进一步审视众多观点。	我是否尽可能让这个世界包含了所有的复杂性，同时不允许学习者放弃探索？我有没有提供给学习者针对单一议题去寻求多重观点的机会，并且发现所有观点本身都是正确（或错误）——同时也是不完整的呢？我是否提供给学习者寻找理解复杂议题的方式和尝试建构适合此情境路径的机会？

　　没有任何单一的课程或活动可以鼓励每个人用相似的方式来成长。这里的重点在于运用新的方式思考成功——无论是自己的还是他人的，这样你才能为真正的转化设定切实可行的目标，同时在过程中用温和的方式来对待自己和他人的成长。

　　要能在心中记住那么多的可能成果，其中的一个方法就是集中焦点在区分信息性学习(可能是具备某种可被定义的成果)与转化性学习(可能是另外一种)之间的差异。

转化式的专业发展

　　如果你希望做到的是让人们能理解一种新的内容(例如，供应链的管理程序以及制定订单的决策)，那么，信息正是你所要提供的内容。你可能对于如何让教室内的每个人通过同样的方式来理解共同的内容感兴趣，而且你可能会发展出一种评估方式以测量每个人在这件事上的成绩。

假如你希望人们可以用新的思维模式来思考的话(例如，权衡在管理供应链和制定订单决策时的各种系统性需求)，你需要创建一个转化性的学习空间。转化某些事是需要改变人的思考模式的，因为他们需要用新的方式去看这个世界的某些面向。对于这种改变可以采取很多种方式，若是运用成人发展理论，可以帮助我们大致理解以下五个阶段。

步骤一："放在桌上"，使之成为客体

这是"信息性学习"和"转化性学习"之间的主要差异。根据我在这里的定义，转化性学习是协助促进"主体—客体"之间的转换。我认为就是学员能把事情摊在桌面上。这通常发生在学员察觉到某些此前自我认知方面的盲点，这可能是一个假设、一个心智模式、一种关于角色或专注点或程序的信念。一旦某个信念/假设/想法成为你反思中的客体，你就可以把它在面前的桌上摊开，绕着它四周走动、做决策，并决定是否要将其他事情也放在桌上(或者思考一下是否需要这么多的多样性)。

因为我们倾向不去看自己被什么主体约束住(这就是我们持续受其支配的原因)，一个有经验的引导员通常会运用一些技巧让这些隐藏的事情变得比较客观。这种技巧可以是非常技术导向的，如使用录像机；也可以是关系性的，就像当你和自己敬重的同事谈论一个观点时，她抱持的想法却和你的大相径庭。这可以是虚构的，如同看一部影片或阅读一本书，并将情节中的生活和你自己的作比较；也可以是内在的，像是坚持写日记一样；也可以是一个特别的练习活动，像是凯根和莱希的"改变免疫力"(immunity to change)的活动(出自他们2008年所出版的同名书籍)。任何情况下，它需要让我们受约束的一些意义建构主体浮现出来，让我们仔细去观看它。

例如，为了准备一个领导力课程，参与者被要求在开课前数周，注意自己在工作团队中重复出现的问题。布伦达(Brenda)注意到，自己花费太多时间从事部属的工作——回答她们应该要知道答案的问题、重做到她手边只完成一半的工作等。然而，她甚至没有意识到这件事(她笑着表示，自己忙到没

有时间注意这种模式)，直到她开始注意到此情况。而一旦她开始注意，才了解到自己在花费的大部分时间做不是她这个角色该做的工作，因为她一直在收拾部属留下的摊子。当她暂停并评估自己的状况时，此议题便浮现出来，对她而言这是一个重要的发现。

步骤二：好奇地仔细"围观"

然而，我们不会只是为了把某件事当作"客体"而将之客体化，我们仍然需要有下一步。仅仅思考一下"嗯，我替部属做太多工作不是一个很有趣的议题吗?"并不会真的对布伦达有所帮助。只是让问题浮现并不代表你就可以理解或用不同的方式去处理它。重要的是，从各个面向去看这个议题并采取不同的观点以及提出各种问题。布伦达的课程要求她去弄明白为什么她会把时间花费在这种地方。因为那是她最喜欢而且感到更有信心的工作吗? 还是她其实是个糟糕的老师，因为她的指令不清楚，所以部属永远无法达到适当的标准? 还是她其实害怕做自己职位应该要负责的工作，因为担心自己不擅长策略、长期计划和其他更像领导者的任务呢? 当她检视这些问题时，有些思考正中红心(是的，她对于这些与策略相关的事感到焦虑)；有些则不是(她对于要重做那些工作并没有特别感到开心——她一点儿都不怀念它，而且如果不用再做这些工作，她会很高兴)。所有这些疑惑都能让她更清楚自己为什么一直卡在这里。

步骤三：邀请他人来检视你的问题

直接面对那些和你不同，或抱持不同的假设、对策或方式思考世界的人，是认知自己观点最强大的方法，同时将它视为一个观点而不是真相。转化性的工作可以面对个人进行(如同第四章所建议的)，但是运用团体的多元特性让各种想法浮现出来，借以共同检验这些观点，也是非常有用的①。这对于那些议

---

① 大量关于倡议协作式思考与同心协力的书籍皆指出此点，那些书籍与实务社群、行动学习、团队合作等相关。

题的根源就是出现在假设(就像在一个改变的历程，人们对于什么是真相的假设可能会阻碍她们想象新的可能)的情况有着明显的帮助。它也有助于处理某些最普遍和最棘手的议题，如同布伦达的领导力问题。因为团体的领导者通常会承认自己也在某些核心议题里挣扎，孤独感和一再犯相同错误的羞耻心逐渐减少。因为每个人思考这些困难议题的方式不同，又因为每种方式都有它部分有用的地方，许多版本在放到桌面上彼此交流时，可以为每个人提供给更多的选择。

步骤四：不要只管做，要懂得暂停一下

转化性的工作中最打破常规的部分是避免提供解决方案和不要采取行动——至少在初期是这样的。已经有许多文章提到太快产生解决方案和可能产生潜在损失之间的关联性[1]。针对转化性工作，人们不仅需要时间好好地定义问题，同时问题本身就具有启发性与益处。那些约束我们的事情，在很多方面是指向我们最大可能成长范围的指标。如果我们只是简单地修正桌面上所浮现的问题，而没有对它感到好奇，同时纳闷我们是如何产生不同的心智结构的，那么即使问题可能会暂时离开，也不会对我们的心智发展有帮助。

步骤五：让议题留在桌面上

关于转化性工作，最后我们得要记住的一件事就是，我们通常都会不自觉地忘记放在桌面上所浮现的议题，好让我们不习惯看到的事回归于无形，然后继续做我们先前在做的事。即使理解和注意到多重观点以及转化空间所提供的各种选择后，持续反思身边的议题仍然是重要的。一旦布伦达把系统建立好，她的部属就可以完成自己分内的工作，而她也就可以专心做自己的事，但是她仍然需要对于任何可能让自己退回去的事件保持警觉——当有新成员加入团队，或者当情境脉络转变的程度足以破坏她原本建立的系统时。

---

[1] 相关范例请参阅：Weisbord M & S. Janoff, *Don't just do something, stand there!: Ten principles for leading meetings that matter* (San Francisco: Berrett-Koehler Publishers, 2007).

持续将此议题作为她反思的客体，而不是一股约束的主体力量，将会协助她学习和改变，转化她的习惯和领导力。

这五个步骤可以运用在专业发展的情境脉络中，是因为它们皆可以被设计在方案里。一旦你开始理解这种转化形态的要素(因为你已明白"结构"改变的版本是怎样)，它就可让方案的设计符合各种不同需求。例如，邀请参与者进行内心假设寻找的活动，让他们所知的想法浮现出来，这是在专业发展工作坊很少会探讨的重要元素；我们通常会希望告诉参与者如何表现得不一样，而不是从他们个人的假设和习惯开始。同样，如果我们要随着时间将元素一起留在台面，我们需要把团体的经验设计在方案里，而且我们需要避免很多客户所迫切渴望的"一天搞定转化"。

然而，将跨心智层级和专业发展转化的练习结合在一起并非每次都有可能，而且也不会每次都符合客户的利益。然而，如果客户和计划参与者都有兴趣进行长期而实质的改变，那么这些技巧应该可以帮助我们在他们的发展旅程上成为更好的陪伴者。

人们有时候会问：利用潜在成长机会去成长的人和忽略潜在成长机会去强化自己目前心智结构的人有什么不同？我们可能都认识拒绝转化机会的人，同时也会想知道原因是什么(以及如何避免自己掉入陷阱)。虽然没有任何魔法棒可以帮助人们转化，但是似乎有些独特的心智习惯，不只可以鼓励目前还能鼓励未来的成长。本章是关于你可以栽种的种子以及你可以如何栽种它们；此外关于那些种植的土壤，仍然存在着非常实际的问题。

我和我的工作伙伴凯斯·约翰斯顿(Keith Johnston)思考是否有独特的思考的世界方式可以让他们成长呢？我们已经发现三种不同但相关的"心智习惯"(habits of mind)。和其他方式比较起来，这些似乎对持续成长更有帮助。不论是对专业发展课程、促进指导，还是一整天工作的实践过程，这些"心智习惯"都可以随着时间的推进帮助心智结构进行转移。它们不仅协助准备这一季栽种用的土壤，同时更为下一季和接下来季节的土壤做准备。我会在第六章说明这些"心智习惯"。

第六章　具转化性的心智习惯

在我所知道的每个组织里，员工都被要求发挥至极限。他们被要求以较少的资源做更多的事情，高效运作以承担两人甚至三人的职能、应对不断变化的需求，并且要跟上持续增加的复杂度。他们是如此忙碌于工作以至于没什么时间去思考工作，更别说从工作中抽身去学习新东西。在工作中的学习是仓促且不稳定的，同时与工作并行的学习(项目计划或教练课程)则被压缩而草率进行。因此，又何须讶异于这群忙碌的人无法吸收学习更多呢？

事实上，我敢说我们都曾经有过一种经验，即在课程或活动中感觉自己充满了能量，但在回到真实生活和工作时这种感觉就瞬间消散了。持续发展是指学习并不会消失，而是会伸延到个人意义建构的组成结构里，并且会改变一个人怎样设想他未来的所有可能性。在本章中，我们将探讨成人发展理论、转化性学习理论和脑神经科学的广大新世界如何综合起来帮助我们找出方法以协助人们未来的发展。这些理论都建议，维系持续改变的关键方法在于建立心智习惯，这不仅有助于一次性的改变，也会提高未来改变的可能性。这不单改变人们意义建构的内容，同时也改变其建构意义的过程与步骤。

此种发展在组织中具有可持续性，因为这表示组织里的人会准备得更充分且学习能力更强。在一个组织中，如果有更多人拥有这些习惯，就会有丰沃的、不断成长的渴求，让人能持续学习和成长，而且每个工作都将启动它自身的学习引擎。因为长期来看，重点不只在于设计优良的指导和小组会谈活动去支持成长，而是组织本身要能支持成长。彼得·圣吉(Peter Senge)及相关学者谈到"学习型组织"(learning organization)，而我所谈的则是"学习者组织"（learners' organization）：这是学习者工作的地方，他们不仅做好他们的工作，而且从工作中学习，因此这些人在明天和以后都可以把工作做得更好[1]。

工作中学习不应该只给组织带来益处，也会支持个人的持续性发展。我不是在谈论潜泳课程或是你与母亲之间的关系，我是在谈论身为人类，满足了基本需求之后的更高需求：让自己更有作为；为后世留下典范；与他人、想法和行动联结。我们的学习应该可以让新事物发生在每个人身上，并且使他们更接近自己最深层的目标，正如我们将终点柱移往更新且更大的愿望和梦想一样。工作中的学习应该是让昨天不可能之事在明天成为可能，这对组织和个人都有益处。而且，如果我们认真用新方式去思考"学习型组织"的这个想法，当人改变时，滋养心智发展的情境也必须要有所改变。

当然，我们发展的情境对我们的整个生活都很重要。当我们还是婴儿时，体内的发展动力促使我们成长并且持续学习、探索和尝试新事物，那时候的我们像个学习机器。当我们逐渐长大，动力开始丧失；进入中学后，如同教育学者所感叹的，大部分的学生对于正规学习都感到厌倦。有些人在进入大学后会重新燃起对正规学习的喜爱；其他人则是在技职体系学习美术、一门手艺或者是贸易等对于他们进入未来重要的技能。我们并不清楚为什么自己在某个时期的生活比起其他阶段更能支持我们学习。可能在我们年轻的时候，周围被许多谜团所围绕，因此，我们催促自己去学习和成长；也可能我们强烈的学习和成长会持续到我们足够年长，直到拥有下一代为止，然后由他们接手那些疯狂的学习和成长。当然，另外也有个别差异存在，谁知道为什么一个在学步时期不断跌倒的幼儿，会成长为一位不愿意承担任何风险的高阶主管；而另一位类似的幼儿却会成长为一位在她整个人生中都持续成长和发展的人呢？

---

① 请参阅：Peter Senge. The fifth discipline：The art & practice of the learning organization (New York：Crown Business，2006).

心智发展理论显示，随着年龄的增长，我们更能意识到伴随成长而至的失去。婴儿不会知道当她学会爬行时，就等于放弃了从单一面向看世界就可以满足的美好时光(不过她的父母们可能会理解，所以面对她的爬行带有一种矛盾的欣喜)。一个幼儿并不知道当他开始学习说话后，他就放弃了一个不受语言约束的世界，也不可能再回到那个毫无语言限制的世界。从某些角度来看这些描述是荒谬的。当婴儿可以通过爬行取得自己想要的物品时，她的生活肯定会更加有趣和活跃；当幼儿可以和周围的人充分沟通时，她的挫折感也会比较少。不过，许多父母在庆祝这些关键的发展里程碑时，仍然会感到悲伤，因为他们知道每一个新阶段都代表着新的可能，但同时也意味着某一时期的结束，无法重现。

随着我们越来越能抽象地思考，这种失去对于我们来说也日渐鲜明，因而，我们会开始抓紧旧有的意义系统，不愿意前往会伴随失去的未知的将来。皮亚杰谈过孩子们如何努力地将新信息纳入他们旧有的意义建构系统里——尝试将新的资料同化 (assimilate) 于旧有的世界运作理论当中①。只有当同化新资料过于困难时，孩子们才会改变自己，开始进行调适(accommodate)，发展出更宽广的思考世界的方式，以便融入现在所处的更大世界。这个过程并不会随着年龄的增长而变得更加容易，事实上，在某些方面，我们反而会更局限在自己的意义建构系统里，同时更强化我们目前看世界的方式。大脑扫描显示，我们的脑经常会忽略非预期出现的资料，只展示我们起初预期会看到的信息，就像全世界的科学家在头几年里都忽略了显示在臭氧层有个逐渐扩大的破洞的数据，把不在预期内的数据当作无意义的计算机噪音。成人的大脑和心理似乎也有一个阻止我们学习(耗费情绪和带来迷惑)的小型工业设置。

然而，某些人就是会自然而然地成长，到底他们与一般人的核心差异在哪里，以及我们该如何将这种能力更平均地分享给周围的人呢？创意与心流

---

① 请参阅：Jean Piaget. *The construction of reality in the child*（New York：Basic Books，1954).

(creativity and flow)的新研究指出，真正的差异就在于"好奇心"，通过好奇心我们可以重新找回一些学习的乐趣，而没有那么多恐惧①。为了达到这一点，人们必须全心致力于有益的学习，即学习的回报并非仅是迷惘，而是增进人们的能力，从事有用的或者是能够得到回报的事情。以我正在从事的工作而言(与许多同事，尤其是和凯斯·约翰斯顿的合作)，我试着发展出一些能够得以持续合理发展的心智习惯：它们是可以被传授的，是跨心智层级的(例如，无论从哪一个心智层级出发，任何成人都可以通过这些习惯而变得更好)，是对组织环境有用且是自性发展的(因为它们能够将各种不同的事情从主体移动到客体)。或许有多种心智习惯足以符合这些标准，但是凯斯和我所着重强调的三个习惯是："提出不同问题""采纳多面向观点"和"看见系统全貌"。我们发现这些习惯可以建立在教练和专业发展的课程中，而且也可以被编织到工作本身的结构上(我们在下一个段落将会说明)。我们培养这些习惯的同时，亦会茁壮成长。

提出不同问题

提出不同问题可能是所有学习技巧中最不被重视的一项。人们只会提出自己知道如何问的句型，却不会管那些提问是否真的有所帮助。我们总是习惯提出那些耳熟能详的问题，而没有注意到那些提问往往都是自己熟悉且已经知道答案的。那些最熟悉的问题，大多是从个人的心智结构所能看到的观点而产生出来的。你可以从表 6-1 中看到，当我们成长时，我们不会就此丧失先前心智结构所发展出来的提问句型——对我们而言，重要的是能知道"于我有何益处?"不过随着心智结构的成长，我们的确会扩展自己的提问句型，而这种扩展又会引发我们提出新的问题。因为这些问题塑造出我们想要追寻

---

① Mihaly Csikszentmihalyi，*Flow: The psychology of optimal experience*（New York: Harper Perennial Modern Classics，2008）.

的资料以及进而找到的数据，从而塑造出目前的现实。

表 6-1　与特定心智结构最有关联的提问句型

心智结构	典型提问句型
以我为尊	对我有什么好处？ 其他人也必须做完全一样的事吗？ 这样做对于我在未来想要更多的东西会有什么影响？ 其他人正在做的哪些事会对我有影响？ 这里由谁负责和执行？ 把事情做好的奖赏是什么？
规范主导	其他人会说什么？ 这将如何改变我在核心团体/角色（那个是我主体的角色）的定位？ 以我的角色/经验/教育而言，我合适去承担赋予的任务吗？ 这件事我做对了吗？ 这件事其他人做对了吗？ 谁可以告诉我，我有没有做对？我如何知道呢？
自主导向	这会如何帮助我迈向更大的目标/价值/原则？ 其他人对这件事有什么贡献？谁是我需要协调或合作的对象？ 我怎么知道做这件事对我是正确的？ 我真的有仔细考虑过这件事吗？ 这是我范畴内该做的事吗？这是一个值得接受的好问题吗？ 在此情况下，我该如何与他人互动？ 我如何发展出一套准则来评断我是否成功？
内观自变	从这里我可以学到什么？ 世界上哪些假设强化了我的行动？哪些行动环绕在我身边？ 塑造这个议题的方式是否能和我看世界的方式兼容？ 这会如何和我正在进行与关心的其他事情相联结？ 我该如何和他人合作以塑造和重塑这个议题？这个议题会如何塑造和重塑我们？ 如果我在这里成功了，会失去什么？如果我失败了，又会得到什么？

　　但是如果我们真的要在工作中成长，至关重要的一点在于不再只是频频提出常态性的问题，而是提出超越我们目前理解边际的问题。然而，这是一件自相矛盾的事，因为在工作中，我们得到奖励经常是由于知道答案而非提

出问题。不确定性通常不会得到奖励，然而，有勇气和能力去提出不同的问题，开启更大范围的可能性，却是训练我们管理复杂议题的关键。许多人不理解我们提出的自动化问题(大脑无须太费力即可形成句型)会让我们维持在原来的路径上，答案亦了无新意。事实上，依照我们的实际经验，神经科学在大脑的研究中已经发现：当我们处在最突如其来的状态时，最不可能提出好问题。而在不确定的情况下，我们也倾向提出熟悉的问题来让自己感到安心；当最需要我们学习的时机出现时，我们却会反射性地将自己推离学习，去接近让我们感到比较自在的事情。能够提出不同且使我们继续学习的问题，是一种训练大脑伸展的心智习惯，也让新发现和新联结成为可能，并创造出一个与众不同的学习系统。

不是只有心智结构会形塑我们的提问。我们的成长背景、性别、文化，甚至是我们的工作属性和教育经验都会对个人的自动化提问有影响。理解自己自然而成的提问范畴，对个人是有帮助的，我在表 6-1 中也列出了各种心智结构会形成的提问句型。但是并非指拥有某种心智结构的人就会提出那些问题，各种心智结构的人在不同的时间和情境下也都有可能提出这些特定的问题。不过这些问题可能是各个意义建构系统最自然形成的提问。对任何人来说，在压力较大的情况下，会提出比较不复杂的问题；而在一个较多支持的情况下，会出现比较广泛的提问。从表 6-1 中，你可以检视哪些群组的句型似乎是你在最好状态下可能会提出的；哪些是你感觉自我渺小或较多自我防卫时可能会提出的问题。好好审视这些问题，然后问问自己是否有些提问会引领你到达一个不同的空间——不论更宽广的或更狭隘的。

有两个重要的理由可以解释为什么理解这些典型的提问句型是有益的。知道自己会自动化提出什么问题可以显示出针对这个特定议题你所使用的内在运作系统。或许更令人兴奋的是，这些问题可以支持你成长；通过提出发展路途上下一个心智结构阶段的典型问句，你会拥有转化的体验和具意向性的自我成长。我将会跟你们解释我所指的意思是什么。

认识自己

克莱尔(Clare)曾经是一位非营利性组织的首席执行长，由于大家都相信克莱尔的领导能力，因此该组织在其领域享有卓越的名声。针对大部分议题，她所提出的一组问题都是关于质疑假设、持续学习还有向世界展示强烈而清晰的愿景——一种自然而然从她复杂的理解模式中产生出来，并混合"自主导向"和"内观自变"的提问。然而，在一个重要社区项目的利益相关者会议上，克莱尔提出的问题欠缺了以往的练达度，所以她很担心社区合伙人认为她和部属们没有把事情做对，而她则比平常更在意自己的声誉问题。和教练谈论此事后，她理解到因为自己的第一位老板和导师是目前组织的合伙人并担任首席执行长，这让她分心，也因而使她提出的问题缺乏了成熟度。当她看到自己这个模式时，就可以有意识地阻止这种情况的发生，从而恢复她以往提问的深度——更加成熟练达和探询的心智层次。

自我成长

肖恩(Sean)曾在一间享有盛名的金融公司担任中阶主管。主要处于"规范主导"心智阶段的肖恩，在工作方面总是不断提问：如何知道自己有没有做对、何时能达到外界所认定的成功、他如何才能符合具有与自己不同价值观和天赋而自己重视的他人标准。与教练一起探讨提出不同类型的问题(多数是和"自主导向"心智结构相关的典型提问)为他提供了一连串新的观点和想法。与其让他询问自己是如何在周围环境中调适以符合外界定义的价值观，还不如开始探究肖恩是如何使工作能迈向自己更大的目标/价值/原则。这表示他自己需要先对目标/价值/原则的真义有所领会，然后在世上众多的良好选项中挑选出对自己最重要的那一个。于是他准备好提出以往不曾提过的问题："我如何发展出评断自己成功的标准?"这是一个完全不同层次的问题，而答案不仅令他自己惊讶，也引导他到达一个新的境界。他发现事实上关于"世界上什么是重要的?"这个议题，他与自己的榜样有非常不同的想法，并且开始用新方式去锻炼自己的创造力，而不是只让自己成为公司的一员，而他一度以为那是自己要的。这个转变为肖恩开启了崭新的职业生涯道路，并且让他的想法和行动可以到达新的地方，同时实现自己所认定的成功。当他开始强化自己的"自主导向"心智结构时，他发现那些半年前让他难以招架的问题，现在变得更有可能去接受和自我提问。随着时间的推移，"自主导向"的提问方式便成为他预设的提问句型。

我们的提问会改变我们学习和理解的可能性。通过提出不同问题，我们开启了一个新的世界，这些问题能将诸多构想由主体推衍到客体，亦容纳了崭新的思维与想法。

接纳多面向观点

接纳多面向观点可以让人们看到更大范围的可能性，同时能够同理与理解其他人的观点。不过即使有这些益处，接纳多面向观点对多数人来说仍是不太自然的事。再次说明，大脑扮演的角色像是一个过滤器，它会避开任何令我们感到困惑但实际上是在教导我们一些事的观点或想法①。学习刻意接纳他人观点的习惯可以延展心智的空间，并且使我们更有可能看见新选择。此外，当个人自己具备更多接纳多面向观点的习惯后，其他人会开始感受到他的开放性，同时开始提供些许未曾听过但却更具个人独特观点及影响力的信息。这就表示多面向观点开始由内而外地滋养，而且人们越来越接近他们处理复杂议题时所需的广阔视野。

因为这样，转化和维持专业发展的关键之一，就在于能将接纳多面向观

---

① 这对领导者来说尤其重要，因为这是领导者的大脑和其周围人的大脑之间的互动。当领导者的大脑努力维持单一观点时，周围的人很可能也会"熟练地"掩护领导者的观点免受其他观点影响。实证现象显示，人们会保留住重要信息不让领导者知道（尤其是那些认为领导者会觉得负面的信息）。而此种隐瞒信息的现象会随着领导者在组织中地位的提高而越严重。这样的组合意味着当他们在最需要广阔视野的时候，领导者的观点反而会更加狭隘和短浅。

点变为习惯的程度。确保其运作的一个方法就是将接纳他人观点的机会放入学习和工作的体验当中。或许相较于其他的心智习惯，这个心智习惯会在团体经验中得到极大的益处；提供个体一个通过其他观点环绕其身以扩展自身视角的机会来帮助他们成长。

有一件事可能不值得讶异，那就是不论哪一种心智发展结构，接纳和你观点一致的人会比不一致的人更容易。事实上，提升处理不同观点的能力或许是成长的指标。在表 6-2 中，我为大家提供了一份快速检阅此能力转变的内容。

表 6-2　当他人同意和不同意某个重要议题时，不同心智结构者的观点采择能力

心智结构	当你的观点和我一致时	当你的观点和我不一致时
以我为尊	你拥有正确的价值观和观点，你的洞察是清晰的，而且将很多事实恰当地综合在一起。	你不是支持我就是反对我。如果你反对我，你就是不对的，而且你显然没有从逻辑（或道德或正义）的角度来看事情。正因为这项瑕疵，我似乎不太可能和你有任何的共同点。
规范主导	你是"我们"当中的一员。如果你在这个议题上的信念与我一致的话，很可能我们两个人在其他对"我们"来说是重要的事情上也会有相同的信念。	你被视为"他们"。如果你的行为有所改变，假以时日或许可以变成"我们"。我们可能有些意见是雷同的，我或许有兴趣找出共通之处，但需视其对我的重要性而定。
自主导向	你和我在此议题上有共同的观点，不一定表示我们在未来的议题上也会享有共同的观点。	我会试图理解你持有不同意见的理由，因为通常和我意见相左之人才是最能帮助我磨炼和修正论点的人。无论你在这件议题上的观点为何，我可以独立地判断（并欣赏）你的逻辑。
内观自变	我们在此议题上或许取得了共识，但是我猜我们可能以截然不同的观念来解读此议题，而一致的共识可能来自众多截然不同的原因。我很好奇这些差异为什么能让我们在这件事上达成共识。	我对所有议题的所有观点都很感兴趣，因为它们会促使我思考并帮助我学习。你的不同意可能会改变我思考自己意见的方式，为我的想法增加细腻的差异性和复杂度。事实上，我认知到我强烈坚持某种观点的唯一理由，可能是因为有另外一个人强烈抱持着相反的观点。在某程度上，你的对立观点创造并启动了我的对立观点。

显然，组织里的人们如同家人和社区内的其他人一样，都有意见相左和需要处理争议的时候。理解我们在观点上的差异能帮助我们调节人们对处理冲突方式的期望，也可以通过提供更多可能性的意象来协助人们发展接纳他人观点的能力。我们并非刻意不采纳另一个人的观点，而是人际相处本来就是如此的。只是压根没察觉到自己没有采纳他人的观点；或者，同样常见的情况下，我们以最基本和最局限的方式去接纳别人的观点。当某人对你来说似乎是过于自私时，你会试着宽容并思考："好吧，那个人一定有某些理由认为表现得这么自私是应该的。"（通常我们的视野从这里开始退步）如果我们团体合作去延伸观点接纳的能力，我们不仅会得到鼓励去接纳他人观点，同时还可以和周围的人一起检视那个观点并提出"这是一个看似合理且可以尝试和接纳的观点吗？"

为了实现这一点，在一个领导力发展计划的课程里，有一个练习要求参与者试想一位在他们想要取得进展的重要事情中最会和自己唱反调的人。参与者试着谈论在每个人自己的故事中都是英雄的想法以及有哪些因素他们视为麻烦或导致分裂，而这在其对立者眼中可能是某种维护自身诚信的大无畏行为。以三人为一组，他们必须替自己对立者的行为想出三种不同但却英勇的可能理由。想出第一个理由并不困难，但是其他的团体成员往往指出第一个理由并没有那么英勇。想出第二个理由也是挺容易。但是当他们讨论到第三个可能性时，其中一个参与者曾大声嚷说："噢！天呀！我现在完全不知道为什么他要那么做！"当引导员询问他想要怎么办时，他耸了耸肩然后讽刺地大笑说："我猜到最后只能直接问她才会知道！"

通过这种方式，心智习惯会有所互动并相互增强。当你接纳他人的观点时，就会提出新的问题。所以说新的观点创造新的提问，新的提问又会产生新的观点。第三种心智习惯，看见系统全貌，可以帮助你窥见更大系统中的问题、观点，以及其促动和抑制力量之间的关系。

看见系统全貌：模式与极性管理

媒体充斥着我们通过科技、通过社交网络、通过飞机旅行的奇迹将彼此联结得更加紧密的报道。这是事实。我可以立刻知道目前全世界任何地方的气候。我可以同时拥有纽约和新西兰的客户。我可以在悉尼和同事一起吃早餐，当天稍晚又在曼谷和朋友一起吃晚餐。

因为如此，我们可以看到以前从来没看过的模式，如文化差异、地域差异、经济或流行或心态的差异。我们可以纵观大范围的时间或地区，并且思考事情是如何相异又是如何相同的。因为我们可以接触到更多数据，我们也接触到更多模式。但是模式并非实际存在于世界上的一个物体，它是一种建构，一种虚构出来的汇集和分析。因为它是关于建构的，那也就与"赋予意义"相关了。模式并不是本来就存在的，而是当我们"注意到"它时才出现的。

例如，下面一系列数字的模式为何？

2 4 6 8 10 12 14 16 18 20 22 24 26 28 30 32 34 36 38 40 42 44 46 48 50 52 54 56 58 X.

X 等于什么？[①] 很简单，对吧？我们都认同这种规律性并且在年轻的时候就学会了。

那么下面这道题呢？

1 2 3 4 5 6 7 8 9 2 4 6 8 10 12 14 16 18 3 6 9 12 15 18 21 24 27 4 8 12 16 20 24 28 32 36 X.

X 等于什么？[②]

这题又如何呢？

7 0 6 4 8 1 8 3 2 1 6 1 7 5 7 6 0 0 8 5 2 0 2 2 4 8 6 3 7 3 6 4 4 2 9 2 7 9 6 X.

---

① 在那行中下一个的偶数数字是 60。

② 这个数列较困难，因为你必须知道它是从 1 到 9 按照顺序相乘的数字（1×1，$1\times2\cdots1\times9$），然后是下一个数字（$2\times1\cdots2\times9$），再重复一次此模式，依此类推。在这里，X＝ 5。

X 等于什么？

这题的 X 等于 6，你答对了吗？我敢打赌你并没有看出这里的规律性，但对我而言，它的模式却是再清楚不过了，毕竟这是我过去20年所使用过的电话号码！这是一个很清楚的模式，但是要理解它，你必须具有一组特别的数据或观点。缺乏这些，这个模式是无意义的(也或者你们当中有人发现不同的、更宽泛的规律性，而我这个数学心智头脑较弱的人没看出来)。

人类心智是一个很会制造模式的装置。我们思考、看见，然后形成模式。我们无须尝试去看到模式，我们的大脑接受信息后会替我们形成这些模式。你应该可以想到不同的人以不同的方式看模式：男人和女人、城市和乡村的居民、西方人和东方人可能看事情的方式都会有所不同①。不过，塑造你看到不同模式的另一套经验/ 知识/ 技巧/ 能力就是你的心智结构。此外，如同我们在此章节讨论过的其他转化式的心智习惯，刻意延展心智的边际以看见你之前不曾看到的事情，不只有助于心智结构的发展，还能转化心智结构。

有一套会随着时间而逐渐增长的能力和观点，就是我们有能力看出渐趋复杂的模式。一方面，看出事情之间是如何互相联结而使这个世界似乎没有那么神祕(因为我们看见了事情之间的相互影响，但是以前这些事情似乎只是毫无关联的事件之间的聚合)。另一方面，这种能力似乎使世界变得更加复杂，交缠的网络布满各个面向。这种能力的核心发展，就是从简单(但是神秘)进展到复杂(但有可能会被淹没在其中)。

当我们思考有关两端性或有时候认为是对立的事情时，这种情形也会发生。起初，对立的事情似乎不会彼此联结——黑即是黑，白即是白。

---

① 这些例子——以简单的方式——以故事呈现给年轻人[如《伊索寓言》中的《田鼠与家鼠》(*Town mouse and Country Mouse*)]和成人[如《男人来自火星，女人来自金星》(*Men are from Mars，Women are from Venus*)]的读物。关于更多美国人/ 西方欧洲人和亚洲人想法上的差异，请参阅内容非常有趣的——*The Geography of thought：How Asians and Westerners think differently…and why*(New York：Free Press，2004)。

然后，我们认识了灰色，所以开始有了三个可能的选择。

灰色和黑、白二色都有关系，但又明显与它们不同，而且三者间的颜色仍然可以被区分出来。

接着越来越多不同程度的灰色出现，在黑与白之间多出了非常多的选择——开始令人感到有些迷惘和不知所措。

最后，当选择开始多到不受控制时，它们之间的关系就会变得很清楚，你会突然发现黑与白是由一长串不同程度的灰阶联结在一起的。

起初对你来说看似对立的事情，现在却像是单一柱体相连的两端，或称为两极（polarities），而且你看到黑与白创造了灰，同时在很多方面，它们也互相创造出彼此[①]。

当我们不是讨论颜色而是意义时，这种转移至少会有部分与你的心智结构相关。有些心智结构似乎毫不费力地就能看到特定两个端点间的关联，其他的心智结构则会宣称完全没有任何联结。处在一个如我们的世界般充满着众多联结、数据和噪声的地方，能够看出那些关联性将会为你带来真正的益处。

我们以一个常见的组织议题作为范例(如同大多数这类议题一样，充满了许多灰色地带)，并且一起检视不同心智结构的人如何看待此议题。

　　某个金融服务公司的中小企业部领导团队希望同人能够更注重以客为尊，而且更能独立判断个别客户的需求。对领导团队而言，这就表示员工需要提供更多个人化服务，并且能够更精准地判断出推荐什么产品

---

①　一种有效扩展任何人有关两极性意识的工具，可以参阅：Barry Johnson, *Polarity Management：Identifying and managing unsolvable problems*（Amherst，MA：Human Resource Development Press，1993）.

和服务给自己的客户才值得。当领导者在考虑这个新方向时，他们认为这是一套相当明确的理念（虽然仍不知道这是否容易做到）。人力资源部门举办了客户对话和影响力技巧课程；营销部门则利用午餐时间提供个人化产品与服务的最新加强版专题讲座。

像大部分人一样，对于有关模式和两端性的议题，领导团队往往忽略了人们理解议题时可能使用不同的模式，以及他们尝试处理这些议题时在策略上的差异。如同我们大部分人一样，领导团队普遍认为浮现在他们面前的模式对所有人来说应该是显而易见的，所以任何反对意见或两端之间的其他意见也就无关紧要。但思考如何辨识，同时以管理这些模式及两端性作为方法来帮助员工改变（帮助他们更顺利地达成组织希望产生的改变，同时也帮助他们发展出较复杂的意义建构系统）并没有在领导团队所考虑的范围内。接下来，我们就一起来检视人们理解此特定议题的不同方式，以及在过程中，他们的意义建构系统可以被扩展到什么程度。

以我为尊

杰茜卡（Jessica）的理解是这样的：我们采用旧方式赚的钱并不够多，所以试着用新方式销售更多产品给客户。她并不理解那些关于建立对话以及提供更多个性化关注等的演讲有什么重要。她的模式很简单：就是从先前对每位客户销售一种产品，变成现在至少对每位客户销售两种产品。虽然杰茜卡参与了许多训练课程，但是大部分课程都令她觉得没什么意义：为什么要运用不同的对话技巧与客户沟通？还有为什么所有的课程都在谈论聆听？即使是影响力的课程也都在谈论通过仔细聆听来理解客户的需求。她觉得自己需要的是更好的表达，而不是更好的聆听，因为没有人可以不说话就能卖出产品。产品和服务的专题讨论则比较有用，但也同样令杰茜卡感到困惑。她发现自己很难弄清楚所有的产品，必须要将它们列成一张清单。有时候她认为营销团队只是组合出令人困惑的各种套装产品，让自己看起来似乎真的有在工作，借以赚取高额薪水。在很多方面，营销部门的同人就像资深领导团队一样，总是增加他人的工作量以保住自己的饭碗。杰茜卡知道只有直销部门的同人(或许还有一些 IT 部门的人)才实际为公司所有人张罗薪水。出于这一点，杰茜卡在这项改变活动之初即投入相当多的时间：奖金方案非常诱人！当她看到自己的薪资单时，她会知道自己的努力是有收获的。

模式　"以我为尊"的人很难建构出复杂的模式。他们会将一个复杂的方案简化成自己所认为的"真相"，因此会排除自己看到某些关键模式的可能性。例如，杰茜卡没有看到各种产品和服务之间的关联，也没有看到聆听和销售之间的关系。她所看到的模式就是简单的因果关系：新计划设计的目的是要卖出更多产品。她的眼光相对也较短视，只能看到几周或几个月之后的结果，无法看到事物对更长远未来的影响。

两端性　"以我为尊"的人通过多组对立的事物来感受这个世界。例如，杰茜卡专注于说和听的对立(没有关联)；不直接面对客户的团队与替公司赚钱的团队(没有关联)等。当人们试着解释这些对立事物之间的关系时(例如，营销部门的员工现在主要负责内部沟通，他们都在工作以增加公司的收入，大家必须一起合作使新计划成功)，杰茜卡觉得别人对她不尽不实，因为他们把(对她的心智结构而言)完全没有关联的事件片段联结在一起。

管理模式与两极意识　当人们主要就"以我为尊"心智结构来赋予意义时，他不会认为模式和对立性是可以改变的，所以也就不会尝试要管理它们，毕竟管理无法改变的事物的意义在哪里呢？(感觉上就好像试着管理地心引力或我们所需要的氧气一样)因为在他们的理智里并没有存在太多灰色地带，所以也就没有太多灰色地带可以选择。杰茜卡通过报酬来判断自己的努力是否值得，如果报酬不够，她可能就会全盘推翻。这种态度可能会使资深团队和那些相信这个改变是有益的人感到挫败，因而可能会视此种态度为"肤浅的"或"自我中心的"，但其实这真的只是与杰茜卡看世界的方式有关。除非他们能帮助她了解自己所看到不同事物之间的关联，否则改变自我行为对她来说是没有任何意义的。

规范主导

贾迈勒(Jamal)理解到新的方案来自对金融服务的最新研究，而且他喜欢在一个走在最前端的组织内工作。他认为提供个性化服务和增加销售之间的关联非常合理，因此，他开始理解并赋予因为这次改变而产生的各项准则意义。贾迈勒发现营销部门的专题演讲很有用，他喜欢他们在主要产品和服务内又创造出许多弹性。他仍然急于想知道提供各种套装产品的最佳时机，但是他相信只要专题演讲持续举办，营销部门将会针对这点提供更详细的说明。对贾迈勒而言，人力资源部门提供的专题演讲比较困难，他们的思考方式和业务与营销部门的同人不同，所以很难将他们提供的课程以及信息转换到实际工作中。个案研讨虽然很好，但是新方案的重点在于每个客户都不同，每种情况都是独特的。你似乎无法有效地运用这些案例，除非客户的需求正好符合这些范例，否则贾迈勒认为似乎只能靠自己在面对客户的时候去即兴发挥，但这并非专业的操作方法。当贾迈勒开始实行这种新方式后，他发现自己成败参半。一旦他开始探索后就发现某些客户的确有不同的需求，但是他真的认为那些以往就与自己相处融洽的客户现在又更好掌握；而那些之前他没掌握很好的客户，他依然无法触及他们的需求。他对于这种改变实际增加了什么价值，还有他如何知道自己是否做得对而感到困惑。

模式 当我们的心智发展迈入"规范主导"的结构时，这个世界的更多部分会变成我们看得见的客体，这也就表示我们能够揭露更多事情，因而，得以看到周围更多的规律性。贾迈勒可以看出不同产品和服务之间的模式，这是杰茜卡无法看到的，所以他能够容纳更多的差异性在脑中(这是因为当你展现给某人看的模式所包含的差异性超过他目前所能容许的程度时，该模式对他们来说就不像是一种模式，而是一连串没有关联的点)。与此同时，贾迈勒仍无法将单一情况概括化到另一种情况中，就如他不明白人力资源部门的案例研讨可能帮助他将此应用到其他不同的情况中。带有"规范主导"的心智结构偏好两种存在确切相似的情况，如此才能把观念应用于多种情境脉络中。当我们可以从内在过去经验的空间中窥探出规律性时，我们就会发现它们；但是要能够将模式再概括化到未来的情况，则比较难掌握。

两端性　用"规范主导"心智结构看世界的人，他们理解事物之间相关性的能力提高了，而且是那些他们在"以我为尊"心智阶段时看似无关的事物。这表示他们以往看似无关的对立事物，现在已经被看成是连接两极的端点，而且中间会有一些灰色地带。当他们仍然拥有较多"以我为尊"的心智时，某些属于"对或错"的事物，现在则被调整至"有时候"或"可能"的条目中。除了提升他们理解细微差异的能力之外，具有这种心智结构的人也可以看到周围的不同元素，并且说出那些元素的矛盾之处：在此案例中，贾迈勒注意到"客制化服务"（customization）的重点和公司所提供一体适用的一套技巧是两件相互矛盾的事情。这种微妙之处是他在"以我为尊"心智层级无法察觉到的，而当拥有"自主导向"的观点后，他也可能不会对这种矛盾感到苦恼。目前他还无法理解自己所看到的这种内在矛盾，但是之后他会发现其实有些技巧可以使自己更专业，并且可以应用在不同情境与方式之间。他目前可以看到的是一些细节，以及它们相互冲突之处；他还无法看到的是支持这些细节（以及帮助他解决被认为是自相矛盾的部分）的原则。

管理模式和两极意识　"规范主导"心智比"以我为尊"心智能够看到更多模式和两端性，同时也会困惑于或迷惘于其所见。这个世界变得比以往更加精密复杂，但也变得更不确定和混乱——再加上尚未发展出让自己感觉能介入事里的"自主导向"能力。这就表示拥有此心智结构的人注意到具有应对复杂模式的因应策略是一种"礼物"（例如，可以帮助人们两两拼凑出完整的复杂性组织工具）。帮助揭示规律性的同时，如果没有工具去辅助管理这些规律性的话，效益也不会太大；位居此心智结构的人不太会认为创建这种工具是一种可以被考虑的可能性。

自主导向

　　米里（Miri）对领导团队提出的新方案不以为然。她有一套自己对待客户的坚定主张，所以她不认为只是遵循目前最新和最好的金融服务趋势会是一个有用的方法。她此前一直都是凭直觉行事的，不过当她参加几次训练之后，她惊讶地发现的确可以学到许多东西，尤其是在面对无法自然相处的客户时，其实有更多有用的工具和技巧可以让她发展。对于微调后的套装产品和服务，她也感到非常惊喜，因为过去她必须自己针对产品进行相当多的更新修正。现在提供的新组合产品与服务虽然复杂，却能够符合她客户的个别需求。米里无意改变她的全部做法——当你已经相当成功时，为什么还要改变呢？但是她看到稍微调整自己的想法和行为之后，未来可能带来巨大改变的机会。当她尝试使用这些新技巧和工具之后，她注意到它们对于处理自己过去遇到的瓶颈特别有效。此类情况非常多样，不过往往都是那些只想使唤她而无意与她合作的特定类型客户。她并非介意被客户使唤，而是感到自己对那些客户没有附加价值。十分矛盾的是，米里发现当她极为仔细聆听那些高要求的客户时，他们通常会开始询问她的意见并寻求她的建议。不过这种文化的改变仍然有些部分是她不愿意遵从的（为什么领导团队总是将"变革"挂在嘴边？这些虽然很重要，但并不会因为这么做而产生全面变革），但是她愿意遵循的部分已经使她和客户之间的关系有了很大的改变，以结果来看，她对工作的满意度提升了。

模式　当我们主要的心智层级已经到达"自主导向"时，"站在看台上"相对来说是一个熟悉的技巧，也就表示我们可以毫不费力地看到规律性。米里不需要试着看出新产品和服务的模式，它们对她而言似乎显而易见。同样，她也可以看出复杂的人际关系模式，所以米里会知道哪些类型的客户令她感到棘手，也了解到原因可能出在哪里。她会注意到两端间的所有灰色地带并能看到所有的联结。在拥有较多"规范主导"心智结构时，这种洞察力要么尚未发展，要么帮助不大。而在"自主导向"心智层级，看到的差异会更加明确，而且各个事件与模式之间的关联更加紧密，因此会有更多的可能性和解决方法浮现出来。即使一个较偏向"规范主导"心智结构的人可以知道令自己最感棘手客户的特性，但他还是不太可能像米里那样感知到要修正的问题主要是自己对客户的反应，而不是对方的行事风格(可能令人讨厌，但这并不是我们所能改变的)。

两极意识　已经发展到"自主导向"心智结构的人会看到较少的对立性，因为他们看到在对立两端的中间存在较多的灰阶，而这些灰色地带会将两端联结起来成为整体，成为一个连续体。极性意识的最大群组主要来自"自主导向"心智结构的族群，他们会自己创造出关于"真相是什么?"和"应该是什么?"的价值观、原则或想法。值得留意的是，因为这些自主产生的想法是"自主导向"系统引擎的一部分，因此，他们会受制于这种主体意识，因而，也较难理解附加于这些准则的毫厘之差。请注意米里一开始拒绝接受新的改变，因为她认为这只是一个风潮;她有一套自己建构的观点、经过时间考验的做法，而非盲从今日的时尚想法;另外一开始她也无法看到自己的观念与目前这种趋势之间的联结空间。然而，当她开始看到其中的关联后，她能够消除对新计划的偏见并以不同的方式接受它。

管理模式和两极意识　在"自主导向"心智结构层级，模式变得更易于呈现。"自主导向"心智中的灵活性代表着更多事情被当作客体，可以得到检验，更多部分可以在台面上来回移动。米里可以从她自己的主张中抽离，并试着用新方式去了解它们，而不像通过"规范主导"心智结构看世界般受到限制。

内观自变

对新计划充满好奇，不过任何人都会告诉你:他对所有事情都感到好奇。他发现第一个研讨会真的很有帮助，他还想清楚地知道当他们尝试执行此项变革时，需要舍弃或者除去什么事情。研讨会的领导人试着跟他解释除了事倍功半的工作方式以外，他不必放弃任何事情，但是莱斯特(Lester)却认为这只是部分答案。有可能吗?他思索着。不用舍弃某些事情就能有所获得?他和办公室里的许多人聊过，试图去理解除了获得的明显益处外，他们舍弃了什么东西。下次的研讨会中，莱斯特提供了从其他人那里搜集到的舍弃清单，这是张令人觉得怪怪的清单：莱斯特说有人放弃了过往他们所拥有的自我直观感；有的放弃了一种专业的驾驭感；当他们遭遇麻烦时，少了一种无助感，或者是对某些客户那种自己无法帮忙（因此从来没有试图要去接触）的感觉。研讨会的领导人告诉莱斯特要用正面的思考看待其他人所放弃的事物，并且鼓励他与执行团队的领导成员谈话。

他越来越清楚地看见，在工作上越多使用这些新工具、产品和服务，他与同事间的谈话越多，与负责这项改变计划者的接触也会越多，而这就是一种真实的转化。他看见他们需要用不同的方式思考——关于他们的客户、产品和他们整个角色。他们过去认为自己在一个金融服务公司工作，并且销售产品给顾客。在莱斯特看来，这项计划意味着他要把自己的工作想成是创建客户和公司之间的伙伴关系——像莱斯特这样的成员实际上是在客户和公司之间经营运作的。莱斯特发现这么一来他的行为也出现戏剧性的转变，而事实却是当他不试图销售任何东西时，他反而可以更成功地推销公司。不过他不禁怀疑人们是否真的认真思考过当一个人在历经种种改变时，他们必须改变自己的思维才能到达这种境界。

模式　当以"内观自变"心智结构看世界时，他必然具备了用多样方式描绘出模式的敏锐度，所以看不见模式对他来说反而是更加困难的事。另外，由于看到各种模式更加容易，因而要记得其他人不能看到这些模式就显得困难（我们所有人都是如此，当看见模式变得越容易，就越会忘记有时候要看出模式是一件非常困难的事）。请注意，莱斯特对于呈现在他面前的任何片段皆不感到困惑，甚至没有考虑过要提出他人提过的问题，因为他并不觉得那些问题难以理解。他所想到的问题来自更大格局的规律性，着眼于这项改变对于团体系统和个人想法的整体影响。不过对他来说，即使有范例辅助，要把自己认知到的模式联系起来，使工作坊领导人也可以看到是比较困难的。

两极意识　虽然"内观自变"心智结构的人可以相当轻易地看见模式，但出乎意料的是，要他们去看见他人所看到的极性却是困难的。在他们的世界里，每一件事都与其对立面有关联性，因此要此层级的人记得这些彼此联结的事情在他人眼中只是截然不同的黑白分明事件是困难的。例如，莱斯特无法依照研讨会领导人的指示只专注于他所发现的改变对他人的"正面"意义。这并不是表示莱斯特不愿意改变自己的焦点，而是因为对于"内观自变"心智结构的人而言，事件的这两部分(好的一面与坏的一面)在人的思维里本来就是一体的。要把这两部分区分开来，会使它们变得不完整 (和我们前期所建构的意识正好相反，那时候它们形成两个不同的整体——正面整体以及对立的负面整体)。

管理模式和两极意识　　这里的任务，更多的是关于管理与他人的沟通，而不像比较前面的层级那样，尝试创造某种用来帮助处理这些事物的适应性机制或工具。如果莱斯特希望找出自己的问题和疑虑的答案，他需要能够找到与他人沟通的方式，让他人可以经由他们自己的心智结构窥见莱斯特所看到的观点和问题。

培养习惯

每一种心智习惯——提出不同问题、采取多面向观点和检视模式——将依据不同使用者呈现出不同的形式和样貌。这些不同就是使这些习惯可以跨心智层级(对幼儿园的孩子和总裁皆有用)的原因。这里棘手的环节在于找出养成这些习惯的方式，使它们成为你自我认同和行为的一部分。教练和那些负责学习体验者可以把这些习惯融入他们的教练活动或课程，并作为协助学员开始持续创建自我发展的一个主要方法；我现在会把这些元素都设计在我所从事的工作中。假如将这些习惯融入工作本身更困难但或许也更能促进转化。第三部分将会谈论到这项挑战。

第三部分

在 工 作 中 转 化

第七章　孕育领导力

　　如果我们真的想让工作场所在支持人们成长方面变得有所不同，就必须影响领导人思考其自身工作的方式。我和我的伙伴凯斯·约翰斯顿投入了大部分的时间来帮助领导人进行这些转变。凯斯自己就是一位领导人，他有很长一段的时间管理新西兰的公共服务领域，现在则担任国际乐施会（Oxfam International）的主席，该机构为一个全球的援助单位，致力于终结贫穷和不公平（如果有志实现这些目标还不算是一个支持发展的好理由，我也不确定什么才是）。凯斯会和我一起参与此章节的讨论，因为——如同贯穿整本书的观点——我们需要练习共同来思考领导力，不只是支持个人的成长，也要帮助领导人创建一个让每个人都能够在工作上展现出最佳自我的情境。

　　我们想要检视的具体情境是在组织以及工作场所内的领导力。我们之所以特定要检视领导力是因为它充满了心智发展的概念——与权威、控制、接纳观点等的意义建构紧密相关——因此拥有发展的观点可以提供我们一个在思考和执行领导力时的崭新视角。我们也明白领导力对于锚定组织内其他事物（如文化、价值、架构等）是有帮助的。我们不会天真地以为是领导人创造了这些东西——事实上，我们知道领导人通常是由文化、价值、架构等创造出来的。但是这些不同力量间的互动，给予我们一种有意思的张力，并提供给我们一些新方式去检视和理解组织内的生活。

　　我们试着从检视一位领导人的主要工作内容开始，然后检视当这个角色的规模和权限提升（同时对其意义建构的要求也增加）时会发生什么事。接下来，在描绘出相当艰巨的画面后，我们将显示"心智习惯"如何既能帮助支持领导人满足当前的复杂要求，又能协助其发展以满足未来的复杂要求。我们也会试着帮助你发展出自己的做法(希望你会将此技能与我们分享并彼此分享)。最后，我们将着重于让组织创造出孕育领导力的系统及其架构的方法。

领导人的工作

"领导力"(leadership)已经变成这样的一个字，既意味着一切但又不算一回事。不同的作者会告诉你它主要是关于管理冲突、改变或动机的。综观大量的文献，我们认为一位领导人的工作可以被浓缩为三个主要元素：愿景(vision)、人员(people)和任务(tasks)。我们不会详细谈论这些元素(因为每个元素都已经有很多相关著作)，但是它们的意义大致如下。

愿景　通常管理和领导力两者之间最大的区别在于领导力是关于未来的状态而不是关于现状的。这就表示领导人需要对未来有一种愿景并拥有一些方法，将愿景联结至可以使其实现的行动①。这需要对许多"极性"进行管理：工作和人员、理性和感性、大局和细节、现在和未来；也需要得到支持，需要人们改变，也可能因此令人感到不安和焦虑。

人员　没有其他人的参与也就不存在领导力了。这些人可能是部属或经理人、组织内部或外部的同事，或与此议题各方面相关的主要利害关系人。即使是那些不依附于任何典型组织责任位置的思想领袖，也需要将人员引导到他们的想法中、塑造对话和思考，同时支持他人采取新想法和新行动。启发和激励他人、支持他们把工作做到最好、帮助他们学习、跨越差异、处理冲突等，都属于领导人在人员方面的工作内容。

任务　大多数的领导人都要负责完成某些任务(或是指示他人去完成某些事)。一位好的经理人可能支持人员聚焦于任务，将其完成；但领导力代表的是挑选任务，将其联结至人员，支持人员完成任务和学习如何将事情做得更

---

① 即使这是个当下呈现的适应性策略，领导人仍要思考一些关于如何迈向不确定未来的方式。

好——不仅仅是局限于要将待办事项办妥，或将某些由他人设定、互不相关的目标完成。

你很可能已经明白，上述每一种元素（意愿、人、任务）都需要彼此协调：愿景帮助引领人员以及决定任务；人员为愿景创造出脉络并完成任务；任务为世界带来了新事物，不论是新产品、概念、意见或关系。你或许可以发现，如果这些元素都相对独立，领导人的工作虽然困难但是可以习得。然而，当工作的规模和权限不断增加时，这三种元素的彼此互动将无可避免地产生新形式的复杂性，领导人的待办事项清单中就必须再加入一种含矛盾性内容的元素：

> 清楚知道自己的目标在哪里，以及如何达到（因此人们才会跟随你），还有对他人的想法抱持开放态度（使他人能够增益你的思想，并带有使命感地参与进来）。换句话说，就是要同时扮演一位领导者和一位学习者。

这些不同面向元素的结合本身已经很复杂——然而，当领导人任务的规模和范畴扩充时，每项元素的特点也同时变得更加困难。

领导力和意义建构之间的复杂交互作用

很显然，这些范畴都不在意料之外。人们倾向担当领导人的角色，往往是因为他们对未来有某种"感知"（虽然有时候是希望保护或回到较好的过去）；对于他们要领导什么样的人员有些想法，以及对于最重要的任务有些构思。然而，他们通常只会对其中某些面向特别关注。我们有一位客户挑选她下一个职位的理由只从参与其中的成员中寻找；另一位客户甚至不需要去认识会接触到的其他人，只需要了解核心工作是什么便可。我们的客户进入资深领导职位的原因往往是由于组织的使命与他们对于未来会是怎样的观点有某些一致性。在这种情况下，相比管理个别"人员"和要完成某些"任务"，创造未来愿景的领导人角色要有趣得多。

对于一个必须离开以前的工作位置，转换到新工作的领导人来说，这些期待对他们而言是强而有力的支持。即使如此，大多数我们接触到的领导人在进入一个更大规模和范畴的领导角色时，都曾惊讶地发现，事情的进展并不如自己预期的那样。他们进入一个全新和更重要的角色时所怀抱的期望——总算可以拥有一个平台，进行自己一直希望推动的改变——通常在第一个礼拜结束时，就被迎面而来的情况压扁了不少。

领导规模和范畴持续增加的矛盾性

我们通常被请来协助领导人进入另一个更大规模或范围的领导角色。他们或许是由领导一个团队变成领导一个部门；他们可能是以既有的角色进入一间更大或更复杂的组织，也或许是他们正在努力解决的议题其范围和规模都变得比以前复杂(见图 7-1)。不管是哪种情况，我们看到的是人们在此刻经常感到自己被丢进深渊里，而他们也不具备成就这个新角色所需要的资质。某种程度上，他们谈论的是转换至一个不同形态的工作所需要的技巧：他们可能开始较少从事"自己擅长做"的工作(如发展软件、运作社区计划)，转而开始从事自己了解较少的工作(如处理预算和试算表、拟定策略计划或排定与主持软件发展人员或社区组织干部的会议)。他们可能需要致力于加强公众演说技巧、授权技巧以及将理论或内行人的专业术语转译成更广大的相关群众所能理解的语言。

未来 （愿景）	数周到数月	数月到数年	数年到数个时代
对象 （人）	员工和客户	加上当地社区和政府	加上全球社区和环境
任务	如果我做了X，会导致Y	如果我做了X，某人做了Y，然后导致Z	如果我做了X大家就会了解Y，X可以带领他们改变所有事情

规模和范畴的持续增加

领导团队解决明确的 或已经了解的问题	领导一个部门，该部门的团队 会领导团队解决明确的问题	领导工作距离较远或者正在 处理更加复杂工作的集体

图 7-1　规模和范畴的要求增加

　　然而，人们更多的是指由新角色衍生出的对领导力的不同意义建构要求（sensemaking demand）：他们背负着期望去采取更广大的视角、把工作放置在更宽广的情境，同时了解塑造此情境的力量。所有这些都不只是要求一位领导人知道，也要求他就此去思考或相信。通过成人发展的透镜，我们可以看到当领导人晋升到更高职位时，她不仅获得更大的头衔——可能也必须管理更大的规模和范畴——也必须提升自我的复杂度。因为你的心智结构不会像你的名片一样转变得那么快！所以领导人能够得到帮助其胜任新工作的支持是很重要的。这就需要了解我们最初对他们的要求是什么。随着工作规模和范畴的增加，领导人在每一项核心领导力元素中，需要具备更大视角的压力也会跟着提高。

　　就以愿景为例，我们已经谈过领导人需要思考未来。但是当领导人角色的规模和范畴增加时，未来的大小和距离也会随之改变。角色/范畴较小的领导人，他所思考的未来相对来说是比较近期的；具有更大范畴和广度的领导人，就需要考虑更长的时间框架，投射至更远的未来——发展的策略和计划可能包含了未来几年可能的行动，并且对未来成果有显著影响。

　　与人打交道的要求同样也增加了。当工作的规模和范畴增加时，领导人必须联结并且了解一群广大利益相关者的观点。当面对一个规模相对小的群体时，领导人联结的是和他直接接触的人，而且通常不需要去弥合巨大的分歧，虽然我们知道冲突可以来自任何团队，不论规模多小或多团结。当领导人管理的范畴扩大时，利益相关者持续变得更多元化，其观点和优先事物的数量也会同时增加，使得每次的互动变得更加复杂。

　　可能领导人与任务和结果的关系，相较于其他两者是更复杂的（连我写出来都这么觉得）。在其最简单的形式中，你做了什么和会发生什么事之间的联系，是清楚且可重复的，所以在最简单直接的情境下，领导人可以充分利用这些简单的联系。如果领导人分派一项明确的任务，其他人会知道如何完成，一旦这个任务完成了，每个人都会知道结果是什么。试想最简单的例子：告诉一个人去清理房间、编织篮子或做一顿饭。分派任务者知道自己想要什么以及为什么，因此，他可以支持被分派任务的人将事情做好，同时任务一旦完成，他们都能够看到结果并且知道任务是否已经完成。

更长远的时间框架和更多利益相关者的参与，会造成比较混乱的因果互动。因为系统里的成员增加了，而且在想法和行动之间的时间滞延也会延长，这使得确定任务变得更加困难，任务的效果也变得更难评断，因此，要分辨出哪种行动带来哪种反应就显得越加困难。

以被广泛研究和分析的新可乐(于 1985 年推出)为例，如果任务的目的是创造、现场测试和营销一款改良的可乐饮料，以终结可口可乐市场占有率持续下滑的趋势的话，这就是个失败的案例。新可乐大张旗鼓上市，然后三个月内就几乎完全在地球上消失，"经典可乐"则以更隆重的方式重新上架。然而，与这次惨败有关的宣传，却使可口可乐的产品比百事可乐更快销售一空；"新可乐的推出与消亡"结束了可口可乐受侵蚀的市场占有率。这样的结果——某种可乐饮料击败了百事饮料——看起来似乎是一种成功，只是这并非公司领导团队预期新产品配方的结果。当时高阶领导人采取的行动一直被广泛撰写，但是这里所学习到的领导力教训(已由不同作者使用不同的方式阐述过①)可从各种不同的方向去理解——或许是因为这里的因果关系被联结到不同的方向，并被不同的时间框架和不同的利益关系人衡量。25 年后，从我们有利的位置来观察，这个例子看起来与领导力比较无关，而是与运气有更大的关联性，因为它的结果与原本的计划如此不同。在这些较高层级的规模和范畴中，我们甚至很难知道什么时候或如何测量成功或失败；而任务和结果间的联结也显得越来越不清楚。

时间框架、利益相关者的人数和任务不断扩大的复杂性，代表着当领导人负责的规模和范畴不断增加时，对他们的要求也变得更加严厉。你或许可以从下面小小的列表中看出一些对发展的影响。但是请将这个在规模和范畴

---

① 请参阅：Malcolm Gladwell, *Blink*: *The power of thinking without thinking* (New York: Little, Brown, 2005) or Paul Ormerod, *Why most things fail*: *Evolution, extinction and economics* (Hoboken, NJ: John Wiley, 2007).

增加时会出现的重大矛盾加入到列表里。

领导人看似更能控制和改变以及看透大系统的全貌，而随着他们远离系统的实际工作，他们会感到自己能控制的越来越少。

这个最后的矛盾使这些议题的结合变得更加困难；而这个矛盾又包含在一位高阶领导人每天工作的各个面向中，同时对理解事物产生重要的要求。下一个段落，我们将（小心地）转到通过不同心智结构看世界的人体验这些要求的方式。

领导力和心智结构

我们相信心智层级与特定领导位置的能力展现之间的确有某种关联性，但这并非直接的配对关系，而且过于认真地尝试配对这些关联性将是很危险的事情。政治科学家肖恩·罗森伯格（Shawn Rosenberg，2002）曾描述，使用这些理论去贴标签和批判人有"潜在的严重且有害的后果"①。我们的一位同事笑着讽刺，这种理论在组织中的误用会使人们在没有足够数据或思考下草率地评断他人。这就像人们说："那个人的发型看着就像规范主导型"，然后把他永远归类在那个范畴。因此，我们知道自己站在不坚固的地面，当我们把手伸向你，邀请你加入我们，并不是因为我们认为脚下的地面很坚固，而是因为温和地检视这些概念的含义，可能会帮助我们所有人创造出更富同情心和支持力的工作场所——在那里我们可以和面临的挑战一起成长。

本质上，对于任何阅读本书的人来说，接下来的叙述并不算是什么新的发现：具有不同心智结构的领导人，会通过他们自身的"意义建构系统"来体验对其角色的要求，因此他们将会以截然不同的方式看待和理解他们的工作。领导者的角色和其心智结构之间或者会有（或没有）某种程度的契合——我们可以想象当领导人处于某个舒适圈时，就是当心智结构和对他的领导力要求

---

① Shawn W. Rosenberg, *The not so common sense: Differences in how people judge social and political life* (New Haven, CT: Yale University Press, 2002, p. 20).

或多或少是一致时；若是在这个舒适圈以外的地方，被要求的领导力可能就显得挑战性不足，或是过于艰巨。这里我们不会再重述之前谈过的内容，但是快速查看这里所说的领导力的挑战，会显示出拥有某些心智结构更能灵活理解和认清由更长时距(time span)和更多利益相关者带来的领导力挑战，以及能在任务因果关联上不断增加复杂性。角色的矛盾性更是一种伴随规模和范畴改变的额外挑战。接下来我们会快速检视这些核心议题。

"以我为尊"的领导者

时距的增加　"以我为尊"的领导者很可能对时距越长的任务要求越感到棘手，尤其是那些短期内可能需要一些牺牲，但可以长期获利的案子。

利益相关者的增加　通过"以我为尊"心智结构看世界的人很难同时容纳多元观点(尤其是当那些观点与自身观点互相冲突时)，领导者需要管理的利益相关者越多，或利益相关者可能带来更多分歧观点时，"以我为尊"心智结构的人就越难容纳和管理他们。

因果关系的清晰度降低　这种概念对于此类心智结构的人来说是不知所云的。因果关系相对他们来说已经是比较复杂的概念，因此，掌握因果关系的联结是"以我为尊"心智者主要的里程碑。因此，心智结构运作的领导者无法看到或理解因果关系不断增加所带来的复杂性。

"控制感表面增加与实际受控程度减少"的吊诡性　这种矛盾感不太可能被此心智结构的领导者所感觉或注意到。如果有同事描述这种感觉，此类领导者可能会认为对方的领导能力是不足的。

"规范主导"的领导者

时距的增加　虽然"规范主导"的领导者需要帮助以厘清时距增加带来的种种影响，但他们仍是可以理解时距增加的抽象概念。他们可能会因此而感到不安，同时寻求规则或其他指引模式来协助处理。

利益相关者的增加　因为带有"规范主导"心智结构的人可以理解多种观

点，因此相较于"以我为尊"的领导者，"规范主导"的领导者更可以了解利益相关者增加的意义。然而，通过此心智结构看世界的领导者很可能会毫无疑问地将一个特定的观点推崇为"正确的"，因此，很可能无法看到其他截然不同观点的价值，使建立新的可能性变得很困难。

因果关系的清晰度降低　具有"规范主导"心智结构的领导者，他可能具有更复杂的因果洞察力，同时发现某些特定原因可能会导致反常的或非预期的结果。一名领导者的期待或得体表现，很大程度上来自于(在此组织或其他组织中)让此人受到规范化的领导力文化，因此，该文化会影响(或塑造)她对这种发现的反应。如果组织(或者领导者所信奉的组织理论)支持这种因果关系清晰度降低的理念，那纵然这种情况让人感觉复杂或者不安，也被会认为是这个角色会遇到的正常情况。但是如果没有明确的架构可以包含此概念，它可能会使领导者觉得自己能力不够("我有这种想法是错误的，不然这不会发生")或他人能力不够("他们的实施方式是糟糕的，不然这不会发生")。许多此心智层次的领导者会针对领导力或这些特别议题寻找可以依靠的新指引，避免未来重蹈覆辙。他们可能会假设明确的因果关系是可以建立的，即使是在因果关系非常模糊的时候。

"控制感表面增加与实际受控程度减少"的吊诡性　"规范主导"心智结构的领导者不太可能会视此议题为一种吊诡，而更有可能视此议题为一个关于控制环境或组织程序的，并且是可以修正的问题。再次重申，使用组织文化的理论去理解此议题时，"规范主导"的领导者可能会相信这是高阶领导人角色的一部分。

"自主导向"的领导者

时距的增加　"自主导向"的领导者有更大的能力去了解以及全面思考时距的增加，另外，他们也具备了模拟未来互动的能力①。

---

①　这里我们试图区分能力（capacity）和技巧（skill）之间的差异。这些管理人具有相当的能力，但是他们仍然需要多种工具或理论帮助他们运用自己的能力。

利益相关者的增加　"自主导向"的主管更可能拥有能力去协调多样利益相关者的视角和想法，而且可以"站在看台上"寻求这些不同个体和团体之间的相似点与差异处，不过，他们可能倾向于将它们视作竞争性的需求，而不是相互依存或共同建构。在这里，看见许多观点的能力不一定表示"自主导向"的主管从一开始就具有想看见多元观点的意欲（desire），或具有发现这些不同观点的聆听技巧（skill）。这表示具有这种心智结构的主管，若是带着看重多元观点的开放心胸，以及揭示和探索这些观点的正确技巧，他们可以驾驭多元观点所附带的复杂性。

因果关系的清晰度降低　那些具备"自主导向"心智结构的人，更能接受因果间带有较长时间滞延的想法和行为，虽然他们也会因为自己的期待和实际结果有所落差而感到沮丧。一般而言，因为这种模糊性在他们的经验里常见，所以对此项领导力的要求似乎不会特别令人不安；看起来就像是领导力与生活一样，是繁杂且混乱的，而那些"自主导向"的主管努力地在复杂中建构其意义。因果关系的模糊化并不一定会妨碍他们去寻找最佳的答案和长期地深耕工作，直到答案达到完美状态。

"控制感表面增加与实际受控程度减少"的吊诡性　具备"自主导向"能力的领导者能够认清这是一个需要去管理的吊诡，而不是一个需要去解决的问题。然而，辨识出这个吊诡的能力并不表示他们就相信它。主管们可能仍然具有一种心态，促使他们相信完美的架构或沟通系统或领导团队可以为领导人创造出条件，使其可以实际控制局面。

"内观自变"的领导者

时距的增加　"内观自变"的领导者能自然地跨越较长时距地思考，或者带有一种观点——情况会随时间以一种不可知的方式持续演化。

利益相关者的增加　"内观自变"的领导者很自然地能采取多元的观点，而且可以感觉到他们自己的观点在与自己非常不同的人眼中看起来如何。所以他们可以容纳非常不同的利益相关者所持有的多元观点，并且发现更深层的共识、分歧和这些不同群体的多样共性模式是什么。

因果关系的清晰度降低　一般而言，具有一些"内观自变"心智结构者不太可能相信线性的因果理念，而是更自然地把注意力转向非线性和涌现性。

"控制感表面增加与实际受控程度减少"的吊诡性　具有"内观自变"能力的人通常对控制有较复杂的见解，而且相信控制往往可能是假象。

此简短叙述内所包含的结论可能令人感到有些眼花缭乱。领导职位的规模和范畴的增加意味着处于复杂度最高的角色里，即使是"自主导向"心智结构的人也很难做到——同时还要学习相当多的技巧——来接纳他们每天所面临的复杂性①。所有在意领导力的人在这里都会面临两个主要的问题。第一，"内观自变"者不会结婚、交配和生出"内观自变"的婴儿，所以如果组织在寻求具有这些能力的人才，那一定是有些事是组织可以做的，首先支持那些在发展上可能遇到困难的领导人，然后帮助他们随时间成长。第二，我们的研究发现，那些正在迈入"内观自变"心智模式的人，时常会发现自己的组织在他们的工作生命里是个错误的情境，所以即使我们支持他们成长，他们也会在组织充分受益于"内观自变"心智之前就离开组织②。在我们提供实务建议时，我们会试着考虑个人和组织这两方面的问题，以支持人们成长和持续在工作中成长。

创造情境以帮助领导者更成功

在整本书中，你不时会看到一个临时性支架(scaffold)的影像浮现。让我

---

①　当然，我们并不是第一个注意到这是个问题的人。凯根将其 1994 年的书名定为《头脑之上》(*In Over Our Heads：The Mental Demands of Modern Life*)是有其原因的。同样，安德森在他的书《自我的未来》(*The Future of the Self*，New York：J. P. Tarcher，1997)里面谈到"内观自变"的能力。最后，乔伊纳和约瑟夫斯(Joiner & Josephs，2006)带领我们通过领导人逐渐增加复杂度的意义建构系统，并且提出最复杂的建构系统就是最重要的，而且他们大部分着重于"后自主导向"(post-self-authored)空间的复杂性差异。

②　研究者苏姗娜·库克-格罗特在她的研究里找到相似的模式：在组织机构里，那些具有更复杂心智系统的成年人是相对难以被找到的(记录自与作者的私人沟通)。

们在这里先暂停一下，然后认真地检视那个影像，因为它将帮我们完成两件需要做的事情：①支持人们进行超越自我能力的事情；②给予他们时间以建立内在的支持，使那些外在支架不再是那么必要。在任何想象组织如何孕育领导力的可能地方，这个核心想法都是如此的有用。我们都听过世界各地组织在谈论"领导力后备实力"（leadership bench strength）的发展，让人想到的是热切的、穿着制服的领导人排着长龙，耐心等待自己上场的那一刻。而我们认为建立领导力的临时支架是一个更加有帮助的隐喻，它不只在组织特定层级或特定时间内及时提升后备实力（例如，就好像高阶领导团队环视四周时，才注意到他们都 58 岁了），而是将领导力视为一项资源来支持——通过发展特定的领袖以及创建支持整个组织领导力的系统和架构。

建立临时支架

然而，我们并不想向你推销一个已经建立好的临时支架。我们希望教你去建立一个属于自己的支架。这样你就可以参考我们建立的支架模型，然后你可以和我们分享你正在建立的支架；最终，我们可以想出数千种方式在人们随着时间成长的过程中对其工作给予的支持。所以，接着是建立支架的练习。

如果我们想要发挥自己最大的能力，领导人（还有我们所有人）真的需要得到支持，以随着时间成长。我们可以通过前面几章描述过的介入方法来达到部分成长，但是那些介入活动很可能只占我们实际工作时间的一小部分。这意味着我们有更多的时间和空间来致力于心智结构的发展，因为发展正存在于我们必须要做的工作之中。其中一个简单的方法就是关注一个领导人角色的各个面向，然后注意可以完成他工作的方法，同时也刻意运用第六章提到的一些心智习惯：

- 提出不同问题（asking different questions）
- 采纳多面向观点（taking multiple perspectives）
- 看见系统全貌（seeing the system）

请记住，那些心智习惯是内在发展性的，而且它们会在未来持续带来发展。如果在领导力的实施中，你既可以完成工作又可以让心智习惯变得灵活，那么这就是一个具心智发展的支架了。以下是我们运用它的方式（见表7-1）。

表 7-1　搭建支架

领导力的要求	心智习惯	做法
塑造未来	提出不同问题 看见系统全貌	制作一幅地图
带领众人	提出不同问题 接纳多面向观点	采用新方式思考和给予他人反馈
完成任务	提出不同问题 看见系统全貌	有目的性地划定界限

请留意，我们并不是说领导人只要做到这三点就可以表现得很好；它们也不是什么秘方，你一旦做了这些便能让其他事都水到渠成。更确切地说，我们是在试着一起做到两件事情——告诉你一些有用的做法（可以在进行工作时也协助支持领导人成长），以及向你阐明为何那些做法具备心智发展性（帮助你也创建出发展的做法）。因此，如果你实践这三项做法（不论用于引领理念、家庭或企业），你会发现自己也同时成长了。

塑造未来：制作一幅地图

当领导人进入我们的领导力发展计划或投入我们的教练活动时，"变得更有策略性"是他们最普遍的目标之一。他们希望能够从自己每天工作的琐事中逃离，试着专注——还有激励周围的人——一个值得努力的理想未来。具备策略性对我们某些人来说，并非与生俱来的人格特质（不过很显然有些人就是天生比其他人更有策略）。它是一种我们所有人都可以通过学习而表现得更好的部分，而且是我们可以邀请其他人以协助支持的身份一同参与的地方。

实践塑造未来的第一件事就是要认知这个活动本身的限制，以及认知到尝试可能带来的好处。那些相信自己只凭期望就可以创建出任何想要的未来的人，很可能最终都会失望；那些相信尝试和创建未来是没有用(因为其根本不可能实现)的人，很可能由始至终都会失望。但是我们一旦了解绘制有关现况和理想未来的地图不是一项单人运动，就可以通过周围他人的能力来增强自身思考未来的能力，这最终会帮助我们所有人。

对现在和未来提出不同问题　凯瑟琳·菲茨杰拉德(Catherine Fitzgerald)在她 2002 年的书中建议找出你自己产业内和产业外富有思想的人，并且提出这些有关现在的问题：

· 顾客(或其他主要支持者)会喜欢我们做些什么不同的事情？他们可能要求我们不要改变什么？

· 我们没有给予足够关注的最大潜在机会是什么？最大的风险或威胁是什么？

并提出关于未来的问题：

· 我们自己现在的事业与一年后(或两年或五年或……)的不同？

· 如果我们足够大胆，我们会做什么？我们会停止做什么？我们如果再大胆些，我们又会做什么或者不会做什么[①]？ 问自己和别人这些问题可以得到可能的地图。

看见这些反馈的系统全貌以及你对它的经验　一旦你获得这些多面向的观点，就把它们和整个系统拉在一起对话。我们建议你将这个过程写下来(或画下来)，因为明白自己脑袋中的想法(还有从主体移到客体)，同时将其保留下来，可以使你一直记录这些改变，记住这个过程是很重要的。我们发现一个有用的方法来进行这个过程，就是把主题或想法写在大张的便利贴上，然后将它们粘在墙壁或白板上，这样你就可以任意移动它们，同时从中发现不

---

① Catherine Fitzgerald, "On seeing the forest while among the trees: Integrating business strategy models and concepts into executive coaching practice." In C. Fitzgerald & J. Berger (Eds), *Executive coaching: Practices and perspectives* (Palo Alto, CA: Davies-Black, 2002, p. 251).

同的模式。在任何情况下，你都要对模式密切留意。

- 不同的人(或你)的说话内容哪里有联结？
- 哪里失去了联结？
- 造成联结或失去联结的原因可能是什么？
- 目前状态和未来方向之间的关系在哪里？
- 以上这些透露了什么？

当你思考这些收集到的不同问题和多样观点时，你可以开始看到自己以前没有注意到的联结。你可能会质疑自己曾经作为主体看到的部分，并且看到未来新的可能。另外，当你开始将其他人包含在探索的过程中时，可能会发展出一个更开放的风格。

你可能已经发现，这个简单的方法可以帮助领导人为他们的组织发展出一套更具策略性和包容性的方法，打造联结现在和未来的路径。此外，它也有目的地支持领导人心智(以及随着时间参与此过程中其他人的心智)的成长。这种双重益处——对企业有益，对心智发展亦有益——才是最重要的。

带领众人：采用新方式思考和给予他人反馈

有一个方法可以快速改变有关领导人的行为和所期待的文化，就是改变我们思考的方式并教授给予反馈的方式。几乎和我们合作过的领导人都觉得给予建设性反馈很棘手(他们可能也没有注意到，自己往往也没有给予足够的正向反馈)。数不尽的书籍、博客、管理工作坊和反馈模式可以用来帮助我们做得更好。诚如凯根和莱希在他们2002年的书中所批评的，这些模式大都带着一个潜在的心态：好像一位具有超级洞察力(super vision)的督导一样①。几乎每本谈到如何组织和给予反馈的捷径书籍可能都应用了此观点：领导人(反馈提供者)可以看到强大的真相，而接收者(需要接受反馈的人)则无法看到。

---

① Robert Kegan & Lisa L. Lahey, *How the way we talk can change the way we work: Seven languages for transformation* (San Francisco: Jossey-Bass, 2002), pp. 121-145.

如果领导人给予反馈的方式是接收者"乐于听取"的，那么问题就解决了①。

如果我们还抱持着反馈就是某人(通常是领导人)将一件事给予另一人，借以教育那个人的想法，那么我们将丧失反馈系统的终极意义，也将限制组织支持领导人成长的力量(讽刺的是组织都一直试图支持"追随者")。如果你把"提出不同的问题"和"接纳多面向观点"嵌入给予和接受反馈的过程中，将给接收反馈的人和给予反馈的人带来有用的支持。

反馈 (feedback) 作为一个概念(就像你太靠近麦克风说话时所发生的事)，简单来说，就是信息进入一个系统(然后你会听到一声特别刺耳的噪声)。接下来发生的事才有趣，反馈后学习(post-feedback learning)才是当初反馈的重点，反馈后学习可能看起来显而易见，但有时却不尽然，试看下列范例：

　　•议题：查利正在演讲，他站在距离扬声器两英尺(约 0.61 米)远的位置，结果麦克风发出很大的声音。

　　•学习：这里发生的事情是显而易见的，他学会要后退几步。问题解决后，查利可以继续他的演讲。

　　•议题：查利每天都替他的植物浇水，不过它们看起来却垂头丧气，没有生机。

　　•学习：因为他是在打理有生命的物体，学习就会比较复杂一些。可能他应该水浇少一些；或者那些植物需要减少浇水次数，但是每次浇水要足够；或者它们需要更多或更少的阳光、更多或更少的热度。查利可以做实验，尝试将环境安排安当(并且拯救那些植物)。

　　•议题：查利正对他的部属吼叫，同时他们表现出抗拒和不合作的态度。

　　•学习：查利应该想什么？这里学到了什么？

---

　　① 关于反馈，我最喜爱的书采取了一个更有帮助和复杂的方式。请参阅：Barry Jentz, *Talk Sense：Communicating to lead and learn*(Acton，MA：Research for Better Teaching, 2007)；Kerry Patterson, Joseph Grenny, Ron McMillan, & A. Switzler, *Crucial conversations：Tools for talking when stakes are high*(New York：McGraw-Hill，2002)；Stone, D, Patton, B, and Heen, S., *Difficult conversations：How to discuss what matters most*(New York：Viking, 1999).

　　这会根据你因果关联的理解而定。具有简单理解的人会说原因以可发现的方式追随结果（如同前面两个例子）。但是人并非机械系统，也不是简单的生物体。相信第三个例子的学习就像前面两个一样简单、线性又可测试的领导人，忽略了因果间所增加的一些不确定性。查利对着部属吼叫是因为他们抗拒和不合作，或是因为查利对他们吼叫所以他们才抗拒和不合作呢？或者查利的吼叫与他们的抗拒是受到相同原因的影响所导致的不同表现呢？你无法自己确定，或许即使和查利谈过后也无法确定。在这种情况下，你不应该给予查利任何有关修正他吼叫的反馈，因为你对因果关系并不够清楚。

　　从"提出不同问题"开始的反馈模式意味着每个人都可以从中学习。依照我们的经验，大多数人在反馈情况下所提出的"问题"通常不是真正的问题。更确切地说，他们是在问"引导性问题"（leading questions）（例如，"你认为对部属吼叫是最能激励他们的方式吗？""当别人对你吼叫时，你会感觉被激励吗？"），或者提出你已经知道答案的开放式提问（例如，"所以你认为团队的相处如何？"）。在反馈情境下提出"不同问题"是要理解关于当下你不清楚的地方，还有你可能真正感到好奇的地方（例如，"今天稍早我经过你的部门，注意到那里气氛很紧张，而且我听到你提高了音量。关于这件事我有一些意见想与你分享，但是我最感兴趣的是你对于目前团队的工作关系有什么想法，以及他们可以如何改善？"）。将"如何提问"作为反馈程序的核心来教授可以改变每个人的可能性。它不仅是真正共同解决问题的更好办法，也是帮助人们成长的一种方式。

　　然而，在这种情况下只提出不一样的问题是不够的。在你处理反馈议题时，采纳多面向观点也是非常重要的，如此你才能避免自己被套在单一的故事或选择里。为了掌握足够开放的可能性以真正帮助你们双方朝向有用的途径前进，你需要试着接纳情境中不同人的观点。进行这件事的一种方法是列出所有参与其中的成员，然后得出他们可能理解此特别事件或主题的（不止一种，而是多种不同的)方式①。一旦你和正在与你对话的人提出了所有不同的好奇的问题，同时采纳了各种不同的观点之后，你可以开始形成一种将更大的系统考虑进去的对策。使用这种方式你们双方才有机会展开真正的学习。

教导"排除简单因果关系"的反馈模式(并且拒绝督导必须具备"超然洞察力"的要求)，可以同时支持多种事情：它帮助主管学习适应一个不需要知道所有答案的系统；它帮助主管了解充斥在因与果之间的混乱空间；另外，它也帮助主管让其他人和自己一起思考，增加了尝试诊断问题和提出解决方法的人数。它可以在主管帮助部属成长时也帮助主管成长。此外，这种反馈的思考方式可以促进他适应，同时也支持他发展出比原来自我更高层级的心智。如果一个组织采取一个比较复杂的反馈模式，那种复杂性不但可以实际帮助组织成员扩大当下视野(通过依赖新模式的支架)，而且随着时间的推移，他们也会更加成长。这是一个组织性的做法，适用于不同的心理层级，有助于成长。每个人都是赢家②。

完成任务：建立联结并划定界限

如果你只执行他人分派给你的任务，这就不是领导力(虽然所有的领导人有时仍然必须执行他人所分配的任务)。在领导力的架构里，完成任务不仅是把事情做完，还包括从决定需要完成什么，选择谁去执行任务，然后在过程中给予支持和反馈，到任务完成，这整个范围的所有元素。这些步骤的每一项都是一个有关领导力的任务(而且你会发现每一项都包含一些想要的未来，以及思考和给予反馈的方式)。

这里我们建议一个可以帮助领导人把完成事情的不同方面考虑得更加周到的方法，但是我们会特别着重在第一步：决定需要完成什么。我们会把任务想成是你(或其他人)所定义问题的解答。问题可能是业务单位关于处理预

---

① 当然，要记住这个人——无论他是谁——可能都不认为自己就是核心的问题，反而往往会视他的互动为好意的，而且可能是对当下状况是有帮助的。

② 教导这种响应方式的小范例请参阅第八章。

算的方式有太多不同的意见。任务(或解决方案)则可能是创造并推行一项新的预算政策和程序。有一位领导人会负责将最初的任务定义为解决问题的对策，而组织里的其他主管则会被分配到任务中的某部分工作。无论如何，被完成的工作需要以有意义的方式与要修正的问题相联结。我们通常都会在此过程中迷失，因为各种解答会有机地各自发展，导致最后什么事情都没有解决。

任何一个主管，不论是处于任务分配链(task-assignment chain)的哪个位置，她都需要厘清如何使她的团队理解并且以有用的方式完成任务。我们正在讨论主管可以站在最令她感到舒适而有利的位置，以自己平常使用的方式去描述和分配任务，而且不用为了要学习很多相关的工作或发展其心智而将自己置于风险之中。然而，如果她采取提出不同问题和看见系统全貌这种方式，她可能会发现自己可以更好地分配任务和支持部属，同时她自己也会从过程中学到很多。

在此情况下，第一件要做的事就是尝试看见系统全貌，这是一种所谓的系统思考。我们发现数量多到惊人的领导者和主管们，在面对他和他的团队必须负责完成的特殊任务时，往往忘记后退一步去检视产生这些任务背后的系统。那些最老练的领导者会一直将问题的初衷，也就是最初导致任务分配的那个问题牢牢记在心中。如此看来，问题并不是"建立一个公司预算政策和程序"，虽然这是她要负责的任务；而是"人们感到困惑，当不同单位采取不同方式使用预算系统时，资源会分配不均"。心中抱持着这个更大的问题时，领导人就可以看到整个问题系统的全貌，同时看到这个问题并非只单凭建立一个周密的政策和程序就可以解决，而是同时要让人们把它当作资源来运用和理解，不是把它当成另外一种在大组织中出现的官僚要求。在组织里，任何阶层的任何人都可以从任务回溯根本的问题，同时能够坚持其任务要解决的那一个部分问题。可以看见任务和问题之间的关系以及这个任务和其他正在进行(或计划中)的任务之间关系的主管，能够改变任务完成的方式以及自己从工作中学习和成长的方式(另外，当她帮助别人看见系统全貌时，他们的心智也会成长)①。

除了看见系统全貌和为自己与他人创建联结之外，一位领导人还要就需要完成什么提出不同问题。在这个情况里，我们会建议使用一组有关议题界限(boundaries of the issue)的提问，因为界限的本质对任务的交付和人们的心智成长都很重要。再者，问题的界限通常没有被好好讨论过，这导致每个人对哪个界限将你的和我的工作区分开，哪个界限将这个和下个工作区分开，都有自己的推测。提出不一样的问题可以使界限成为一个可探究的客体，而非不同主体的不同想法。例如，关于任何一个重要的计划，领导人或主管们都可以提出下列问题：

- 这个问题的界限是谁描绘出来的？

- 问题的界限如果扩大或缩小会发生什么事？

- 如果不同的成员参与进来会发生什么事？

- 当界限被拉近或推远时，对此议题和对我们的选择会产生什么影响？

- 谁可以移动它们？

就以上述议题为例，主要的问题在于谁定义了难题并设定了环绕此特定结构性方案的界限。如果团队将界限开放并思考如何让所有必要的财务和预算信息更加清楚，同时让整个组织可以更容易地取得，这样会发生什么事？如果他们缩小界限，检视预算流程的某个核对步骤而不是检视整个系统，又会发生什么事？他们也可以提出有关"人"的议题。如果是人力资源团队而不是财务和政策团队被分配到此任务，情况会如何呢？如果是组织学习团体呢？他们会如何以不同的方式思考这个任务？工作时，这个团体在工作中会用哪些方式将这些思考容纳进来呢？

---

① 当然，除了看见系统的整体性并且理解任务如何与问题相关以外，还有许多其他系统可以检视。你可以适时视问题之前和之后的状况；你可以检视这个问题如何碰到其他问题，还有这个解决方案如何与其他解决方案碰撞(或与其竞争)。你也可以检视人们如何关联，是什么东西支持着或增强了这个问题，以及可能造成改变的影响力是什么。

这并不表示这些问题每天都需要询问和回答。如果领导人每个月至少可以预留一些时间安排一次此类比较深刻的对话，她可能就会发现她的产能提升了，她的思考以及周围人思考的复杂性也同时提升了。如同此章节其他部分所言，领导人只要把心智习惯应用在每天的工作中，他就能够支持对人和工作更加周全、更有助益和更深刻的理解以及心智的成长。

组织的支持

到目前为止，我们都聚焦于领导人如何支持自己和团队成员的发展。下面我们想要更进一步地讨论如何设计工作和组织以令领导人和成人的心智发展获得更好的帮助。如同我们在别处所做的，我们从提问开始：把这个工作做好需要什么？我们如何创建既协助工作也支持个人发展的工具/系统/流程？组织是否可以创建出完整的系统或结构，使发展变得更有可能？提出这些问题会引导我们形成三个相关的期望。我们希望组织搭建的临时性支持可以达到：

　　①帮助人们更有效地执行工作；

　　②协助团队和/或领导人及其直接部属对工作场所中所增加的复杂性因子——较长时距、更多的利益相关者、因果关系清晰度的降低——做出适当的反应；

　　③为个人制造反思自己的理解和发展的机会，以获得更广的视野。

带着这套标准，对于创建一个具心智发展的组织，我们有三个核心思想：它们需要对各种角色和如何增加价值非常清晰；将支持与挑战联结起来；明确运用结构以支持发展。

明确角色与附加价值

许多谈论组织的书籍会告诉你明确角色是很重要的。在很多方面，人们如果清楚自己被期待从事什么工作；知道自己是否表现良好；自己的角色如何与他人互相配合，都具有非常显而易见的意义。但是我们的经验和历史记录告诉我们，很多时候这类情形都没有发生。已故美国总统罗斯福偶尔会将同一个任务分配给内阁里的不同成员，同时不让他们发现彼此的努力是重复的，让他们从不同的角度去处理相同的问题。他可能认为竞争的方式可以获得最好的解决方案，同时借由内部所产生的冲突来测试这些想法。可惜的是，这个过程也充满着困惑、浪费和持续的敌意。

从组织学的理论观点来看，角色明确是合理的；从成人发展的观点来看，它也会产生不同的意义。比较不清楚或重叠的工作将对个人意义建构（sense-making）能力的要求增加。如果有一个明确的任务要完成，任何有头脑和技巧的人都能做到。当任务变得比较模糊，除了依赖个人的头脑和技巧之外，你更需要依赖他的心智结构。人们看世界的心智结构不同，对于模棱两可处境的反应也不一样，但是那些反应需要时间和注意力，你可能不希望花费时间在这些上面。反之，角色及其对个体意义构建的要求如果明确，则可能创建出让个体把工作做好所需要的支持。

清楚工作周遭所设定的界限，同时明白其他人会在哪里以及如何对我的工作增加价值也是重要的。记住，随着成长我们对界限的理解会转换和改变，所以创建清晰性本身就是一个礼物——尤其是产出我可以依赖或做些调整的清晰性。帮助我清楚地知道自己可以期待他人为我工作，增加价值的方式（同时让我清楚地知道我可以增加什么价值）是协助我把工作做好的一种支持。以我们最近接触到的软件设计团队为例，每个人都被要求去解决一个新程序在设计上的问题。为了"权宜"起见，有两个团队被建立起来，分配到重叠的工作，但是要应用不同的程序设计范式标准，他们沿着各自的方向，寻求最快速且最可靠的解决方案。当压力越来越大时（可能会短暂减损他们发展上的能力），他们就越来越看不见项目的更大目标，并且越来越看不清自己在那些更大目标中所起的作用和承担的责任。有些人承担了超越他们范畴的责任，其他人则不采取行动，等待最糟糕的风暴过去。认为自己已经将议题清楚授权下去的领导人，也没有弄明白自己可以借由帮助团队再次看到远景，而为其工作增加价值。事实上，有时候他自己也失去了前方的远景。当老板询问他有关团队的进度时，他不确定通过提问的方式是否能为工作增加价值；他是否需要裁掉最低产能的工作(还有，他如何决定哪一条才是最低产能)；他能够做哪些决定，哪些决定应该由他的老板或团队来做。对于那些自我认同较多是来自工作表现的人而言，缺乏明确性是最困难的。但是所有这些混乱创造出一个如此多重层次和复杂的情况，你便会怀疑他们能够开发出什么程序来。

　　这里的重点不在于工作的每个部分都需要如此被描述和确定，也不是在于重述你从任何管理的教科书中可以找到的内容。我们是点出角色安排的正确性对心智发展的意义，以及安排错误时的风险在哪里。

　　在这个特定的案例中，每个团队都被要求创造自己的角色，但是却没有伴随一个整体的系统思维，同时他们丧失了在模糊空间里协作的能力。那些具有较多"规范主导"或"自主导向"心智结构的人无法掌握事情的全貌，最终产生迷惘和怒气。缺乏明确的角色，再加上领导人无法提供他们与其他团队清楚互动的支架，这个项目就变得一团糟。这两个团队都需要被解散，而且需要一位新的领导人(带有更明确的方向)来拯救这个项目。

　　组织需要清楚角色以及每个人如何为彼此工作增值，不是只为了"权宜"或效率；它们对于意义建构也是一种重要的支持。你可以在更传统的等级分明的组织里创建出这种情况，在这样的组织里，每往上一个管理阶层的主管就必须要能够将部属的工作定位在一个更大且一致的远景脉络里，以增加其工作价值。在矩阵式和网络式组织中，这些较大的远景来自矩阵或网络的不同地方，但是这些较大的远景将如何形成仍然需要清楚，并且为那些至今仍无法自己创造出这种远景的人维持起来。如果领导人或主管没有带领单位和组织的工作朝向更大的远景前进，他们通常会减少而不是增加价值。如果人们不知道如何横跨网络或通过矩阵组织去增加彼此的价值，那么这个单位或组织往往不仅会徒劳无功，还会增加那些参与者的挫折感。虽然这种混乱可能会创造出一种有利于心智发展的干扰，但却更可能创造出一种不确定的纠结，反而会使人们退回他们最熟悉的模式而不是打开新的可能性。

将支持放到相应的挑战上

当组织在创造角色和架构时，它们会在心中考量许多事情。有些组织是根据需要发生的特定工作，以及最快速有效可以支持那份工作的阶层组织去建立架构的。较小和较新的组织则可能会特别根据现有的员工去架构。例如，"我们需要一个可以处理更多人事议题的角色，因为贾尼丝（Janice）永远无法胜任那份工作。"有时候角色和架构会围绕相关的工作流程或相近的地理位置来形成；有时候就只是巩固非正式网络与联结。然而，我们发现，极少有组织会在创建角色时考虑到对意义建构这个想法的要求与支持。

大多数的组织都会同意，知道你的工作是什么以及如何成功执行，是达到效能和满意的关键驱动因素。我们认为不仅要知道你该做什么，还要知道你对于工作应该要有什么样的意义建构才会帮助你对自己的工作感到有效和满意。为了这个目的，我们可以想象那些从内部去支持这个组织架构的人，或者是从外部协助组织重塑它们架构的人。这些都能够具备说明每个角色需要怎样被赋予意义的能力。你可以清楚陈述每个主管在自己的角色中被期待什么，同时支持他们用所需要的方式带领部属并且对自己的所作所为负责任。领导人的角色通常是以自身方式发挥作用的"职能模型"（competence model）为参考所设计出来的。但是许多职能模型却忽略了，当意义建构系统移转时新的能力会集群而上，而非一个一个地有序出现①。当你对每一种领导人角色需要人们进行什么样的思考和关联非常清楚时，你就能够更好地去发展支架以支持他们的发展。

这就表示当你看到最复杂的工作时，知道将很难找到符合这种复杂意义建构的要求，但仍然可以建立支持以协助某个人更舒适地进入那个工作。在任职前，先询问有关这些角色的一些想象性问题：

---

① 领导圈（The Leadership Circle）360 指标和领导敏捷性（Leadership Agility）360 都是沿用成人发展理论框架下的相关能力评估工具的例子，可以帮助开展一个更具威力的对话。

- 我们希望此人能够思考多远的时距?

- 与之一起工作的利益相关者团体有多大以及多元程度如何?

- 对此人所能直接控制的事,其效应可以向外围辐射到多远?

现在你对于复杂的意义建构对角色的要求已经有些了解了。现实中,如果你发现对某个角色的要求特别高时,进入此角色的管理人,或者需要具备相应高的意义建构能力,或者需要各种来自个人和组织的支持。最复杂的要求(尤其是组织图的顶端或组织具有大量的多样性或非常复杂的核心问题)将会需要最大和最有影响力的支持。

这些支持可以是你在一般"领导力发展"范畴里所能想到的所有方面,而且它们也可以适时成为组织本身的一部分,借以帮助那些新主管进入高难度的角色,同时也支持每个人成长。

建构组织架构和系统以支持心智发展

我们在建构组织时需要考虑很多事情。你必须思考什么是达成任务的最有效方式;对弹性、创新的需求和回应的速度;控制、质量和职责的执行;功能和信息需要被整合至何种程度,以及对工作集权或分权的方面有多少需求。不过同时还有建构个人发展需要考虑的问题。组织需要将人才发展到什么层次?人员有多希望和组织一起发展?

如果你相信个人的发展对整个组织很重要,你就需要适时地在组织架构中建立对心智发展的支持。创建一个可以传递组织使命,同时也支持员工发展的架构,是需要仔细思考的。个人发展至少需要组织呈现三项元素:反思、实验和时间。

首先,人们需要空间反思。他们需要站到看台上检视自己做得如何,然后开始了解自己理解世界的方式,并且将让人们认同为主体的那些事情抽离,转移成客体,他们就可以参与并寻求改变。他们需要以客观数据为基础的反馈,最理想的状况是有同伴(可能是一位经理人、良师、教练、同侪等)一起经历这段旅程,这些人可以协助他们将自身意义建构方式置于更宽广的视野中。

其次，人们需要能够尝试不同的行动模式和理解情况的方式；需要回到舞池尝试一些新的舞步。这是另外一种所谓的在工作中"具有转身空间的场域"，它可以包括以不同方式从事相同工作或者在不同团队里尝试不同角色。要从这些实验中学习就需要有能够从经验中反思的时间。同样，与他人一起反思的效果会更好。

最后，反思和实验需要在当下付出时间，但是对心智发展工作而言，最重要的是人们需要能够看到自己经过几个月和几年之后如何发生改变。所以最有帮助的是具备一个长远的眼光以便能够在经过一段重要的时距后回顾，同时注意到自己的思考(以及意义建构的方式)是如何改变的。这是极具挑战性的，特别是对于那些专注于创新、速度和弹性的组织，它们会定时改变以更好地迎合市场需求(虽然有些较少专注于创新和弹性的大型阶层组织也会定期地改组)。

投入时间进行规律性的、有计划的、正式的和与工作有关的对话可以制造两个有力的机会以帮助完成工作和支持成长。第一，规律性的正式对话，提供一个新的位置去谈论和思考工作。大家都承认关于工作我们有许多不清楚的地方，通过主管与部属或与一个团队开会的讨论，并且真切地询问工作进展，我们不仅可以把工作执行得更好，也能创造一个学习和反思的空间。

第二，这对所有参与其中的成员来说都是一次个人发展的好机会。反思工作也可以让我们反思在工作中的自己。它能够让我们提出可以从这个特殊情况学习到什么，如何用不同的方式处理事情，以及我们如何可以"变得不一样"的问题。它也可以让我们注意到重复出现的规律性。从目前状况中我们所学到的最重要经验可能是崭新的(也因此更有影响力)，或者可能学到与以往非常相似的经验，这时候我们就可以问问自己，为什么我们需要重复学习这件事情。不论是何种情况，建立正式的讨论工作和检视主要议题的机会——如果能进行得好的话——可以协助我们完成工作，同时也协助我们成长(关于如何具体建立学习型会议，请参阅第八章的表 8-3)。

第三，我们需要清楚人们如何为彼此的工作做出贡献以及增值。在一个阶层排列十分明确的组织内，不同部门和员工之间的角色应该是清楚的，同时组织阶层的价值应该可以随着层级的提升而逐渐增加。另外，每个层级的领导人能够比自己下一阶的主管们贡献出时距更长的远景。就我们的经验来说，越高层级的领导人要处理更长的时距、更复杂的利益相关者的关系，以及因果关系越加模糊的情况。层级的提高，代表工作的抽象部分更多，同时对意义建构的要求也更复杂。

一个层次分明的阶层组织能够使工作得到有效的管理。它也可以创造一个超越只讲求技巧学习的个人发展对话框架，描绘逐渐扩展的意义建构模式。这不是一件容易的事，当主管具备基本的心智发展观念，能够将工作所需要的思考复杂性与团队成员心智结构的可能范围联系在一起时，就会带来最好的效果。最精妙的组织可以创造出不同的领导步骤，以清晰而渐进的方式增加复杂性，当然也会包含支持人们的需求，以符合该职位所需要的成长。

在矩阵或网络型的组织里，这些层级比较不明显，发展的要求可能是渗透在一个多样化的工作要求里。忽而出现在某人所进行的一个项目中，下一个项目又离开了。为了帮助这些处于较具弹性组织的个体理解日益成长的复杂性观点，我们提出三个主要的构成要素。

首先，需要有负责个人发展需求的领导人，他们要负责人们需要学习的技巧，并对其角色可能需要的意义建构进行转化。其次，领导人需要明确阐述会遍及整个矩阵的工作复杂性。他们需要了解工作的发展要求，以及人们将如何得到支持以达到那个层次的复杂思考和参与度。例如，他们已经具备需要的技巧吗？团队的高阶成员有望成为导师或指导他人吗？团队有望通过多面向思考浮现出来的议题而为所有成员答疑解惑吗？最后，某些人需要将上述两点整合，并建立容许个人发展和工作所需要发展的反思空间。

然而，当我们的思考进入整个组织结构的发展时，我们开始脱离领导力的范畴，并想象可以帮助我们所有人（不只是领导人）成长的整个工作场所。如果我们可以创建帮助领导人发展并支持他们完成工作的实务操作方式，当然也可以运用在我们所有人身上。第八章就是一个开始。

第八章　孕育智慧

　　我们一起旅行，穿越了时间和视野，同时检视不同层级的人理解世界的方式，以及我们过去理解世界与未来可能理解世界的方式。我们探索了如何在此次旅途中互相支持并通过指导、引导和发展重要的心智习惯来支持成长。我们谈论过领导人可能的发展方式，以及组织可能的改变方式以令其发展更加可能发生。现在是我们退一步并思考自我的时候了。

　　这本书的目的不在说服你成人发展理论是这个世界上最强大的概念，亦非是万物统一理论，抑或是所有困扰你重大秘密的解答。它的目的在于提供给你一个透镜，借以看穿有时候显得很神秘的人类行为领域，并检视我们是否可能使用那个透镜创造出真正支持我们成长（和他人成长）的环境。不过，如果我不承认自己是在试图说服你一件事，那就是自欺欺人，那件我想要说服你的事就是必须终其一生认真看待我们的成长，并且创造成人可以发挥自己最大潜能的空间。我坚信我们必须开始把工作场所当作让人们成长——而不只是交付商品——的地方。

　　在第七章，我和凯斯主张领导力发展的其中一种主要模式，就是创造让领导人的工作与成长同时发生的方法。本章我想要把这个概念再扩展一步。我认为工作场所不仅是要支持领导人成长，同时也要支持所有人都得到成长。我希望你们在阅读本书时所投入的数小时，以及我在撰写本书时所投入的数年心血中，都要认真对待的核心理念，就是我们作为成人必须要思考能让自己发生改变的环境脉络与气氛，而且我们需要支持自己和他人走过这些改变。我们需要发展自身的潜能，而且智慧的成长与制作车子或传送邮件一样重要。

第一步就是相信我们对此任务是责无旁贷的。

我没有天真到相信这只是一个小转变。我们已经习惯地认为学校是年轻人成长和被养育的地方（然而，即使在这方面我们做得也不够好）。虽然现在越来越多的组织开始主张学习，但是他们实际的做法几乎总是与说法背道而驰。我们真的希望能够发展，但是谁有时间？谁有钱？如果我们最后有多余的钱，而且我们可以找到有时间的人，我们一定会将资源用来发展人员。这是很可能发生的事情——明年或后年吧。

这种把发展拖延到明日的习性源于两个相关的难题。第一，我们对于一个组织"该做什么"的核心信念。我们往往相信一个组织的核心使命是实现更多其所宣称的使命：利益相关者价值、救济饥贫、提升公众利益的服务等。这些都是一些营利性的、非营利性的和政府组织的对外目的。但是如果所有的组织都共同分享第二个核心业务：它们的工作是要让全体员工成长、让全世界人类的能力和可能的潜能成长，情况会如何呢？如果每间公司的工作都不只是创造它们期望的产品，也要让所有员工的能力在完成工作后比进行工作之初更好呢？

这就带领我们进入第二个支持员工在工作中成长的难题：我们相信帮助人们成长是组织的一项成本，所以我们必须为了某些潜在的好处而不放弃时间上和金钱上的资源。我认为这两个核心难题都可以通过心态的转换而得到解决，意指支持员工成长是我们的核心业务，因为员工成长会使我们的另外一项核心业务做得更好。当员工成长时，我们把工作做好的能力也会提升，这些事情是互相紧密交织在一起而不可能分开的。

这是某种理想主义自由派的希望吗？我不这么认为。我们对工作的认知在过去150年已经有了巨大的转变，再努力一点，我们可能就会进入一个更好的地方——我们仿佛经过七代人薪火相传才前进到这里。

我们已经能够想象成人大部分清醒的时间都是在商店、办公室和工厂里，执行完成核心工作所需要的劳力（有时候是脑力）。在过去150年内，随着工作情境的转变，我们和周围那些工作者之间的关系也有了很大程度的转变。在工业革命之前，往往需要多年的学徒训练你才能最终成为自己工作领域的师傅。学徒和师傅是相互需要的——一个人当老师，另一个人则作为不可或缺的帮手。在某些产业里，学徒们是备受重视的，因为他们需要投入许多年来学习该项手艺，未来再投资数年去训练其他人。我的祖先是爱尔兰的水晶吹制和切割工作者，那里有传承几世代的商店，他们的工匠会学习某种特定的手法来吹制花瓶；用特定的钻石切割样式来让钻石闪亮。无论如何，这个世界并不完美：潜在的剥削和苦难没有止境。但是有一项可以被接受的事实：工作训练和发展的部分——工作者能力的打造——与工作本身绝对息息相关。

随着工厂和装配生产线的到来，工作的训练时间变得无关紧要了。仍然有人把工作做得比别人更好或更糟，但是工厂存在的重点是将那些差异性消除，尽可能让个别差异越小。管理生产线的众多员工只需要少数的高阶人员，而且管理的工作大多数是和协调及调度有关，在认知和人际关系层面相对简单。对于一名员工，我们要计算出如何用最少的训练让人们从事最多的工作，这么做的效果很好(就经济上来说)，直到全球各地开始相互联系。这些日子以来，不受场地限制，也无须全面培训的工作都已经被移往人工不用具备专业技能，且较便宜的地方。西方世界流失工作的同时也流失了创造新工作的能力。全球经济危机告诉我们，当失去工作且无法挽回时，每个人都会受苦。无法找到雇主的劳动力会危及我们所有人——这个现象会变成个人和家庭、我们的社会服务、我们的经济和银行服务的负担，它有可能破坏整个社会。那么成人发展理论的构想到底对此有何裨益？

这些想法可以帮助我们再次检验工作、学习和发展之间的关联性，使这三者交织在一起——并且尽我们所能快速做到这一点。有关新的"知识年代"或21世纪的劳动力和需要付出什么才能实现这一切的著作并不匮乏，但是许多作品是在学术领域完成的，并且着重于人们需要何种学校教育经验来使自己从一开始就适应知识型工作①。如果可以弄清楚如何让年轻人成功加入具备

① 这个领域我最喜欢的一本书为 Jane Gilbert, *Catching the knowledge wave? The knowledge society and the future of education* (Wellington: New Zealand Council for Educational Research Press, 2005).

带领我们的思考和组织到达新阶段的初始能力的劳动力大军，这会是多么美好啊！那些年轻人可能在学校里要度过 16 年，但是他们未来很可能会投入 36 年甚至 46 年在组织里工作。我们可以做些什么来帮助组织成为训练场地，提供未来工作者可能需要的组织呢？重新思考组织的核心任务——并开始相信支持员工发展是任务的一部分——如何改变什么是有可能的？

这种转变可能会随着组织看待环境方式的改变而发生并得到支持。全球的组织都将需要重新思考它们与生活环境之间的关系。随着对环境影响（如气候变迁）的了解增加，组织学习生态系统是脆弱的，它需要我们每个人都尽一份责任维护它的健全。

同样，当组织面临更加复杂和多面向的问题时，组织里的人员就会开始去处理那些问题。而且那些具有最复杂心智结构的人才能处理最复杂的问题。高度发展的人可以被看成一种可以被培育的自然资源，而人们度过大部分成年生活的组织将决定那些高度发展的人才储备是否充足。组织需要这些高度发展的人群，同时也因为他们的供不应求而感到沮丧，这件事也并不是秘密。这里所说的供应和需求都来自同一个地方——组织里，因此，我们可以创造自己的智慧资源。了解这一点，并认知此种核心技术是 21 世纪组织生活中极为重要的部分。同时，真正相信组织具有双重目的思维的领导者也同样至关重要。

空谈我们应该要做这件事几乎不会带来任何正面效应，因为我们可能认同这件事听起来很美好，但是对于该如何实践这些想法却毫无头绪。如同第七章，本章我们会研究如果人们想要成功，他们需要在工作中进行的三件事情，同时会审视心智习惯帮助我们把那些元素融入工作中的方式。我会使用和领导力主要任务相同的基本形式来呈现它们，但是你会看到这些已经被修改成适用于所有人，而不只是具有领导角色或责任的对象。表 8-1 把这些想法与第七章相比较，如同第七章所述，我不是指这三件事是人们唯一需要做的，也不是指这三种变化的实践和心态的方式是唯一向前迈进的做法。我提供这些想法是本着能够将自己和你们的思考放在一起，借以开创共同思考的精神。

改变现代工作模式不是一件简单的任务，它需要我们所有人一起合作以厘清如何迈入一个新的境界。

表 8-1　领导者与众人任务的比较

领导者的任务	众人的任务	两种任务的主要差异
塑造未来	培养好奇心	领导人必须塑造未来并且具备可使其实现的愿景，但是我们其他人都需要对比现在的不同或对更好的未来充满好奇。
领导众人	了解人是意义的建构者	领导人必须告诉其他人要做什么，但是我们都必须与其他人相处并共事。在我们可以把事情做好之前，我们必须切实增加对彼此的了解。
完成任务	共同思考与创造	这并非建议领导人不应该与他人一起完成任务，而是说无论你目前面临的任务是什么，你可能都必须想清楚如何让更多人一同参与进来，这意味着要提升我们共同思考的方式。

提供给所有人的工作元素

作为一位身处千禧年的第二个十年开端的作家，我其实没有太大信心可以预测十年或二十年后工作世界的样貌。这个世界变化得如此快速，未来正以我们无法预测的方式在四周盘绕；我那不确定的揣测是，我们将以不同的方式去思考我们之间的联结、我们的工作和我们的世界。在这种不确定当中，我可以提供一些我们可能在靠近而不是远离工作生活面向的做法。

第一个关键任务就是发展好奇心。我知道把这件事视为与领导者制定愿景或策略计划等同的任务会让人感到奇怪，但是我认为它同等重要（而且也是领导者需要做的一件事，也就是为什么这个段落标题为"所有人"）。我百分之百确信好奇心（及其带来的对学习的开放性）是一项工作场所应该要重点培育的必要技巧。有些作家认为它与幸福感和成就感相连[1]；还有人则认为它和组织及个人发生改变的意愿有关[2]。它与领导者需要掌握的未来方针相辅相成，因为对于未来感到好奇——好奇于未来的可能性是什么，可能有什么机会和威胁——是一个非常有用的部分，让我们所有人都可以保持好奇。当事情变得更加复杂，所有人都必须处理的信息与日俱增时，对这一切变得麻木似乎成了一种所谓的解药，但是麻木只会导致我们远离真正的解决方案；保持好奇心反而才是将所有干扰转为真实成长的方式。

　　第二个任务是了解人其实是意义的建构者。这里我不仅在谈以一般的方式去了解人们的差异；我是指了解身而为人的意义是什么，我们自身内在争相表现的各种面向、人性的不一致，我们建构世界又生活在自己构建中的方式。其中一个我们全都犯下的最大错误，而且是已经犯了好几代的错误，就是相信人们(应该)根据事件的真相，以理性和可预测的方式来行动。即使只是相信我们会就"事件的真相"或什么是"理性的"达成一致也是误导人和无用的[3]。记住，我们都是意义的建构者，并且以此为信条采取行动，这是在工作中成长的第二个关键发展元素。

　　第三个任务是真实地结合前两者，以便同时获取更好的工作关系与结果。如果你真的变得好奇，同时理解他人都是意义建构者，你将会知悉自己看事情的方式(感觉像是最棒的方式)与其他人是不一样的。深信你的工作需要与他人一同思考和创造以及一起产生新的意义，表示你由衷地明白单靠自

---

　　[1]　好奇心与幸福之间的联结请参阅：Todd Kashdan，*Curious? Discover the missing ingredient to a fulfilling life*. (New York：William Morrow，2009).

　　[2]　虽然他们在自己的书中没有特别谈及好奇心，奇普·希思(Chip)和丹·希思(Dan Heath)的确有谈论培养"成长心态"(growth mindset)而不是"定型心态"(fixed mindset)，而且他们提供了学习的例子，学习是从敞开心胸这种简单的行为开始的，相信学习是工作的关键部分，不论你是校长、打高尔夫球的人或心脏外科医生。请参阅：Chip Heath & Dan Heath，*Switch：How to change things when change is hard* (New York：Broadway Books，2010).

　　[3]　四处皆涌现起着各式各样的全新领域(如行为经济学)去探讨我们的非理性行为模式。有一本书可以帮助你去探索更多：Dan Ariely，*Predictably irrational：The hidden forces that shape our decisions* (New York：HarperCollins，2008).

已是无法独立成事的，而且工作中需要思考的每个部分几乎都需要和他人一起思考，正如工作中每一个需要开创的部分都会需要多位创作者一样。在下一个段落里，我会延伸这些想法，并提供一些改变你在工作中实际做法的战术。

培养好奇心

好奇心是学习过程的润滑剂。没有它，学习虽然可能，但会遇到更多的抗拒和困难。任何人牵着一名三岁儿童走在城市的街道，都会看出孩子几乎就是由好奇心所组成的——每一片叶子都必须要被碰触和翻转；每辆走过的车子的声音都必须要被模仿；每位擦身而过的陌生人都必须要被深深注视；每一个答案都会引来另一个"为什么?"但是当我们年纪渐长，很可能会发现好奇心逐渐减少；或许我们认为已经学会那么多，世界上很难再会有什么东西让我们感到疑惑。我们很早就开始因为好奇而被责骂，因为知道事情和表现肯定而得到奖赏。在学校我们会因为有正确答案(而不是有好问题)而被奖励；工作面试时，我们会因为看起有自信且沉稳而得到奖励，所以我们开始认为好奇心是孩子专属的(同时对猫是致命的)。

另外，很清楚地，确定性也关闭了我们对新观念、新可能性和学习可能令我们感到不安的新事物的开放性。经济学家约翰·肯尼思·加尔布雷思(John Kenneth Galbraith)写下，"面对改变一个人的心智和证明不需要改变这两种选择时，几乎所有人都会忙于证明后者"时，就已经非常清楚这一点。事实上，我们很多人甚至不知道我们可以选择改变自己的心智，因为我们往往不会去注意到这个机会，所以很明显地，我们总是专注于证实自己已经知道是真的事情①。

---

① 关于我们对自己心智的认知是如何的少，请参阅：Timothy D. Wilson, *Strangers to ourselves: Discovering the adaptive unconscious* (Cambridge, MA: Harvard University Press, 2002).

专栏 8-1

通过寻找等号发展好奇心

有一个容易记忆的练习，可以帮助每一种心智习惯的人提高好奇心，就是去寻找你自己或他人推理中的等号。数学课教过我们等号两侧的方程式永远是一致的。

$$2x = 12$$

注意等号两侧的内容可以学习到许多事情。在这个情况下，我们可以有自信地说 x 等于 6，因为我们深信这个等号是正确的。

然而，生活教导我们说，我们通常都会自创一些严重不对等的方程式：

$$成功 = 当我 50 岁时拥有自己的公司$$

从某种角度来看，第一个和第二个方程式都是同样正确的，因为逻辑似乎都很清楚。所以对这些等号产生好奇心可帮助我们从意义层面（不论某人的心智结构为何）展开探究。

寻找等号，只需追溯导致任何结论的逻辑。你问：为什么我/我们会认为这个是显而易见的答案？你要对那些你确信某事必定等于另外一件事的时刻抱持开放的心态：一次差劲的会议就表示人们不重视你；他有两个理由拒绝你的邀约就表示他不想与你共度时光；今年你没有成为合伙人就表示你升迁的轨迹已经停止，是时候开始寻找新工作了。任何一种状况，你的想法可能都是正确的：人们可能会不重视你；他可能真的没有那么喜欢你；你应该开始重新寻找工作。不过"主体—客体"理论告诉我们，当你发现某事必定等于某个意义时，你可能就会受制于那组想法。有时候我们想维持这种受制的状态，但是有时候我们可能想要把那些想法摆在明处，仔细检视它们，然后做出一套新的决定。追踪你的逻辑必然性可以开启一种崭新的好奇模式，而且可以帮助你决定是想要把这件事当作真相，还是想要开启一组不同的可能性。

但是当我们（经由我们的文化，也可能是大脑）被设计成要表现得更加确定时，如何才能够变得更加好奇呢？第六章所探讨的三种心智习惯将可以帮助我们，它们每一种都能创造好奇心。

提出不同的问题，既是由好奇心所驱动，也会持续增加好奇心。这里我所说的不是要提出来解决或修正某些事或者实际去做任何事的问题。对你自己和他人发展最有帮助的关键就是提出你真正感到好奇的问题、提出一套理念以唤醒你的问题。如此，它就不是关于你帮助别人解决难题（或者如果你提出自己的问题，也不是关于为自己解决难题）。它是关于深入认知某事物，但不带有任何要去解决它的企图(至少在最初是这样的)。这些问题之后会变成其自身的目的，你和其他人在里面所发现的见解并不一定是你一开始提问时所寻找的见解。提出一个问题并希望从其他人口中听到你心目中的答案并不是一个真正的问题。句子的结尾有着"混蛋!"的那类问题也不是。例如，"你有没有仔细读过这个句子(混蛋)?"提出你真正感到好奇的问题是出乎意料的困难，但它也同时造就了"主体—客体"转移的契机。提出问题以寻求理解将会帮助你和他人成长。

当然接纳多面向观点也是由好奇心所驱动的，同时也会创造我们更多的好奇心。你最习惯以一种自己的方式看待熟悉的世界，但事实是这个世界对你来说已经太熟悉了，所以很容易一个不小心，它对你来说就会变得像真理一样。你可能需要问自己：我必须要跟谁谈谈话，才能得到跟自己完全不一样的观点？许多团体和个人在其中某部分都做得很好，而且还有各种接触他人观点的方式(利益相关者分析、客户调查等)。然而，即使是在那些普遍接纳他人观点的地方，或者是询问信息和观点已经变成一种习惯的地方，通常还是会遗漏两种重要类型的观点：我们忽视或不屑一看的观点，以及从一开始我们就没有想过的观点。一般而言，在第一个类别里，当我们发现某些观点没有帮助或者违背自身观点时，就会忽略它们；我们往往认为它们不可靠、无知或干脆就把它当作古怪的想法。在每天的工作中，你会忽略谁的观点？如果你真的认真思考那些观点，它们可以为你带来哪些裨益？至于那些还从未被互相探询追求过就消失于我们眼界的观点，则更难被我们采纳。哪些人的观点是你遗漏的，你如何改变这种情况？你如何使自己持开放的态度去向那些你不认同的人学习？还有，最重要的一点，可能是如何让自己真正去关心其他人的观点，如此你才能离开自己的观点去寻找它们。积极地去接近多面向的观点不但可以帮助你成长，还可以提升你的工作质量。

最后，观察整个系统总是能引起好奇心，因为系统的本质是如此难掌握和理解。有意地寻求不只是关于个人元素，还有关于那些元素之间互动的行为，可以为你的想法和决定提供一套新的选择。你可以注意不同人、不同力量或不同想法之间的互动。你可以注意不同人围绕关键议题或理论所制定的界线。你可以注意想法、信息、金钱、影响力等流经系统的方式，并且寻找所有那些物资不足或过剩的部分。当你开始想了解这些不同特点时，就是真的感到好奇。当你开始好奇，你就会学习，而且突然间更容易找到新的解决方案，同时也找到好奇心的新起点。这种良性循环将会帮助你成长。

理解人乃意义的建构者

我有自相矛盾吗？

很好，那我是在自相矛盾了。

（我是偌大的，我承载着很多个自己）

——沃尔特·惠特曼《自我之歌》(Song of Myself)

认为人有理解世界的不同方式并不是一项什么革命性的发现，这应是你早已知道的事。记住这件事并且表现得好像你真的相信它才算是革命性的。我大部分的时间(作为一名顾问、一名教练、一名组织内的领导者)都在提醒人们(和我自己)那些围绕在他们周围的人是以不同的方式理解这个世界的，而那些差异真的很重要。理解那种想法但没有落实执行，似乎是人类的一个本质现况。然而，只要好好记着每个人都是意义建构者，而且每个人都是用自己的方式去理解世界的，就足以转变你对自己和周围人所做出的种种反应。

现在你或许已经看见了这些心智结构存在于你和他人心中的方式，也看到了当你在尝试时，你或许可以将对他人神秘而美丽的意义建构提升到一个关怀的新境界。你或许已经花了足够的时间去思考关于不同心智结构的某种简略表达方式(如表8-2所示)。在胸怀宽广和愉悦的时候，有耐心地对待彼此间的差异是相对容易的，但是当我们生气或有压力时，我们该如何有耐心地面对这些不同(甚至是不想听到)的想法呢？当你可以对他人在相应层级的强项和现正面临的挑战感同身受时(即使是他们惹恼了你)，联结你对他们的关怀，就可做到这一点。当你无法一开始就完全记住他们的强项时，以下的表格会是一个方便的提醒。

表 8-2　不同层级对理解"人"是意义建构者的强项、挑战和所需要的关怀

心智结构	强项	挑战	所需要的关怀
以我为尊	有明确的目的和确保自身利益。	缺乏观点采择和同理心。	理解此人正在发展接纳他人观点，以及看见超越自己的更大景象的能力，而那个世界（尤其是领导职位的世界）似乎很多时候令人感到迷惘又不公平。
规范主导	致力于一个大于自己的目标。	当身陷他所重视的人或相互矛盾的想法之间时，会缺乏决定的能力。	尝试理解这个人是真诚且诚实地在外部专家、关系或想法的帮助下实现他的价值观和想法的。而且他可能时常感到领导工作过于困难，自己不适合担任领导职位。
自主导向	信奉自主导向的想法和价值的力量。	缺乏跳出自己的承诺与观点并看见一个理由充分的想法也可能错误的能力。	理解我们就是我们的价值观和原则，以及要从这个空间成长出去的确令人恐惧；事实上，成年生活大多已经被设定为仿佛这里就是发展的极限，所以即使要学着认识更复杂的思考方式也是困难的。
内观自变	乐于接受新观点；持续对学习产生兴趣。能够看见细微差异且不受复杂性困扰的能力。	缺乏不去看模式的能力。对于记住自己这种意义建构系统并不普遍是有困难的。	理解这是一个孤独的地方，位于这个层级的成员（或者正走向此心智结构的人）皆需要良好的陪伴和深度的聆听。

　　例如，试想明（Minh）会根据他所在的团体而改变他的想法。当他和某个利益相关者团体在一起时，他会告诉他们一种说法；但是如果他和另外一个团体在一起，他似乎拥有一个完全不同的信念。你可以本能地认为明是一个骗子或者是一个工于心计的人；或者你也可以在心里记得他的心智结构具备使自身行为发生转变的潜在可能性。如果你相信他只是表现出他的意义建构

系统而不是在讨好他人，会如何使你更同理他的行为呢？你会如何支持他成长？当你将意义系统的发展记在心中，你就开始接触到一组新的问题和机会。

几乎每本写到关于神经科学的书都告诉我们，人会因为其他人所做的事情在某些方面看起来不合理、不喜欢或者让我们觉得没有助益而感到烦恼。然而，我所合作过的上千人中(即使是那些会激怒周围每个人的人)他们都认为自己所做的是正确的事，或者至少是尽了自己的全力。如果你抱持着周遭的每个人都已经尽了自己最大努力的想法，那么他们令人讨厌和烦恼的(不适当)行为将会呈现出其自身的逻辑模式和意义。关于这些行为，你可以问：我必须对这个世界抱着什么信念才可以去理解这些行为，同时视其为对我来说最好的方式？而且有时候当我们看到全貌，我们会发现错误的是自己。具有"内观自变"心智结构的人坚持这种想法会比其他心智层级的人更久，但是我们所有人都可以更接近这个想法。把意义建构记在心里——即使它只是提醒我们在其他人的心智中有一个全新的世界等待我们——就可以帮助我们练习对他人产生新的联结以及怜悯的心。

当我们思考自己时，又有另一组问题可以自问。当事情令我们感到烦恼或担忧，或者当我们感到伤心、生气或沮丧时，就可以开始询问：我必须抱持着什么信念才能让这件事情不那么令我感到伤心/不愉快/挫败/大怒？有时候我们发现自己不得不去相信关于其他人的事；有时候我们发现自己不得不去相信关于自己的不同事情。试想在一个星期五下午的会议上，你在对主管和他的主管进行一个重要简报，你表现得很慌张，说得结结巴巴。之后的整个周末，你不断在想自己可以做些什么和应该做出什么才可以有不同的表现——从准备更充分、当他们提问时减少防卫的心态，一直想到从一开始就不应该加入这个笨蛋行业。当星期一早上来临时，你想要躲在床上，永远不要再去工作。

即便如此，你也知道某些人可能遭遇了类似的挫折，也同样感到自己的能力很差，但是却可以继续前进，没有真正的深陷痛苦当中。他们有什么关于世界的信念是你所没有的？他们可能有一个更"自主导向"的视角，而且认为工作只是评断自己为世界所带来价值的其中一个面向，他们不会将自己与自己的所作所为或自己如何理解事情的方式混为一谈。他们可能具有一个更"内观自变"的观点，而且知道"挫折"往往引出最精彩和出乎意料的结果。你想要相信这一点吗？你可以如何做到呢？只要意会到你有能力与愤怒和挫败感建立不同的关系，就是新关系发展的开始(见专栏 8-2)。

专栏 8-2

理解人是意义建构者：区分数据与意义①

我们看到的所有事都包含一个外在的事件(可以被客观测量或描述的事实)，以及我们对那些事实的理解②。因为我们复杂大脑的运作方式，我们会得到一组包含事实和意义（facts and meaning）的模糊信息——而且我们往往会困惑于无法将两者区分开。如果有其他人也身处相同的情境，那个人也会对于你是怎样的人骤下结论，而且也可能同样感到困惑。如果你身在一个会议或团体中，每个人都会产生各自的结论。

一项核心的做法就是去看你是否可以靠自己领会到已经发生的事实(可以被客观证实，同时其他人也会同意的事)与你建构出来那些想法(可能是批判/想法/信念/假设等)之间的差异。这是需要一些突破性尝试的。例如，

塞尔希(Sergio)真的伺机在今天的会议批评我！他对我所说的每件事都不同意，但却完全赞成谢拉(Shiela)说的每一个字。他对我真是没安好心……

通常我们的第一个反应都是这样，将看到的事实和解读出来的意义混在一起。将此两者进行区分会给你提供一组关于某件事的问题。记住你和塞尔希各自在使用特定的方式理解世界，这意味着每件事都有测试和探索的可能。

首先，你可以询问自己有关自身意义建构的问题：

什么信息让我产生塞尔希是在批评我的印象？他在反驳什么？感觉像是在针对所有事，但是实际上他在针对什么？针对多少事？哪一类事？我猜这代表了塞尔希对我的感觉不好。它还可能代表什么呢？

接着你可以重述对这件事的整个想法，把你建构的意义和你看到的事实(数据)分开，然后将它们视为两件各自独立的部分，而不是像一团纠缠不清的东西：

---

① 对于现在我内心滋长的这些想法，我很感激琼·沃福德(Joan Wofford)和巴里·詹斯(Barry Jentz)以及感激我在 Kenning Associates 的伙伴。

② 读者可能会抗拒我将这两部分的元素对分——好像客观的事实真的和我们赋予它们的意义是可以分开的。这是有道理的，因为无论何时当我打出"事实"这个字时，自己也会退缩一下。但是为了这个特定的练习，知道以最简化的观念去做描述的活动(如此大多数人才会同意它)与个人赋予那个活动的意义之间的差异是有帮助的，哪怕将它对分是多么的不正确。

续表

在今天的会议上，我记得至少三次塞尔希用我认为带有批评性的话语（"这永远不可能成功""我们已经试过了""你在这方面的资料是错误的"）打断我所做的陈述。这令我感到不安，而且让我担心我们之间的关系，坦白说，我还担心自己构想的质量会被影响。

一旦厘清了想法，你可以开始决定自己好奇心的打开空间在哪里。

• 他从哪些方面来评估我想法的质量？（我是否在重复利用没有成功的旧想法？我是否遗漏或使用了不正确的资料？）

• 从哪些方面来看这实际上是在反映塞尔希个人的情况，而与我一点关系都没有？（他那天过得特别不顺利吗？这些想法某种程度跨越了他的职权吗？）

• 哪些方面与我们的关系有关？（相较于其他人，塞尔希通常对我比较挑剔？我如何看待他的想法？会议以外的时间，我们的关系如何？）

然后，最终你可以和其他人讨论，并且找出他们对于这些事件的观点。

练习这一点就像训练一组肌肉：我实际看到什么？我怎么理解自己所看到的东西？我的感觉、信念、假设和意图是什么？

每天举起然后重复十次，你就会发展出这种"肌肉"。

共同思考和工作

如同我们第七章所述，组织可以在其结构和程序中建立发展性的做法，并且可以思考支持发展的方式。其实并非组织里的人员没有进行相关思考：现在大部分有几十个员工的组织都有人力资源架构、发展计划和关于组织学习的一些想法。

所以问题不在于我们不知道该做这件事，问题在于不懂如何做。绩效管理系统、训练计划、升迁评审——所有这些系统往往都被设定用来帮助人们学习，然而，我所合作过的上百间组织内部的员工几乎都认为这些体系是浪费时间、层次过低、太困惑或者通常都会产生误导。如果那些体系的创造者了解与发展性相关的差异，我们可能会在发现自己这方面，获得更清晰、意图更明确的成长支持。

我们可以询问那些拥有较多"以我为尊"心智结构的人，他们有没有获得发展忠诚度和更大远景的机会；询问那些拥有较多"规范主导"心智结构的人，他们对于自己的表现有没有获得足够的反馈以及足够的许可去编写自己的想法。我们可以保有一个相对普遍的方式以支持"自主导向"型观点的强化。另外，我们可以刻意发展系统和计划，以建立和支持一个更大的"内观自变"型的意义建构系统？我们不只支持个人的心智结构成长，还支持整个组织在建立取得卓越工作表现的同时，亦能支持成长和发展的文化。

例如，除非你有盖洛普调查、顾问或者心理学家，他们清楚地运用文化透镜去检视，否则一个组织、工作团体或者家庭的文化都是我们实际参与世界的一部分，而不是一组我们只透过思考后所做的选择。除非你能跳出来从外面回观，否则文化并不容易被看到。对我而言，在搬到新西兰，看到想法和行为模式上的细微转变之前，自己所处的北美文化一直都是隐形的。然而众所周知，只是来到自己的文化之外，未必能充分 地将它浮现出来；人们可以在世界各处旅行并且在许多非常不同的组织文化中工作，却不一定会注意到那些差别。重点在于文化塑造了我们的可能性；塑造我们可以看见和不能看见什么；我们相信什么是公平的；我们认为什么是可能的，然而自己要走到外部去审视它是非常困难的。如同本书中其他部分所提到的，如果你无法站在外部检视，要转变它可能非常不容易(导致每年花费数百万经费进行不成功的文化改造项目)。

建立支持成长的组织文化需要我们理解自己的生活并做出选择。有意识地质疑某个地方的文化(或者关于你想法和工作背后所隐藏的假设)会帮助你和那些已经牢牢缚着你并替你决定一切的观点、习惯和标准拉开一些距离。你可以提出的关键问题如下：

- 在这里我们如何看待和处理冲突？
- 在这里我们如何看待和处理对某些想法的钟爱？错误呢？新想法？自我感觉良好的东西？
- 我们不容许被质疑的事情又是什么？我们不应该视为理所当然的事情是什么？如何才能知道我们做得很好？

　　组织可以将这些问题编写进每月的回顾里；家庭可以在晚餐的对话时间讨论；个人可以在日记中或者和朋友对话时反思它们。最终文化可以成为寻求自我质疑的状态，本质上具有发展性，相对于只管掌控和不会反思的文化，这是更灵活和更具有积极回应的能力。

　　在这些学习的文化里，我们可以重新检验准备引入和已经在进行的计划，建立一个空间让人们可以成为意义建构者，而不仅仅是一个决策者①。我们可以想到支持质疑假设和突破界限的组织系统。我们可以帮助领导者学习如何给予反馈以协助每个人的学习，而不是只由高阶主管来传达信息②。假如我们真的能在思想与实践方面走得那么远的话，便可以转化对所有组织而言最有影响力的事件：会议。

　　会议是许多人在组织里花费大量时间的部分，并且我合作过的每个组织成员都认为这些会议浪费了他们相当多的时间。我时常帮助客户计算浪费在无效会议上的金钱，而这个数字往往大得令人畏惧。

　　但是当我提出让会议在完成工作的同时，也成为成长和发展机会的想法时，人们都认为我疯了。如果我们连如何在会议中把工作完成都无法想象，那又怎么能创造出一个既可以完成工作又可以帮助人们发展的会议呢？我的主张如下：如果会议设计的目的不只拿来工作，同时也能用来发展心智，那么这两个目标都将比目前所完成的更成功。现在人们预期从会议中得到的最常见的结果，就是一张他们基本上都已经了解的事件清单(其实发一封电子邮件就能传达了)以及另一个会议的日期。如果人们尝试问自己：我们在那个会议中能达成什么共识？(这是工作方面的)我们学到什么？(这是自我发展方面

---

　　① 有一本很棒的书：Barry Jentz, *Entry：How to begin a leadership position successfully* (Newton, MA：Leadership and Learning, 2008). 这本书能帮助我们设想新的方法如何协助人们进入一个新的工作岗位。这本书可以在 www. kenningleadership. com 找到。

　　② 可以陪伴你经历某些这类想法的好书，可参阅：Barry Jentz, *Talk sense：Communicating to lead and learn*(见第七章第 221 页页下注)，以及 Robert Kegan & Lisa Lahey, *How the way we talk can change the way we work*(见第七章第 220 页页下注，尤其是第七章的"从建设性批评语言到建构性批评语言")。

的)一旦每个人都可以回答那两个问题，那么会议将为实用和发展两方面带来成效。

试想，如果开会的重点是从不同的观点中学习，而不是一般人对小组会议的认知，用来展示自己对某事的确定性或说服他人的空间，借以显示事情都在掌握之中的普遍假设，那么会议将会有多大的不同。最简单的方式就是将意图明确地提出：欢迎人们带着疑惑进入会议的空间，邀请人们带来发展中的想法，每一次会议结束前都试着询问大家："我们今天学到什么?"当你抱持着这些不同的、具成长意义架构的理念在心中时，会议会变成看见另一组观点的机会——一个明确的可以孕育想法、解决方案以及心智的机会(见专栏 8-3)。

专栏 8-3

共同思考和工作：孕育发展心智的会议

这是最关键的地方。每次的定期会议，参与的每位成员都应该有所收获。每次的定期会议，都应该创造出一些新东西——一个新的想法/计划/产品/解决方案。每次的定期会议，大多数成员应该同意这不是在浪费时间。如果你认为这些事情已经实现，那就太棒了！如果还没有，这里有些方法供你思考，让你在会议时间内创造更多价值。

再次重述，当你举行一个会议时，最重要的事就是把发展的理念铭记在心。如果你真的相信参与会议的每个成员都以不同的方式理解事情，这会代表什么含义呢？它会如何改变你所提出的问题？会议通常是将其组织文化承载、展现和传播的地方，但如同我们在此书中所描述的，人们以不同的方式活在其文化系统里。你会如何打造会议空间，使每个与会成员都发挥其最大潜能，做出最大贡献？

准备会议

大多数的会议在还没开始之前就已经出错了，因此，我们必须做一些与心智发展无关但重要的工作安排，为支持发展和学习的会议腾出空间来。议程设定和会议前的准备工作并不吸引人，但是它可以让会议空间的成效有巨大的提升，并且留时间让我们完成工作与成长。这虽是一件基本的事，但却很少能做到；我们都会在会议中搜集想法，但却很少知道它们是属于哪一种想法：是由一人告知其他人的信息性内容吗？是某些人或团体希望他们自己在做决定之前，先取得一些建议或观点的讨论性内容吗？它是一个需要集体决定的重要议题吗？试将每个议程都标上名称。

如果你想要制造一个学习的空间，信息性内容应该在会议以外的时间处理。一一般来说，当某人带来一则信息性内容而有人提问时，通常只有提问者本身会有一点兴趣，其他人可能完全没有，而且没有人可以特别改变什么（不然此项内容就会有其他名称的标签）。因为负责打字输入资料的人没有时间做这件事，而且彼此之间也不会去阅读这些信息，所以许多高阶团队都将他们的集体时间利用（或浪费）在信息性的议程上。作为一个团体，大家团结一致去执行这类准备工作，将信息写下来，利用会后时间提问，这样可以创造出更好的关系，而且如果你创造出一个好奇提问的文化，整个企业都能自我强化。

选择议题

现在你已经把信息性内容安排在议程之外解决，就必须决定其余项目中哪些要排进议程中。一个重要但很少被提出的问题是：怎样的人员组合才是最有助于此议题的思考伙伴呢？是整个团队还是一个小组？所有与团队效益有关的研究都显示，有效的关键在于拥有一个刻意组成并且为了相同目的而一同工作的团队。但是，大多数我合作过的高阶团队，他们的会面更像是出于习惯而不是出于意愿。当你选择会议的议程时，你会希望考虑房间里的每个人都可能提供有用观点的内容；你会希望挑选出每个人都可能从中有所学习的事情；你会希望挑选你可能不同意的事情；给予每件事所需的时间（慢到快），同时在会议前，将任何可以节省实际会议时间的前置作业发出去。

带着好奇心提问

既然你已经准备好议程，也完成了前置作业，现在是改变自己与他人在会议室中互动表现的时候了。这是提出问题而不是陈述看法的时候；是开放好奇心而不是防卫观点的时候；并且要记住每个参与会议的成员都可以有不同而有帮助的观点。这意味着此会议的部分目的是将某些内容变成可以讨论的"客体"，而不是让会议成员成为自己假设的"主体"。过往最常见的假设是："我们之前就试过了""但是不可能成功，因为资深副总不核准那些事情""顾客没有高深到想要那个东西"等。如果会议的其中一个目的是帮助发展，那么指出隐藏的事情就是一个关键要素，这就表示会议需要设计成可以为人们提供空间和时间质疑假设的方式——并且人们也有结构和概念可以进行这个做法。

这方面有两件事可以帮到你：①如果每个人都能牢记较大的目标（例如，解决一个重要团队或组织的问题）远比任何个人问题更重要，便能降低参与成员和议题之间的自负式联结（对应他们的发展层级来说，所能降到最低的部分）。②如果人们可以承诺（并且确保彼此诚实地做到这一点）提出真正的问题，而不是强调自己的主张，所提出的问题就不会引发争执而且也不会提高彼此的防卫心态。另外，如果你提供空间让人们提出好奇的问题；把自己的假设呈现出来，化无形为有形，人们将会发现会议善用了他们的时间，不论何种问题的解答都将变得更加丰富和有意义，而且你也提高了与会成员的成长机会。

同意(这是为了确保你会执行工作)

一件奇怪的事，诸多会议都会缺少的步骤，就是同意会议中提出的行动计划。明确化是让很多人集体害怕的部分：谁同意要做哪件事？那个人到底应该做什么事？什么时候该完成？该项目圆满完成的状态是什么样子？谁来评断？这个步骤可以轻易达到的会议成果。如果每个人都做到这一点，即使会议无法成为更多支持发展的机会，至少它们可以变得更有生产力。

检视学习(这是确保你在学习)

如同团体应该检视任务的分配，利用少许时间(即使是在每次开会结束前五分钟)检视团队共同经历的学习是非常有帮助的。再次强调，这样有助于让事情客体化并且可以巩固学习(同时也创造出更多包含学习和成长的组织文化)。如果有成员没学习到任何事情，这次的会议至少有部分是被视为失败的。

起　点

发展并不是冲向终点的赛跑。在你临终时，也不会因为成为一个最"内观自变"的人，或者成为你高中同学当中第一个发展出"自主导向"心智结构的人而得到奖杯。发展并不只是关于这个理论或这些心智结构，它是我们生命的旅程，是我们看见和重新看到周围世界的方式。

注意到某人独特的心智结构并不会改变世界；然而，注意到你自己或他人建构意义的方式可能会改变你生命的历程。在此空间运作的人会发现自己对周遭的人更加温和；对人性的弱点比较不会感到烦恼；对于尽自我全力的人充满更多的钦佩和爱戴，如此形成一个良性循环。我们的态度为自己开启了与他人互动的新可能性。当我们这么做时，也会引领其他人在我们的陪伴之下扩大视野，而且他们自己也会开始意识到那些可能性。另外，在我们支持自己与他人的同时，也会感觉到使用这种方式与他人相处是舒服且愉快的。

创造情境和空间给人们达到其最大潜能，可能听起来就像我们这种刚好天生就是适合此道的人，但其实它是我们所有人都需要去做的事。所有人类在生物层面上都有与他人产生联结、建立关系，甚至都有对爱的需求。我们对这种需求的表达方式虽然个别化但必要。支持某人发挥他们最大的能力(不论是一位领导者、教练、老师或是同事)，也可以带领我们进入一个可以把自身能力发挥到最大的空间。我们每个人和地球现在需要的是"大"观点，"小"已经不再是我们的一个选项。彼得·圣吉说这个世界已经达到了危险的临界点，无法容纳绝望这种奢侈品；我相信它同样也达到了危险的临界点，无法容纳"小"这种奢侈品。当我们为自己和他人的成长创造可能性时，就增加了地球上思考、协作、慈悲，甚至是爱的储备能力。这看起来真是一个不错的起点。

成人发展理论的核心概念

建构式发展

此概念融合了两家学派的核心思想(建构学派与发展学派)，被称为"建构式发展"理论，也是本书中所有概念背后的核心理论。建构主义的提倡者相信，世界并非一个静待我们发掘的外在实体，我们在发现这个世界的同时，也在塑造它，人类喜欢为周围发生的事情赋予意义，因而意义本身可以被看成是周围环境；就如同两个人用不同的方式观赏同一幅图画，却可以因为各自不同的演绎而看到两幅不同的图像。发展主义的提倡者认为，人随着时间的增长，会逐渐进入很不一样性质的阶段，这是他们认为的成长与改变。认知性的、道德性的和社交性的发展不像体型的发展，它并不是简单地等待自然生理循环来塑造它。自我的发展可以在协助下发生，同样也可以被个体的人生经验所阻碍[在某些严重的情况下，自我会被锁定(arrested)在某个阶段]。建构式发展学者相信人类赋予意义的系统(或所谓的心智结构)会随着时间而逐渐成长与改变。

知　识

知识是你增加到现有心智结构中的新内容。新的技巧或知识可能是你在了解最新的科技发展或在工作上保持竞争优势的重要手段。在一般情况下，新知识并不足以推动成人心智结构的发展。作为合格改变中和成长中的成年人，他们还需要知识以外的东西才可以展开所谓的成长与改变；他们还需要蜕变或转化。

转　化

相较于将更多的知识放到你的容器(如你的大脑)里，转化是更上一层的改变，转化是关于改变容器的结构——将它变大、变复杂，变得更能处理多重指令以及包容不确定性。根据凯根所说，当你开始能够退一步，对某些事情展开反思并为此做出决策时，转化便开始了。现在有很多方式来形容转化的发生。其中一种就是事物由主体移往客体的过程或动作(请参考下面的解说)。凯根(1994，P.17)认为当有人能够不只改变他的行为，不只改变他的感受，而且还能够改变他的世界观时，转化式学习便发生了——不是他知道什么，而是他如何认知某件事①。

主　体

从定义上说，主体是指纯粹地、不提出任何怀疑地将某些东西变为自身的一部分。这可以是指不同的东西或事情——一段关系、某种性格、对世界运作的某个想法、某个行为或情绪等。当我们说这些事物是你的主体，是指那是你的一部分，所以自己也会看不见。由于没有被看见，因此它会理所当然地被认为是真实的。一般情况下，你很少能为主体的东西展开命名，你当然也不能对此展开反思。因为这会要求你有后退一步的能力并展开一种"看见"。或许可以这样说，当你将某事物视为主体，你基本上是无法拥有它的；相反，是它拥有了你。举例来说，曾经有一段时间我认为所有人在学习东西

---

① Robert Kegan，*In over our heads*：*The mental demands of modern life*（Cambridge，MA：Harvard University Press，1994，p.17）.

时，基本上都是一样的(那就是跟我的学习方式一样)。当学生跑来找我，并提出他们在某个课业上遇到的困难时，我认为问题在他们身上。我明显地认为是他们仍未展开学习所致，我为此感到很纠结，也试图去帮助其他人学得更好，但结果都是无功而返。我的教授方式与学习方式就是我的主体。我并不知道有不同的学习风格存在，因此我也看不到我需要改变自己的教学风格或迁就其他学者的模式，为此我感到很无助。

客 体

客体是主体的反面。同样，它们可以是指不同的东西(或事情)———一段关系、某个个性、对世界运作的某个假设、某个行为或情绪等。当我们说主体的东西拥有你，你却可以拥有能被视为"客体"的东西。当每一个人在他的世界里，都被一大堆东西视为"主体"时，其中一个重要的发展性成长就是能够从你的概念世界中，将越来越多的东西视为"客体"。你越是能够将更多的东西视为客体，你就越能够拥有较复杂的世界观，原因是现在你能够看到或碰触到更多的想法与概念。回到我前述的那个教学例子。在教学这个事情上我遇到很多困难，后来我发现了教授与学习风格，而且这与人的个性是高度相关的。我首次检视到一些我之前毫不知悉的事情：我的教学与学习风格。有了这个认知，我就可以试着采取不同的行动来帮助我的学生学得更好。那个之前无法言传以及未知的东西(主体)，现在因为变成了客体，可以被看到，我变得有能力去展开反思。一个从主体移到客体最为意义深远的例子，就是整个意义建构系统从一个毫不受控制的状态，转移到能够被我控制的状态。这种将整个系统的主体转移到客体的转化过程可以分为五个不同的心智结构阶段来完成。

心智结构

这里有五种不同的心智结构，涵盖两岁至八十岁的人(理论上涵盖了所有的人)①。每一种心智结构——相较于前一个结构——都是在意义建构上或在复杂性上(meaning-making and complexity)质变的结果。我们并没有摒弃以前结构所习得的心智与行为;相反,我们是转化了看待世界、了解世界的方式,因此这是结构上的转化,而不是信息量的改变②。关于心智结构最重要的事情是,它们虽然会随着时间变得越来越复杂,但这并不等于它们本身较其他心智结构系统更为优越(就好像更为复杂的想法并不必然比较简单的道理更有价值或更好)。不同层级的人都可以是好人(或恶人)、公义的(或不公义的)、有道德的(或欠缺道德的)。因此我们无法只考虑对方心智结构所在的位置而判定一个人的用处、价值与好坏。更重要的是心智结构与任务之间的匹配程度:那个人是否具备足够复杂的心智去执行某个任务。以下会简述每种心智结构的特质以及何种素质是我们需要特别留意的。

魔幻心智(大部分都是儿童)

皮亚杰是首位指出儿童尚未能发展出"物体守恒"(durable objects)概念的心理学家。所谓"物体守恒",是指世界上的东西其质量基本上是不会随着时间而转变的。当他们从飞机上往外看,看到机舱外的人很小,他们便会相信那些人其实就是那么小! 他们相信其他人在他们的生命中是可以活在思想里,以及当其他人有不同意见时(例如,关于睡觉的时间)或遇到不能解释的现象时,他们会提出一些神秘的解释。当水从一个容器倒到另一个不同的容器,而水的分量看似不一样时,他们会相信水能神奇地变多或变少,无论你如何解释其他的想法,他们都不会被说服。他们相信自己在洗澡时会随着浴缸的水一起被冲走,因为他们不能区分自己与水在物理形态上的分别。在这个心

---

①　两点忠告:首先,每一个心智结构的描述听起来都像是一个完整的表达,其实大部分人都是活在两个心智结构中间的"灰色"位置(从前一个迈向后一个层次)。事实上,我们可以更细致地评定出这两个层次中间的四个不同"灰阶",从而可以更感受到那是一个连续体。然而这会增加理解上的难度,这也不是我们在此处想要开展的。其次,这套系统是从婴儿出生的那个时段开始,已经有描绘他们建构孩童世界的心智描述的。

②　哲学家与理论家肯·威尔伯(Ken Wilber)有大量的著述论及发展过程中"超越与包容(transcend-and-include)"是一个重要的心智发展方向。

智阶段的孩子们，因为不能承载一些规条于脑中太久，所以他们需要再三被提醒。昨天教导过不能在墙上涂鸦，对他们来说今天可能已经不再适用。"魔幻心智"是指在这段时间他们会认为这个世界随时在改变，而且其变化的规律是神秘而不可知的。如果我们想象在我们村子里有一位成员拥有这种魔幻心智，那我们必须对他展开定期的监督，因为他还不能管控自己的行为，而且无法时刻记住那些需要遵守的律法。他的成长任务就是要学习这个世界是如何在运作。

以我为尊[年长一点的孩子(7～10岁)、青少年，但也包括一部分的成年人]

当孩子们明白物质的本质是不会改变的，它不会因为我们的存在位置与关系而有所不同(当我远离一部车子时，它好像变小了，但车子并没有真的缩小)，他们的世界变得没有那么魔幻化和复杂。他们发现自己有一些信念与感觉是可以维持不变的(我喜欢巧克力但不喜欢土豆泥；我滑冰滑得很棒等)。这个启示让他们认知到其他人同样也会有他们持续不变的观点与信念。他们这种实在的理解让他们明白昨天的规定也很可能就是今天的规定。假如他们发现这些规定阻挠了他们想要获得的东西，他们现在倾向于如何想尽办法绕过这些规定。虽然现在他们对于他人的感觉与欲望具有看见或感知的能力，但要求他们因此而具有同理心仍是一件遥远的事情，因为他们与其他人的关系仍属于疏离的(距离感很大)。当其他人的利益与"以我为尊"者的利益出现重叠时，他们才会有兴趣顾及其他人的利益。他们愿意遵守某些令他们烦厌的规定，主要是因为他们害怕被抓而非因为他们想要守法；当他们与朋友互不欺瞒，是因为他们害怕会被"以牙还牙"或遭到报复。处于此阶段的孩子们(和成年人)是相对自我中心(self-centered)的，因为这是他们唯一懂得如何善用的视角观点。拥有此心智结构的村落成员遵守法规的原因是她怕被处罚；若然遵守这些律法规定不能换来她所需要的利益，同时她能找到一种不需要付出代价(或很低的风险)的方法，她会以身犯险的。我们可以利用她对自身利益的追求而赋予她权限与范畴清晰的工作，前提是这份工作符合她的个人利益(例如，她在家治理花园)。同时我们需要确保她被恰当地监督。

规范主导(年长一点的少年和大多数的成年人)

拥有此心智结构的人不再视其他人为利用的对象(利用他人达到自身利益的手段)。他们发展出一种顾及他人需要而管控自己欲望的能力。相对于"以我为尊"的心智阶段，他们现在能够视自己的冲动与欲望为一种可以看见的客体。他们也能"内化"他人的情绪与感受于自己的感受系统里，接受与拥护他们所重视的人或机构(例如，教会或政党)提供的指引与守则。他们可以展开抽象的思考，可以对其自身和他人的行为展开反思，以及愿意为大于自己利益的事情进行贡献。然而这种心智结构的最大限制在于，当面对他们所重视的人/事/概念(也可以是政党、亲属、机构)时，他们会陷入一种被拉扯的两难状态而不能决断地做出决定。他们都是为了满足他人的期望或社会角色上的期望，从而对自我需求欠缺意识。在青少年的阶段，这通常是被赞许的，但若然成年人还继续延续这种状态，那就会演变成一种个性上的缺陷。凯根(1982，P. 96)写道，"当我作为成年人活在这种(规范主导的)平衡状态时，我就成为一位果断而自信讲师的首选代表，他们告诉我要学会如何为自己发声，多一点自私，少一点顺从等，仿佛这些是一时三刻便能学会的技巧，可以随意地加到我身上。主流文化认为我欠缺自尊感，或是一个软弱的人，因为我只懂得博取其他人对我的喜欢[1]"。但凯根继续指出这种所谓"自尊感"的概念应用在这个心智层级是不恰当的，因为自尊感是一种对自我源自内在的良好感觉。那些身处在"规范主导"的人尚未发展出一个独立建构的自我来让自己感觉良好。他们的自尊很多时候依靠他人的认同，那是因为在很多方面，他们的自我是由其他人(或想法/意识形态)所建构的。一个带有此心智结构的村民可能就是一个村落的模范公民[2]，他们会为效忠其他人而遵守法律规定。

[1] Robert Kegan, *The evolving self：Problem and process in human development* (Cambridge, MA：Harvard University Press, 1982, p. 96).

[2] 在我们设想的小村庄里，那里对规定是什么，以及它的来由并没有太大的争议。但在一个更多样化的社会里，一个带着这种心智结构的市民，会很容易被视为一个"模范"的父母或员工，或一个"模范"的朋党分子，或一个"模范"的白人优等主义者。在他那独特的小区中，他是"遵守规范"的人，纵使那个地方的种种方式都与主流社会的大不相同。

他会尽可能不去触犯这些规定，因为他不想令其他人对自己感到失望。在我们这个细小、高同质性的村落里，任何拥有"规范主导"的村民都可以胜任任何一个不要求展现独立领导力的角色。他可以是一名教师，拥有自己的小生意，或军队的一名成员。只要在工作过程中有一些他所敬重的人替他做一些重要而困难的决定，他几乎做什么都可以。

自主导向（部分成年人）

带有"自主导向"心智结构的成年人除了拥有更多、更丰富的"规范主导"心智层级所赋予的素质外，现在他们还能够建立一个甚至能独立于其人际关系的全新自我。在"规范主导"阶段，由于他们会将其他人的观点及欲望内化为自己的"主体"，因此当他们以自身意义建构的方式解读外界的运作时，特别容易被外在的观点与想法所驾驭，但发展至"自主导向"心智的人则不会。他们能够将外在的观点与想法视为"客体"，从而能够检视不同规定系统以至观点想法，并能够从中协调。那些拥有"自主导向"心智结构的人会有一套属于自己的规定系统，或所谓的自我治理系统（a self-governing system），作为做决策或调解冲突之用。不同于"以我为尊"那种只顾自家感受的唯我独尊者，"自主导向"者能感受到其他人的感受，并且能将其他人的意愿与观点纳入制定决策过程中的考虑元素。虽是这样，不同于"规范主导"心智的人，"自主导向"的人并不会对身边的人事冲突感到两难不安，因为他们有一套自己演绎处境的自主系统，帮助他们做出判断。这些人都是在很多书籍上被看到的那种能对自己的工作抱持拥有感、能够自主、自我推动、自行评估的人。一个拥有此心智结构的村民，她会是一个好的村主任，因为她有自己的一套内在治理系统。她可以用这套方针创造自己的规定，同时用尽方法去保护这些守则。这套内在的指引可以帮助她按照她所向往的愿景有效地管理整个村落。然而这名自主导向的村主任可能不是一名卓越的外交官，因为当其他人不明白或不能看到跟随她的做法背后的理由时，她会过度投注在自己做事的想法当中，从而不容易看到她自己认为是对的想法如何与别人认为是对的想法建立联结。

内观自变（非常少数的成年人）

一个开始步入"内观自变"心智结构的人，除了会拥有"自主导向"层次所有的素质外，他们还会去了解他们自己内在价值系统的限制，以至于能够纵观所有内在系统的局限。虽然从表面上来看，不同自主系统是分开的、独立的，而且是大不相关的，但拥有"内观自变"心智结构的人能够看到他们之间的深层共通性。他们并不会轻易地将事情用二元或两极对立的方式来理解。他们更多会倾向于相信一般人所看到的黑白分明的事件之间——视观察时的外在环境是较明还是较暗——有着不同深浅度的灰阶存在。拥有这种心智的村民可能是一个长老，专门帮助不同村落排解纠纷。即便通常他都会遵从村主任所制定的规定，但他却看到不同村落有各自不同的规定，不过其基本设计都是为了要达到非常相近的目的，即使没有任何一位村主任愿意承认这种相似性。他帮助村主任寻找到一个共同关心的基础，并提醒他们，所有成员其实都是更大社群的一分子——人类社会，或所谓的地球公民。

/ 致 谢 /

有时候，书其实是作者本身学习和发展的空间，这显然可以用在我身上。这本书一系列的关键想法始于我在华盛顿特区的办公室，而在澳大利亚的蓝山啜饮红酒时继续延伸，最后在我新西兰家中的花园写作棚完成这本拙作。这本书待过三台笔记本、三间房子和两个不同国家，并看着我的儿子艾丹(Aidan)学会阅读，看着我的女儿纳奥米(Naomi)上高中。我花了相当长的时间来写这本书，长到我原本的编辑谈了一场恋爱，生了孩子，离开了出版社，而最可怕的是在本书出版之前出版社就结业了。这本书陪伴着我一起生活，一起成长。

如同其他成长，本书想法的发展主要来自老师、朋友、同事和客户们的陪伴(其中许多人是同时身兼多职)。我要感谢那些曾经让我站在肩膀上的巨人，让我看得更远。罗伯特·凯根(Robert Kegan)，曾经是我的教授、我的博士导师和我的心灵教师，我越认识他，就越敬佩他的深度怜悯、深奥的智慧和无人可及的幽默感。苏珊娜·库克-格罗特(Susann Cook-Greuter)让我非常惊艳于她身上一种少见的组合：谦逊的人格和浩瀚的理论知识。大卫·鲁克(David Rooke)和比尔·托伯特(Bill Torbert)两位则指导我如何将成人发展的想法真正实践于生活。马西娅·巴克斯-马格达(Marcia Baxter-Magolda)是长期研究发展的典范，我除了期许自己与她并驾齐驱的那一天尽快到来之外，也很开心有这个机会可以向她学习。琼·沃福德(Joan Wofford)和巴里·詹斯(Barry Jentz)以实际行动证明所谓跨心智层级的思维和教学模式应该是什么样子。我从来没有见过的比尔·乔伊纳(Bill Joiner)和史蒂夫·约瑟夫斯(Steve

Josephs)启发我去做超越传统的思考，并让我看到如何可以达到在我之前的信念里未能及的可能之境。如果我的书可以帮助任何人，如同我曾获得上述作者和思想家们的启发一样，那确实可以称得上是一个了不起的成就。

我在写这本书时，非常感激那些曾经一起共事的朋友们：在 Kennine Associates 的合作伙伴、乔治梅森大学和新西兰教育研究委员会（New Zealand Council for Educational Research)的同事们，以及提供最重要的反馈和协助修改、润色的各位：艾丽·布尔（Ally Bull)、卡罗琳·库格林（Carolyn Coughlin)、达里尔·奥格登（Daryl Ogden)、简·吉尔伯特（Jane Gilbert)、马克·阿德尔森（Mark Addleson)、马克·莱登（Mark Ledden)、马克·希克斯（Mark Hicks)、迈克尔·米拉诺（Michael Milano)、尼尔·斯特劳（Neil Stroul)和罗宾·巴克（Robyn Baker)等人。现在我们的思想已经紧密地联系在一起，我非常享受生活和工作中有你们的相伴。

还有那些曾经参加过我所教授的主体一客体访谈法（SOI)的各位，你们也都是这本书的文字内容和反馈的重要来源。在此我要感谢来自马萨诸塞州的剑桥大学、牛津布鲁克斯大学以及来自其他世界各地的学生们。特别感激简·格雷（Jane Gray)、珍妮特·史密斯（Janet Smith)、约翰·德里（John Derry)、马克·利奇（Mark Leach)和帕齐·多德（Patsy Dodd)的友情支持。悉尼大学推行一项大型探讨教练在发展上的成果，它将我引导并联结至各个教练和学者的社群，他们丰富了我的思维和实践态度。我真的很希望这里有足够的空间能够提到每一个曾经启发过我的人。我想特别感谢：保罗·阿特斯（Paul Atkins)、迈克尔·卡瓦纳（Michael Cavanagh)和托尼·格兰特（Tony Grant)对本研究的指导；安娜·博伊（Anna Booy)、戈登·斯彭斯（Gordon Spence)、英格丽德·斯塔德霍姆（Ingrid Studholme)、简·考克斯（Jane Cox)、凯特·威兹德姆（Kate Wisdom)和尼克拉斯·于（Nickolas Yu)（成长边际团体)协助测试这些想法，帮助理顺思考逻辑，拓展我的实践经验，同时示范了一个最优秀的学习社群模式。你们的问题、想法和故事我总是记在心里，而且我很感激我们三天的工作坊延伸出一同学习、欢笑和工作的可能性。

如果没有客户们的大力协助，大方分享自己的故事、面临的挑战和任何新的想法，这本书不可能在这里和各位见面的。在领导力发展计划、教练活动的参与、发展性的访谈和协商的参与时期，我的客户总是衷心给予我最中肯的建议和他们所面临的特定挑战。我想特别感谢阿尔·莫里森（Al Morrison）、安杰拉·海尔茨（Angela Geerts）、比尔·霍杰茨（Bill Hodgetts）、费莉西蒂·劳伦斯（Felicity Lawrence）、萨莉·德威特（Sally DeWitt），以及 DOC和 LINZ 领导力发展计划的每个人。我敬佩你们的思想并且被你们的承诺所感动，大部分我所知道的知识都是从你们身上学到的。

还有一组重要人士：如果没有他们，我是不可能持续进行这个计划，也不可能有机会实现它。德里克·范贝弗（Derek vanBever）就读于哈佛大学时，来到我在公共领导中心（Center for Public Leadership）的工作坊，非常大方地将我介绍给他的编辑：迈克尔·奥马利（Michael O'Malley）。迈克尔拿走我的书一段时间，给予我极好的反馈，也帮我介绍给来自斯坦福大学出版社的马戈·贝丝克劳朋（Margo Beth Crouppen），让我的书最后有机会顺利出版。马戈是这个乱世中的安全港，也是这本书顺利出版的最大推手。莉比·宾斯蒂特（Libby Binstead）是我在悉尼举办的 SOI 工作坊的学生，她寄了一些她称为"杏仁饼"的薄饼食谱给我，这些薄饼为本书的最后几章节添加了燃料（如果你以为我在开玩笑，那你还不够了解我）虽然女人是无法只靠杏仁饼活下去（虽然莉比可能会试试看），罗布·卡托纳（Rob Katona）和梅利莎·加伯（Melissa Garber）经常是我在厨房的伙伴，我们一起烹煮美味的食物同时成为彼此的知心好友。

吉姆（Jim）和 杰米·加维（Jamie Garvey），他们一直深信这本书一定有机会出版与大家见面，就像他们从来没有停止相信我一样。谢谢你们愿意聆听这个传奇中的每一篇章节！凯瑟琳·菲茨杰拉德（Catherine Fitzgerald），她是与我们一同出版教练书籍的第一位编辑，对于我来说她就是一位最佳典范，部分原因来自她本身是一位优秀的教练和思想者，而主要则是因为她就是我的母亲。凯斯·约翰斯顿（Keith Johnston）是带领我进入一个宏伟的国家（现在我称为家)的主要人物，教我很多有关系统、思维和领导力的知识，以及一些板球规则等；他也指引我最美丽的道路——不管是崎岖的蜿蜒小路或是棘手的理论段落。谁会晓得当你首先提出结合组织理论和成人发展理论在一个章节里时，我会决定和你一起撰写这个章节，同时一起创造领导者发展计划并测试这些想法？

最后免不了一定要提到我的家庭，它是其他每件事的基础。我的孩子们——纳奥米和艾丹，他们是我的灵感及快乐的来源，并提供我持续学习的动力。在这本书撰写期间，我经历了他们快速的成长期，而且在他们的童年时期我总是被他们搬迁后快速适应环境的能力(眼光、智慧和幽默感)所震慑(当他们分别为五岁和九岁时，我们从华盛顿搬到新西兰)。而且我将不避讳地说：我的伴侣迈克尔(Michael)让每件事都变成可能。谁会晓得世界上会有这样一个男人愿意替我承担生活上的一切：当我被工作和写作追着跑、在睡前强迫他听我对草稿的评论时或者当我构思原稿太久而显得苦恼，他劝导我、将我带离电脑和长椅，都使我相信在我 17 岁与他相遇的那一天就是个奇迹。这些年我是故意不让你知道我的这些想法，我告诉你现在我回来了，但我又有了下本书的灵感……

图书在版编目(CIP)数据

领导者的意识进化：迈向复杂世界的心智成长 ／（美）珍妮弗·加维·贝格著；陈颖坚译. —北京：北京师范大学出版社，2017.8(2025.6 重印)

ISBN 978-7-303-22421-0

Ⅰ. ①领… Ⅱ. ①珍… ②陈… Ⅲ. ①领导心理学 Ⅳ. ①C933

中国版本图书馆 CIP 数据核字(2017)第 130556 号

北京市版权局著作权合同登记 图字：01-2016-1813 号

LINGDAOZHE DE YISHI JINHUA：MAIXIANG FUZA
SHIJIE DE XINZHI CHENGZHANG

出版发行：北京师范大学出版社 https:∥www.bnupg.com
　　　　　北京市西城区新街口外大街 12-3 号
　　　　　邮政编码：100088
印　　刷：天津旭非印刷有限公司
经　　销：全国新华书店
开　　本：730 mm×980 mm　1/16
印　　张：14.75
字　　数：200 千字
版　　次：2017 年 8 月第 1 版
印　　次：2025 年 6 月第 12 次印刷
定　　价：56.00 元

策划编辑：周益群　　　　　责任编辑：齐　琳　王星星
美术编辑：袁　麟　　　　　装帧设计：袁　麟
责任校对：陈　民　　　　　责任印制：马　洁